中国社科

新中国足球媒介话语

刘桦楠◎著

光明日报出版社

图书在版编目（CIP）数据

新中国足球媒介话语 / 刘桦楠著. -- 北京：光明日报出版社，2025.1. -- ISBN 978-7-5194-8432-3

Ⅰ.G843.92

中国国家版本馆 CIP 数据核字第 2025T7A929 号

新中国足球媒介话语
XINZHONGGUO ZUQIU MEIJIE HUAYU

著　　者：刘桦楠	
责任编辑：杨　茹	责任校对：杨　娜　李学敏
封面设计：中联华文	责任印制：曹　净

出版发行：光明日报出版社

地　　址：北京市西城区永安路 106 号，100050

电　　话：010-63169890（咨询），010-63131930（邮购）

传　　真：010-63131930

网　　址：http：//book.gmw.cn

E-mail：gmrbcbs@gmw.cn

法律顾问：北京市兰台律师事务所龚柳方律师

印　　刷：三河市华东印刷有限公司

装　　订：三河市华东印刷有限公司

本书如有破损、缺页、装订错误，请与本社联系调换，电话：010-63131930

开　　本：170mm×240mm

字　　数：274 千字　　　　　　　印　　张：16

版　　次：2025 年 1 月第 1 版　　　印　　次：2025 年 1 月第 1 次印刷

书　　号：ISBN 978-7-5194-8432-3

定　　价：95.00 元

版权所有　　翻印必究

序

> 我是不是不想离开你，就像你不想离开我身边，
> 还是你要像踢足球那样，一脚把我踢开。
> 你那样把我踢开，把我踢到这里来，
> 如果我一直伺候着你，你还会把我装进皮革里。①

上述是由英国剧作家威廉·莎士比亚（William Shakespeare）创作并出版的戏剧《错误的喜剧》中以足球为象征的四行诗词，字里行间非常形象贴切地描述出普罗大众对于足球运动那种难舍难分的情愫。其实若论起对于"世界第一运动"的情怀，欧洲人、美洲人只是把足球运动作为一种日常生活中必不可少的生活调味品，足球就是足球，是很纯粹的生活乐趣所在。但是，身处亚洲的新中国自成立那天起，除了对足球运动那种最原始乐趣的认可以外，作为弱势落后体育运动项目的足球运动还肩负着在世界性的足球赛场上闪亮登场，亮出球衣上的"中国"二字，赛场上奏响《义勇军进行曲》，升起五星红旗等这样一系列国家形象宣传与展示的神圣使命。年轻且一穷二白的新中国希望中国足球能在国际舞台上展现出"大国、强国"风貌，而新中国的这种足球情怀与夙愿的根源，正是中华民族1840年鸦片战争以来在全世界饱受"东亚病夫""贫穷落后""软弱愚昧"屈辱与蔑视的悲惨经历。

正是这种"大国、强国"以及"民族复兴"的足球情怀与夙愿，使得全国上下从未中断过对足球运动的炙热注视。足球运动在新中国70多年的发展历程中从未缺乏过关注，而且由于新中国足球运动极富戏剧性、跌宕起伏的发展历程，更使得新中国对足球运动的关注中多了一种苦苦求索又屡屡求之不得、难舍难分又爱恨交加的复杂矛盾情愫，国人对足球运动炙热的关注目光中不断交替闪现着希望和失望、期盼与幻灭。也正是以上所述的这份独特

---

① 盛佩玉. 错误的喜剧［M］. 北京：商务印书馆，1995：89.

的新中国足球情怀，全国上下对于足球运动的关注欲罢不能，更是吸引了大众传播媒介的关注。自新中国足球运动开启之初，以报纸为代表的传统大众传播媒介就开始对新中国足球运动进行相关的报道，并逐渐成为大众传播媒介报道与评论的热点议题，引发万众热议的社会舆论轰动效应。

十年"文革"结束后，伴随着新中国社会、经济转型和思想解放的逐步深入，中国传媒也步入市场化、商业化改革的历史机遇期。1978年，中国财政部批准《人民日报》等8家中央新闻单位率先展开"事业单位、企业化管理"，1987年10月25日举行的中国共产党第十三次全国代表大会首次提出"传播信息"主功能和"舆论监督"概念[1]，尤其是1992年邓小平同志的南方谈话又为中国传媒的市场化改革提供了合法性，使中国传媒彻底确立既是"事业"又是"产业"的性质，真正全面展开传媒的市场化、商业化改革。伴随着传媒的市场化、商业化改革不断推进与深入，传媒的信息服务功能、娱乐功能也得到进一步解放，并在舆论监督和社会表达方面进行了积极的探索和尝试。

在大众传播媒介市场化、商业化、娱乐化改革与转型的同时，中国足球运动也在进行职业化、市场化的改革，并在1994年正式启动了中国足球职业联赛。正是在这个改革与转型的大背景下，中国足球成为大众传播媒介话语生产与传播的焦点议题。传媒开始逐渐步入以足球报道为主，以其他体育项目报道为辅的"大足球化"时代，不仅是报纸这种传统的媒介平台，电视、互联网新媒介平台也都陆续将更大的报道空间和更多的报道重点放在了与中国足球运动相关的新闻内容上。比如，2003年我国60家专业体育报刊中就已经有10家是足球专业报刊或以足球内容为主，《足球》报更是早在2001年期发量就已经超过250万份，《体坛周报》在2006年时期发行量就超过160万份，周发行量超过500万份；在其他专业体育报刊中，有关足球议题的报道和评论内容几乎占到40%的比重；即使是在《人民日报》这样的党办报纸中，体育版出现中国足球议题报道评论内容的频率也非常高[2]；网络新媒体以及手机自媒体对中国足球议题的热议也持续升温，《足球之夜》一度成为央视体育频道的金牌节目，就连一年一度的中央电视台春节联欢晚会舞台上都在尽情地演绎着中国足球。

职业化改革使中国足球逐渐成为一个市场化、商业化气息较为浓厚的文

---

[1] 陆高峰. 报业改革绕不过的三道"坎"[J]. 青年记者，2007（11）：12-13.
[2] 王中亮. 中国报纸足球新闻的后现代嬗变[D]. 武汉：华中师范大学，2006：2-3.

化体育娱乐项目。因此，大众传播媒介有关中国足球的报道内容无所禁忌，即使中国足球自身实践表现确实乏善可陈而且问题重重，可大众传播媒介始终对中国足球各方面的实践表现保持着较高的曝光率，中国足球真正为传媒提供了一个无所禁忌、信马由缰的报道领域，颇有"足球报道无禁区"之势。① 中国足球就像是一个乡下姑娘，传媒爱怎么打扮就怎么打扮②，在传媒对中国足球的报道中，什么事都可以写，对什么人都可以评头论足，对于中国足球的报道和评论的议题和内容是开放和透明的，成为备受社会公众关注、媒体曝光率最高的体育项目。此外，包括传媒界、足球界在内的普通社会公众和社会各界均能通过各种媒介平台针对中国足球议题展开畅所欲言的话语生产与传播，成为自由、积极的话语生产主体。来自社会各界的话语主体对中国足球评头论足、畅所欲言、众说纷纭，上至国家政要，下至普通民众，全中国大街小巷、老弱妇孺无论是否懂球，都可以对中国足球发表观点和看法，甚至围绕中国足球的某个议题引发全民大讨论。③

由于有关中国足球的媒介话语不存在"禁区"，并且对于话语主体也没有严苛的准入制度，大众传播媒介平台上呈现出来的中国足球议题的新闻报道和评论话语，是包括传媒界、足球界在内的社会各界对中国足球行动事实所表达出来的各种观点、信念、态度、意见和情绪的总和。此外，足球运动是中国体育市场化运作的改革先锋，中国足球的改革是与更大范围内的社会、经济改革与转型相呼应的，中国足球在改革发展中所遇到的问题事务，与当时的社会转型、经济制度改革有着密切联系。因此，大众传播媒介平台上包括传媒界、足球界在内的社会各界话语主体，针对中国足球议题没有仅限于竞技体育范畴内的足球技战术探讨。中国足球职业化改革以来，大众传播媒介平台对于中国足球的报道与评论进行了积极的议程设置转换，中国足球全民大讨论引发社会各界持续展开基于足球而又超越足球的热议，进而将中国足球议题演化成一个社会各界共同关注的社会公共事务议题，最终发展成一个实验性的话语舆论空间。④

---

① 洪兵. 优化中的中国足球的话语空间 [J]. 新闻大学，1999（2）：37.
② 曹祖耀. 职业足球场域的行动逻辑 [D]. 上海：上海大学，2011：39.
③ 陆小聪，刘洪森. 职业足球与媒体逻辑 [J]. 体育科研，2006，27（1）：20.
④ 中央电视台《足球之夜》节目组. 十年疑似：1994—2003 中国足球职业联赛全纪录 [M]. 武汉：武汉出版社，2004：310.

目 录
CONTENTS

第一章	问题的提出	1

第二章　新中国足球运动初始启动阶段的媒介话语 …………………… 3
　第一节　有关中国足球议题的媒介话语的生产 ………………………… 3
　第二节　有关中国足球议题的媒介话语的传播 ………………………… 7
　第三节　媒介话语生产与传播过程中的互动 …………………………… 8

第三章　"文革"结束后的中国足球媒介话语 ………………………… 10
　第一节　有关中国足球议题的媒介话语的生产 ………………………… 10
　第二节　有关中国足球议题的媒介话语的传播 ………………………… 15
　第三节　媒介话语生产与传播过程中的沟通与互动 …………………… 17

第四章　职业化改革筹备期的中国足球媒介话语 …………………… 22
　第一节　有关中国足球议题的媒介话语的生产 ………………………… 22
　第二节　有关中国足球议题的媒介话语的传播 ………………………… 31
　第三节　媒介话语生产与传播过程中的互动与对话 …………………… 32

第五章　职业化改革初期的中国足球媒介话语 ……………………… 35
　第一节　有关中国足球议题的媒介话语生产 …………………………… 35
　第二节　有关中国足球议题的媒介话语的传播 ………………………… 42
　第三节　媒介话语生产与传播过程中的互动与对话 …………………… 65

第六章　职业化改革步入"深水区"的中国足球媒介话语 …… 75
  第一节　有关中国足球议题的媒介话语生产与传播 …… 75
  第二节　中国足球媒介话语风格和特色 …… 128
  第三节　媒介话语生产与传播过程中的沟通与对话 …… 131

第七章　"中超"时期的中国足球媒介话语 …… 137
  第一节　聚焦中超元年"连锁反应"的媒介话语生产与传播 …… 137
  第二节　媒介话语对中国足球从业人员群体形象的塑造 …… 151

第八章　后奥运时期的中国足球媒介话语 …… 171
  第一节　有关中国足球议题的媒介话语生产与传播 …… 171
  第二节　媒介话语生产与传播过程中的沟通与对话 …… 206

第九章　各个时期中国足球媒介话语的发展与嬗变 …… 210
  第一节　中国足球媒介话语总体的发展与嬗变态势 …… 210
  第二节　中国足球媒介话语各个维度的发展与嬗变态势 …… 212
  第三节　未来中国足球媒介话语的发展策略 …… 232

参考文献 …… 239

第一章

问题的提出

众所周知,当今现代社会可谓媒介社会,现代大众传播媒介针对客观世界能够展示出强大的表述和建构能力,媒介传播的信息成为人们认识世界、了解周围环境不可或缺的渠道。同样有关中国足球议题的媒介话语也是外界了解中国足球实践态势的主要信息来源,因为绝大多数社会公众无法亲临中国足球广阔的实践场域来观察、了解行动事实,而只能依赖于现代社会高度发达的大众传媒形态和技术手段的中介,从媒介传播的相关信息中间接获取有关中国足球的信息和动态。

有关中国足球的媒介话语的影响力并没有禁锢于大众传播媒介范围内,传统媒介和新媒介合力以立体之势向全社会时刻传递着有关中国足球的动态信息,为每一个球迷在任何地方、任何时间了解中国足球提供了可能和便利,更为中国足球全民大讨论下的实验性话语舆论空间的形成提供了支撑和可能。此外,媒介话语不但是公众认识世界、了解周围环境必不可缺的渠道,更是社会舆论的风向标,具备引导社会舆论的功能。在大众传媒这盏"聚光灯"高强度、无死角的照射下,中国足球不但成为社会舆论焦点,而且针对"中国足球"这个议题的媒介话语还会深刻影响并引导着整个社会对于中国足球的认知和判断,最终在社会中针对中国足球形成一种舆论氛围和思维定式。

基于上述背景以及大众传播媒介自身所具有的"双刃剑"特性[①],大众传播媒介向社会公众报道的中国足球相关行动事实信息是否准确、客观,来自社会各界的不同话语主体在媒介平台上针对中国足球议题的评论与分析是否具有理性、建设性,以及不同话语主体之间展开的以媒介为平台的对话与沟通是否有效,最终针对中国足球议题的媒介话语生产与传播是否能够高效地实现舆论监督的社会公器职能,就显得格外重要了。

媒介是记录记忆的重要手段,不同时代的体育口号反映了不同时代的社

---

① 陆小聪,刘洪森. 职业足球与媒体逻辑[J]. 体育科研,2006,27(1):20.

会记忆，从社会制度层面上对体育的记录可以看作国家权力的在场，但是在底层记忆中，体育的记忆一定有另一番景象。[1] 因此，不同时期的中国足球媒介话语生产与传播的态势及发展演进历程，也在激发着我们对于中国足球媒介话语的研究想象力：在对中国足球媒介话语生产、表达与传播特征进行历时性回顾总结的基础上，大众传播媒介针对中国足球议题的话语生产与传播的机制和逻辑是怎样的，各类主体相互之间又是怎样推动、促进媒介话语生产与传播的？从中国足球媒介话语生产与传播的视角看，对中国足球的社会舆论环境的形成施加了怎样的影响？又会对整个中国社会的舆论环境产生怎样的影响？如此这般的影响力又是如何施加的？如果想继续维持或者改善这种社会舆论环境，传媒界、中国足球行业、社会公众相互之间又该如何在中国足球媒介话语的生产和传播过程中互动、沟通和交往？此外，这些有关中国足球的媒介话语生产、传播、表达的逻辑与机制也会随着整个中国社会的发展变迁发生改变，其内在的机理又是怎样的？这些很值得我们去研究。

综上所述，本书选择报纸媒介、电视媒介、互联网新媒介平台上有关中国足球议题的话语作为实证资料，时间跨度从20世纪50年代新中国刚刚启动足球运动的相关初始工作开始，一直到2015年原中央全面深化改革领导小组审议通过并颁布《中国足球改革发展总体方案》之后，中国足球运动开始进入一个改革与发展的全新的历史机遇期，对各个时期阶段内的中国足球媒介话语进行历时性的回顾梳理，归纳整理媒介话语平台、媒介话语主体、话语议题和具体内容、话语特色与风格、行动实践主体相互之间的互动与对话，梳理上述这些在中国足球运动的各个历史发展时期之间的发展嬗变情况，从而完整地厘清新中国足球媒介话语生产与传播的发展嬗变脉络。并在此基础上，在中国社会改革发展背景、中国体育改革发展背景、大众传媒改革发展背景、中国足球运动改革发展背景下剖析中国足球媒介话语的生产与传播的机理，以及上述背景对中国足球媒介话语生产与传播的影响。最终进一步思考：如此这般的中国足球媒介话语生产与传播，如何才能为中国足球运动的生存和发展提供一种健康、阳光的社会舆论环境，甚至为整个中国社会生活的舆论宣传环境提供正能量，提出建议和对策。因此，历时性地把握新中国足球媒介话语的发展嬗变脉络、生产与传播机理、对话与沟通逻辑具有非常重要的理论价值与实践意义。

---

[1] 郭晴，李平平．新时代我国体育传播研究的主要议题［J］．成都体育学院学报，2019，45（1）：6.

第二章

新中国足球运动初始启动阶段的媒介话语

第一节　有关中国足球议题的媒介话语的生产

表 2-1　新中国"第一届全国足球比赛大会"媒介话语案例

媒介话语平台	日期	媒介话语议题和具体内容
《人民日报》	1951 年 9 月 28 日	关于举行第一届全国足球比赛大会的系列通知与报道①
	1951 年 12 月 3 日	第一届全国足球比赛大会第二日比赛结果②
	1951 年 12 月 12 日	第一届全国足球比赛大会闭幕,恭喜东北队获得冠军③

表 2-2　新中国足球运动"走出去""请进来"对外交流媒介话语案例

媒介话语平台	日期	媒介话语议题和具体内容
《人民日报》	1952 年 7 月 15 日	中华全国体育总会对于拒绝中华人民共和国参赛所发表的义正词严的抗议声明④
	1954 年 3 月 14 日	匈牙利足球队来华访问比赛⑤

---

① 新华社. 全国足球比赛大会将于 11 月在天津举行 [N]. 人民日报,1951-09-28 (3).
② 新华社. 全国足球比赛第二结果 [N]. 人民日报,1951-12-03 (1).
③ 新华社. 第一届全国足球比赛大会结束 [N]. 人民日报,1951-12-12 (1).
④ 方晖. 国际奥委会拒绝新中国选派包括足球参赛队在内的奥运代表团参加第 15 届奥林匹克运动会 [N]. 人民日报,1952-07-15 (4).
⑤ 张其华. 从和匈牙利足球队的比赛看我国足球运动发展 [N]. 人民日报,1954-03-14 (3).

续表

媒介话语平台	日期	媒介话语议题和具体内容
《人民日报》	1954年4月10日	国家体委1954年选派青年足球队去匈牙利学习训练①
	1955年10月31日	苏联泽尼特足球队前来中国访问比赛②
	1956年1月31日	欢迎南斯拉夫足球队应邀前来我国访问比赛③
	1956年8月11日	中国男子足球队赴南斯拉夫进行了第一场友谊赛④
	1957年5月至6月间	新中国男子足球队第一次参加世界杯预选赛⑤

一、媒介平台

新中国成立初期，《人民日报》对全国人民体育大会的报道，拉开了新中国体育新闻话语的序幕，肯定了《人民日报》对新中国体育新闻话语生产的开山鼻祖地位。⑥ 由上述案例可以看出，在新中国成立初期的足球运动初始启动阶段，有关中国足球议题的媒介话语生产和呈现的主要平台同样也是《人民日报》。作为权威的主流媒体，对于塑造社会主流价值观和引领社会主义精神文明有着不可忽视的作用⑦，作为中国共产党中央委员会机关报的《人民日报》是一种传统的纸质传媒，该报刊于1992年被联合国教科文组织评为世界十大报纸之一。《人民日报》作为党和政府的喉舌，作为中国对外文化交流的重要窗口，作为展现蓬勃发展社会主义新中国的舞台，积极宣传党和政府

---

① 杨永. 国家体委1954年选派青年足球队去足球强国匈牙利学习训练 [N]. 人民日报, 1954-04-10 (4).
② 新华社. 苏联泽尼特足球队前来中国访问比赛 [N]. 人民日报, 1955-10-31 (1).
③ 黄中. 欢迎南斯拉夫国家足球代表队 [N]. 人民日报, 1956-01-31 (4).
④ 新华社. 中国和南斯拉夫足球队举行第一场比赛 [N]. 人民日报, 1956-08-11 (4).
⑤ 新华社. 参加世界足球锦标赛预选赛　我国足球队到达雅加达 [N]. 人民日报, 1957-05-07 (5).
⑥ 肖焕禹, 刘静. 我国体育新闻传播百年回顾与展望 [J]. 上海体育学院学报, 2004, 28 (6): 22.
⑦ 李寒清. 建国以来中国足球媒介形象变迁研究：以《人民日报》相关报道为例 [D]. 合肥：安徽大学, 2019.

的政策主张，记录中国社会的变化，报道中国正在发生的变革。《人民日报》于1948年6月15日在河北省平山县里庄创刊，1949年8月1日，中共中央决定将《人民日报》作为中国共产党中央委员会机关报，并沿用1948年6月15日的期号，所以该报刊比在中华人民共和国体育运动委员会领导下1958年创刊以宣传体育为主要内容的全国性专业报纸《体育报》（1988年更名为《中国体育报》）更早开始对中国足球相关议题进行新闻报道。新中国成立初期，中国足球议题的媒介话语的主要生产平台是以《人民日报》为代表的传统纸质形态媒介，即我们常说的报纸。

二、议题和内容

中华人民共和国于1949年10月1日正式成立，当时的新中国一穷二白，新中国在成立初期积极启动了各行各业的初始建设工作，其中就包括体育领域的新中国足球运动一系列初始启动工作和活动。该时期以《人民日报》为代表的纸质传媒主要围绕新中国足球运动初始启动阶段的一系列推广、介绍、竞赛、选拔、交流等实践工作展开话语生产，其中就包括新中国启动足球运动推广工作的代表性活动[①]"第一届全国足球比赛大会"。1951年9月至1952年1月期间，《人民日报》对新中国"第一届全国足球比赛大会"的相关情况、进展和结果进行了报道，具体报道内容包括"第一届全国足球比赛大会报名参赛通知""第一届全国足球比赛大会赛会改期通知""第一届全国足球比赛大会各个比赛日的赛况赛果通报""第一届全国足球比赛大会赛会最终排名、全国足球选手名单""邀请第一届全国足球比赛大会的前四名来京表演赛通知"，传媒对于新中国足球运动的第一项赛事工作的报道可谓知无不言、言无不尽。

此外，该时期传媒还对新中国足球运动一系列"走出去""请进来"的对外交流工作进行了报道。比如，1954年国家体委选派青年足球队到当时的足球强国匈牙利进行学习训练，针对新中国足球运动这一具有标志性意义的外事交流工作，《人民日报》进行了相应的报道，甚至细致到"还专门为该队配备了一名外籍教练员"的内容，当时的媒介话语将这一足球外事交流活动定位为"新中国对未来足球运动发展蓝图的规划"。

此外，新中国成立初期，一切外事交流活动都秉承"打扫干净屋子再请

[①] 伍绍祖. 中华人民共和国体育史：综合卷（1949—1998）[M]. 北京：中国书籍出版社，1999：11.

客"的出发点，新中国足球运动为了开阔眼界，向世界先进水平足球强国学习，也邀请了许多世界强队来华访问比赛，而且这些世界强队都来自社会主义国家阵营，以《人民日报》为代表的传媒自然不会忽视对于"又红又专"的世界强队的来访，无论是出于年轻的新中国外交需要还是出于足球运动的专业发展需要，传媒对这些来自社会主义国家的世界强队的报道都非常细致。

比如，传媒对1955年苏联泽尼特足球队来访和1956年当时的奥运会足球赛冠军南斯拉夫足球队来中国访问比赛的报道，就连毛主席赛后关于"今天、明天、未来"的感慨都有报道，当时还留下了毛泽东和泽尼特球员握手合影的宝贵影像资料。

其中尤其以《人民日报》对当时代表世界足坛最高水平的匈牙利足球队来华访问比赛的报道为典型案例。传媒对足球运动专业范畴之内的议题内容进行了详细的报道，甚至细致到匈牙利足球队在华期间的训练情况、教练员对运动员的临场心理状态调整、现代足球比赛发展趋势以及对我国足球运动的发展启示，都进行了详尽的新闻报道。对于匈牙利足球队的来华访问交流比赛报道，完全可以看成是年轻的中国足球第一次近距离切身感受到世界先进足球运动水平后，对于激动心情的呈现和对自身落后差距的迫切心态呈现，更是传媒对于世界足球运动发展趋势的一种专业性报道。此外，以《人民日报》为代表的传媒还对新中国足球队"走出去"到捷克斯洛伐克、南斯拉夫、印度、柬埔寨、缅甸、波兰、印尼等国进行交流访问友谊赛的相关情况进行报道，但是鉴于当时通信方式的落后，对于这些外事交流活动的细致报道并不细致，类似于一种简单的新闻快讯一样。

三、话语风格和特色

该时期内以《人民日报》为代表的传媒对第一届全国足球大会进行了客观、及时、准确、平铺直叙的新闻报道，这种平淡如水、客观写实的新闻报道话语风格在今后一段时期内成为生产新中国足球媒介话语的"样板"，以至于此后一段时期内到"文革"前，国内纸质媒介一直在使用类似的新闻报道话语风格对新中国足球运动赛事和活动进行新闻报道。比如，沿用类似客观写实的话语风格，对匈牙利、南斯拉夫、朝鲜等社会主义国家足球队来华访问赛以及中国队出访印度、柬埔寨、缅甸、波兰、印尼等国友谊赛的相关情况进行及时、准确、客观的新闻报道。因此，该时期内传媒生产的中国足球媒介话语以准确、客观的新闻报道为主，针对相关工作和活动的进展、结果、态势的报道话语中，没有流露出欣喜若狂或者悲观失望的偏激情绪，不以物喜、不以己悲，始终在话语风格上保持着理性、严肃和宠辱不惊的特色。

第二节 有关中国足球议题的媒介话语的传播

新中国成立初期的足球媒介话语主要是对中国足球相关信息的传播和体育专业范畴内的足球宣传。虽然新中国成立初期的足球运动初始启动阶段，在全国范围内努力地建设、推广这项现代足球运动，但是，连基本温饱问题都尚未解决的中国普罗大众对于舶来自西方的一些竞技体育运动尤其是现代足球运动知之甚少，因此，当时传媒对于新中国足球运动一系列初始启动工作和活动的报道，具有介绍、推广、普及这项运动的宣传意义。其实"体育宣传"本应是各级政府体育部门的重要工作①，但是如何向全社会各个角落范围内普及宣传中国足球运动，必须依托于传播媒介平台，否则仅靠当时亲身参与过新中国足球实践活动的小部分主体口耳相传，效率太低，范围也过小。新中国成立初期有关中国足球议题的媒介话语主要承担起了"普及推广新中国足球运动以及介绍发展态势的宣传工具"的任务。

该时期中国足球媒介话语的信息传播功能主要体现在两方面：一是向世界足球强国展示自身的水平和发展状态，让世界足球了解新中国足球的现状；二是引导新中国足球运动洞察世界足球运动发展趋势，了解世界足球运动先进水平相关信息。在中国足球媒介话语的相关信息传播方面，最具有代表性意义的还是《人民日报》对于匈牙利足球队来华访问的报道。从中国队与匈牙利足球队的比赛情况到匈牙利足球队在华期间的训练情况、教练员对运动员的临场心理状态调整以及足球比赛发展趋势进行了详尽的信息报道，还针对中国队与匈牙利队的比赛表现进行了当时少有的评论："通过与世界水平的匈牙利足球队交手，中国队的队员认识到了自身差距，了解了世界足球运动最高水平，历练了技战术水平，收获了友谊，与国际社会增进了相互了解……"②这些相关信息一经传媒的细致、深度报道，便引发了全国性的舆论轰动效应，这在新中国足球运动发展历史上还是第一次。当时新中国成立初期所处国际环境恶劣，这是中国人第一次被世界先进的现代足球运动吸引，

---

① 郝勤. 从体育媒介到媒介体育：对体育新闻传播发展的思考［J］. 体育科学，2018，38 (7)：23.
② 张其华. 从和匈牙利足球队的比赛看我国足球运动发展［N］. 人民日报，1954-03-14 (3).

甚至直接导致了后来新中国选拔青年队远赴匈牙利留学训练的举动，媒介话语所报道的匈牙利足球的相关信息，让中国人第一次有了如此珍贵的机会与途径近距离感触到了现代足球运动的脉搏。

媒介话语的信息传播让年轻的新中国足球运动有了参照和对比，明确了发展方向，这次足球专业范畴内的信息传播更是为后来新中国选拔青年足球队赴匈牙利留学训练奠定了基础。此外，如"收获了友谊，与国际社会增进了相互了解"的媒介话语，也通过足球的渠道向当时的国际社会传递出新中国愿意敞开大门、和世界各国友好往来、树立友好睦邻关系的信号与和平鸽。

根据上述对媒介话语的信息传播的分析可以得知，该时期中国足球媒介话语的主要传播功能就是在体育专业范畴领域内对足球运动相关信息的传播，让全国公众了解、关心中国足球，让世界了解中国足球，并了解现代足球运动的世界先进水平，摸索出发展和赶超方向。

后来，"文化大革命"使刚刚萌芽的新中国足球运动的各项发展工作和活动项目戛然而止，仅存的传播媒介力量对暂停状态下的中国足球运动的话语生产和传播也发生了改变。

第三节　媒介话语生产与传播过程中的互动

在传媒对新中国足球运动进行体育专业范畴内的报道和宣传过程中，"体育宣传"本来是由政府（体育与教育部门）、媒介、公众三者之间构成的一个单向性传播系统[1]，通过"体育宣传"这一系统，政府利用媒介向公众宣传有关体育的方针政策、规划活动信息等，传媒在当时只是连接政府与公众相关信息传播的桥梁与喉舌[2]，因此，在新中国成立初期，中国足球媒介话语的生产与传播过程中不存在传媒与社会公众、社会公众与中国足球界之间双向度的互动与对话，只是新中国政府体育管理部门依托传播媒介平台向全社会公众宣传、推广足球运动，并在宣传、传播相关信息的基础上造成全社会关注的焦点，烘托社会舆论轰动效应，为推动这项体育运动的发展营造所需要的社会舆论氛围。

---

[1] 郝勤. 从体育媒介到媒介体育：对体育新闻传播发展的思考 [J]. 体育科学，2018，38（7）：23.

[2] 郝勤. 从体育媒介到媒介体育：对体育新闻传播发展的思考 [J]. 体育科学，2018，38（7）：23.

比如，该时期内，毛主席在来华访问比赛的南斯拉夫足球队赛后感慨地说:"我们今天输给你们，明天输给你们，但13年之后要赢你们。"在国家青年队远赴匈牙利留学出发前，分管体育工作的贺龙同志语重心长地寄语嘱托:"我们国家足球事业的希望，寄托在你们身上，你们一定要勤学苦练，把外国的先进技术学到手，结合自己的特点去发展，为提高我国的足球水平做贡献。"他甚至在"文革"开始前问责体育管理部门:"三大球为什么上不去？解放到现在已经15年了，再搞不起来，难道要搞50年？必须赶快下功夫啊！我快70岁了，希望在见马克思之前能看到三大球翻身。三大球上不去，我死不瞑目。"[1] 上述这些党和国家领导人针对新中国足球运动所述话语，代表着当时党和国家对于发展足球运动的迫切愿望，所以，当时的中国足球媒介话语对于新中国足球运动的宣传和信息传播，是在有力地协助政府体育管理部门单向度地向全社会公众宣传、普及足球运动相关信息，并且向全社会公众传达党和国家誓把新中国足球运动"搞上去"的强烈决心和意愿。最典型的"三大球上不去，我死不瞑目"这句话，也是党和国家领导人通过媒介平台隔空向中国体育界、中国足球界发布指示，流传至今仍是中国足球界人士时刻鞭策自己，向着世界高水平足球运动水平奋发图强的"座右铭"。

从1950年开始，新中国足球运动在一穷二白的基础上开展了一系列初始启动工作和活动，包括全国性赛事的组织、开展，国家代表队的选拔、派遣、集训、参赛等活动，开启新中国足球运动"拓荒"。与此同时，以《人民日报》为代表的新中国传媒也从一开始就将聚光灯和笔尖对准了正处于初始起步阶段的新中国足球运动的各项工作和活动，虽然在以后的岁月里，年轻的新中国足球运动经历了十年"文革"动乱的浩劫，"文革"结束后重新加入国际足联大家庭的激动与欣喜，几度梦碎世界杯，乘着改革开放的春风雄心壮志地规划着职业化改革的蓝图，但是，从新中国成立一直到1994年中国足球职业联赛正式拉开帷幕这段时期，传媒一直都在积极地对新中国足球相关议题进行话语生产和传播，中国足球议题的媒介话语也经历了从新中国成立初期初始启动阶段的"足球宣传"→"文革"结束后重返国际足联大家庭"足球宣传、爱国主义宣传"→职业化改革筹备时期"意识形态讨论"→确定职业化改革方向后"足球职业化改革宣传"这样一个漫长、曲折、蜿蜒的嬗变过程。

---

[1] 杨启为，罗彬. 新中国历届领导人的足球情怀［J］. 广东经济，2014（10）：34.

第三章

"文革"结束后的中国足球媒介话语

第一节 有关中国足球议题的媒介话语的生产

以1976年10月6日彻底粉碎"四人帮"为标志,昭示"文化大革命"时期彻底结束。1978年中国共产党十一届三中全会彻底否定"两个凡是"的方针,重新确立解放思想、实事求是的指导思想,在思想理论上拨乱反正,停止使用"以阶级斗争为纲"的口号,包括中国足球运动和大众传播媒介在内的新中国各行各业的各项工作也都开始拨乱反正并逐渐步入正轨。

表3-1 有关中国足球重返国际足联大家庭的系列媒介话语典型案例

媒介话语平台	日期	媒介话语议题和具体内容
《人民日报》	1978年11月30日	"文革"结束,中国足球准备重回国际足联[1]
	1979年10月15日	国际足联执委会决定恢复中华人民共和国会员国的正式合法地位和权利[2]
	1979年11月26日	"文革"结束后中国足球运动未来的宏观发展战略布局和当下所进行的发展措施[3]

---

[1] 新华社.国际足联主席呼吁重新接纳中国[N].人民日报,1978-11-30(5).
[2] 新华社.一九八二年世界杯足球赛亚洲和大洋洲赛区预赛中国所在的分组情况[N].人民日报,1979-10-15(5).
[3] 新华社.确定十六个城市和地区为开展足球运动的重点地区[N].人民日报,1979-11-26(4).

<<< 第三章 "文革"结束后的中国足球媒介话语

表3-2 有关中国足球运动员、教练员的系列人物报道的媒介话题案例

媒介话语平台	日期	媒介话语议题和具体内容
《人民日报》	1979年9月28日	"角球"一技,数年之功——记优秀足球运动员容志行①
	1982年3月14日	足球场内外要大展新容,全国人民齐声称赞"志行风格"②
中国公开出版发行的报告文学作品③	20世纪80年代	歌颂足球运动员、教练员的技艺、精神、品德、爱国;塑造一系列足球界人士"劳模"形象
电影《球迷心窍》	20世纪80年代末	该电影以中国国家男子足球队争夺世界杯出线权为故事情节

表3-3 聚焦于中国足球"冲出亚洲,走向世界"经历的媒介话题案例

媒介话语平台	日期	媒介话语议题和具体内容
《体育报》	1979年9月10日	"冲出亚洲,走向世界"口号的诞生与唱响④
央视春晚相声《亚运之最》	1991年	对于中国足球爱恨交加的复杂矛盾情感
章成钧:《世界,我们在向你走来——中国足球进军汉城畅想曲》	1988年奥运会	中国足球首次取得了奥运会决赛阶段比赛的资格

---

① 王楚."角球"一技,数年之功——记优秀足球运动员容志行[N].人民日报,1979-09-28(3).
② 丁乙.足球场内外要大展新容[N].人民日报,1982-03-14(4).
③ 史东亮:《"绿茵王子"今与昔——记守门员傅玉彬》;傅溪鹏:《中国的"贝利"——记足球健将容志行》《"铁头"前卫——迟尚斌》《足球队长》;翁澜前:《国脚容志行》;叶永烈:《足球运动员柳海光——"中国轰炸机"》;肖复兴:《虎将唐尧东》;罗达:《中国足球队,我为你写诗》;杨匡满:《挑战者——记中国青年足球队主教练高丰文》
④ 朱中良.冲出亚洲,走向世界[N].体育报,1979-09-10(1).

一、媒介平台

在十年"文革"动乱结束后,全国各行各业也逐步确立了解放思想、实事求是的工作指导原则,传媒界也开始拨乱反正、正本清源,许多在"文革"时期停刊的刊物逐步复刊,并且伴随着中国改革开放的逐步深入,1978年中国财政部批准《人民日报》等8家中央新闻单位率先展开"事业单位、企业化管理"①,中国传媒也步入了市场化、商业化变革转型的历史机遇期。

在中国传媒界改革与发展背景下,针对中国足球相关议题进行报道的大众传播媒介形态较"文革"时期和"文革"之前丰富了许多。在该时期,除了《人民日报》以及复刊的《体育报》这些传统的报纸媒介外,20世纪70年代至80年代是新中国报告文学作品空前繁荣的时期,在这股文学浪潮的推动下,有关中国足球议题的报告文学作品这一纸质媒介形态也开始大量涌现,如上述典型的媒介话语案例中所述,20世纪80年代在中国公开出版发行了诸多有较高影响力的中国足球主题的报告文学作品,仅在案例中呈现的就有13本之多。

此外,随着时代的进步和科技的发展,以及改革开放事业在传媒界的逐步深入,电视媒介也开始逐渐成为有关中国足球议题的话语生产的媒介平台之一。比如,中国足球主题的电影、春晚相声和小品等影视节目,在该时期最有影响力的当属电影《球迷心窍》和央视举办的春节联欢晚会中的一些涉及足球话题的相声、小品。尤其是从1991年央视春晚舞台上冯巩和牛群合说的相声《亚运之最》开始,中国足球成为之后20多年来央视春晚舞台相声、小品演员的话语焦点,并且针对中国足球不堪的实践表现,"足球成绩不咋地,话题年年有",堪比小品王赵本山的春晚出镜率。

二、议题和内容

"文革"结束后,传媒针对中国足球议题的报道开始转入针对足球运动专业领域范畴的话语生产,生产出真正的中国"足球"话语,而非"文革"时期的足球"政治运动"话语。

首先,传媒针对中国足球在"文革"结束后"重返国际足联"这个议题进行了高强度的话语生产。1978年11月30日对中国足球为重返国际足联大

---

① 陆高峰. 报业改革绕不过的三道"坎"[J]. 青年记者, 2007 (11): 12-13.

家庭所付出的一系列努力和一系列准备进行报道，甚至将所报道的话语内容细致到"场地设施改建""日常训练与备战""正式比赛指定用球""正式组建各级国家队参加国际足联举办的正式比赛"……可谓细致入微，并于1979年10月15日正式公开报道"中国足球正式回归国际足联大家庭，恢复国际足联合法席位和权益"的消息。重返国际足联大家庭后，传媒还从中国足球运动发展的宏观高度对《确定十六个城市和地区为开展足球运动的重点地区》进行新闻报道，生产"中国足球运动的宏观发展布局以及部分具体的发展措施"话语内容。

其次，由于"文革"结束后不再受政治运动和阶级斗争扩大化侵扰，传媒针对可以安心训练和比赛的"中国足球运动员和教练员"议题进行报道。话语生产内容涉及对优秀运动员具备的突出专项技能"绝招"、运动员的技战术特点、运动员顽强的比赛作风的报道，比如，典型案例中传媒针对当时国家男足核心球员容志行踢定位球的技术特点进行了足球专业范畴内的报道，包括对容志行在比赛场的道德风尚和精神进行赞扬，生产出"志行风格"的话语一直流传至今，包括"守门员傅玉斌""中国贝利容志行""铁头迟尚斌""轰炸机柳海光"都是此类话语内容。此外，还有对运动员在平时的日常训练中所付出的汗水、艰辛与努力的描述，包括对爱岗敬业、一心扑在球队上的足球教练员的歌颂。比如，上述案例中《挑战者——记中国青年足球队主教练高丰文》。甚至还对始终不离不弃、可爱的中国球迷的事迹进行报道，比如，当时轰动一时的电影《球迷心窍》就对中国球迷的感人故事娓娓道来。

最后，1979年9月8日世界大学生运动会，第一次参加重大国际比赛的17岁中国跳水新星陈肖霞击败苏联名将卡列尼娜，夺得女子跳台跳水金牌，9月10日，《体育报》在刊登她夺冠的消息时，专门配发了一篇题为"冲出亚洲，走向世界"的评论文章，随后第四届全运会开幕时，竖排通栏大标题《冲出亚洲走向世界为祖国争取更大荣誉》，从此"冲出亚洲，走向世界"这个口号响彻中国体育界，之后更是以"七论"的形式，以"冲出亚洲走向世界为国争光"为副标题，先后发表了7篇社论。

该时期内中国足球重返国际足联大家庭后，最重要的任务就是代表中国足球冲击世界杯预选赛，因此，中国足球试图"冲出亚洲，走向世界"的经历成为传媒生产足球话语的焦点议题。传媒针对中国足球20世纪"80年代多次冲击世界杯和奥运会预选赛"议题进行积极的话语生产，对中国足球数度冲击世界杯预选赛和奥运会预选赛并且屡战屡败、屡败屡战的经历进行详细的报道，以此为内容生产中国足球媒介话语，并以此足球媒介话语内容来对当时中国体育界唱响的"冲出亚洲，走向世界"的口号进行呼应。就连中国足球唯一一次站在世界足球赛事的舞台上"参加1988年汉城奥运会足球赛决赛阶段比赛"也成为报告文学和报纸的报道重点议题，主要话语内容就是在描述中国足球队第一次参加决赛阶段比赛的欣喜和激动之情。

三、话语风格和特色

与"文革"时期中国足球媒介话语的"政治运动口号"般话语风格不同，该时期媒介针对中国足球相关议题生产的话语具有一种专业、写实的新闻报道风格，并且不满足仅限于客观写实的报道话语风格，开始在此基础上添加"主旋律"讴歌颂扬的话语宣传风格。如上述媒介话语案例所述，在针对有关"中国足球运动整体发展布局和具体措施""为重返国际足联所做准备"进行新闻报道时，采用的是客观、准确、专业、写实的新闻报道风格；在对足球界人士进行重点报道的时候，采用的是夸张、比喻的文学艺术风格，比如，形容足球运动员头球像"轰炸机"，将一名足球运动员的比赛作风和道德风尚用其名字来命名，如"志行风格""铁头""中国贝利"。这些媒介话语的生产都存在夸张和比喻的风格，而且这种夸张和比喻符合爱国奉献、爱岗敬业、努力拼搏的"主旋律"正能量导向，充满了对足球界人士的讴歌与颂扬的话语特色，而且这种"主旋律"讴歌颂扬的话语风格主要体现在该时期针对足球界人士所撰写的报告文学作品中。媒介话语通过对优秀足球运动员、教练员进行英雄般讴歌、颂扬，抒发着人们对于中国足球的深切情感以及殷切期许。此类话语风格最典型的案例就是在春晚舞台上，国奥足球队全体教练员和运动员共同致辞中国足球的美好祝愿，这种"无声"的话语风格在万众瞩目的春晚舞台上呈现，对于讴歌、鼓励中国足球界具有极强的感染力。

此外，在该时期出现的影视作品如电影《球迷心窍》、春晚文艺节目中，更是采用了夸张、讽刺、比喻的艺术创造形式，运用诙谐幽默的话语风格，用喜剧化的艺术表演风格来生产中国足球媒介话语。比如，最典型的相声话语"中国足球脚太臭，不如回家卖土豆"。相声作为中国传统艺术，运用风趣幽默的话语和隐喻、夸张的话语表现形式来针砭时弊，调侃、讽刺、挖苦是其常用的艺术表现形式，并且鉴于中国足球不佳的竞技成绩和表现，为话语生产风格定下了一个"调侃、讽刺甚至挖苦"的惯例基调。如冯巩和牛群两名相声演员以略带"损"味的话语调侃，来抒发国人对于中国足球实践表现的失落和不甘，通过这种风格的话语给全中国亿万观众带去了无尽的"乐趣"

和"笑点",无形中中国足球成为这些"笑星"信手拈来、随意开涮且万无一失的话语"笑料"。但是,具体到中国足球实践表现上的话语也就点到"脚臭"为止,相反倒是运用夸张的艺术手法来虚构出中国足球教练员"只要打不死,还要为国踢球"这样一种誓死"精忠报国"的精神,如此一来,通过先"贬"再"扬"的话语,最终慷慨激昂地将中国足球塑造成"苦苦求索而不得、百折不挠"的主旋律典范,也在某种程度上折射出当时中国面对改革开放过程中出现的困难、疑惑、挫折,需要这种毫不畏惧、勇往直前的民族气质,更需要全国民众认可并坚定这种信念,而当时观众雷鸣般的掌声也证实了这一主旋律色彩的话语在全国观众心中产生了共鸣。

该时期的中国足球媒介话语风格也反映出全社会公众对中国队胜利后的喜悦之情、失败后的辛酸之苦,以及胜也爱败也爱的难以割舍的足球情怀。以这种悲喜交加效果的话语来表述对中国足球是充满着信心和希望的,以及中国球迷对于中国足球"恨铁不成钢"的深情,体现出中国足球带给当时全社会各行各业的酸甜苦辣、喜怒哀乐。比如,电影《球迷心窍》中男主角"左前锋"在影片最后向全场所有人高喊"我们球迷骂你们是因为我们爱你们啊……"将球迷对中国足球爱恨交加的复杂矛盾情感表现得淋漓尽致。

第二节 有关中国足球议题的媒介话语的传播

1987年10月25日举行的中共第十三次全国代表大会首次正式提出大众传播媒介的"传播信息"主功能和"舆论监督"概念,大众传播媒介开始逐渐解放并恢复对中国足球运动的传媒信息传播功能和舆论监督功能,又开始关注中国足球运动领域的发展动态,在行业宣传和媒介话语表达方面进行了积极的探索和尝试。

一、恢复对足球专业领域的信息传递与宣传

"文革"时期中国足球媒介话语被作为政治运动宣传工具,完全偏离了足球运动自身领域的专业宣传导向,这种情况在"文革"结束后得到了改变,尤其在中国足球重返国际足联后,传媒又重新回归到针对中国足球自身专业领域进行话语宣传的轨道,向全中国乃至全世界宣传为了重返国际足联,中国足球所付出的努力和一系列举措,成为向世界足坛发出的回归"宣言书"。

20世纪80年代初期,我国的竞技体育运动迎来了新的发展时期,该时期

的传媒针对中国足球为了重返国际足联大家庭所做出的一系列努力和一系列细致的准备工作，包括中国足球宏观的整体规划《确定十六个城市和地区为开展足球运动的重点地区》和一系列具体措施，甚至细致到包括训练情况和场地设施维修情况进行了足球专业范畴内的详细报道，将这些中国足球运动的专业动态信息及时地反馈给社会公众，让公众了解中国足球的发展态势和具体细节，包括国际足联正式做出决定"恢复中国在国际足联的合法地位和权利"的消息也被报纸媒介及时地传递回国，向全国公众报告这一喜讯。该时期的中国足球媒介话语成为名副其实的足球专业领域的信息传递与宣传话语。

上述此类纸质传媒生产并传播的有关中国足球议题的话语，在当时面向全社会对中国足球运动进行了宣传，这种宣传针对中国足球专业领域的信息，让全社会各行各业了解中国足球运动发展动态，认清中国足球与国际足球的差距，此外还在当时向全世界传递出一种信号：中国足球运动在即将重返国际足坛大家庭时的欣喜之情和时不我待的紧迫感。该时期内的中国足球媒介话语始终没有转移舆论关注的焦点，将话语焦点对准重返国际足联后的几次世界杯预选赛冲击历程的台前幕后，并围绕足球专业范畴进行中国足球媒介话语的生产。此时的中国足球媒介话语已经吹散了足球政治运动话语的阴霾，在当时特定历史时期下，对于向中国各行各业准确、客观地播报新中国足球运动建设与发展的信息，进而在全社会普及足球氛围起到关键性的作用。

二、开启"爱国主义"宣传

"文革"结束后，我国的体育事业面临的迫切任务就是到世界体育舞台为祖国争得更大荣誉，让全世界了解、认识新中国的精神风貌。要"走向世界"登上全球舞台，首先要"冲出亚洲"，国际足联恢复了中华人民共和国在该组织的合法席位后，新中国于1980年开始参加世界杯足球赛预选赛，此后中国足球队不断向世界杯决赛圈发起冲击。在此期间，不但教练员、运动员、国家体委领导、中国足协领导乃至党和国家领导人以及亿万中国球迷都对屡次冲击世界杯决赛圈历程倾注了巨大的感情以及关注度，虽然屡次冲击均功亏一篑，以失败告终，亿万球迷更是痛心疾首、伤心欲绝，但是该时期的中国足球媒介话语传播与表达，不仅恢复了专业的足球宣传的导向，还开启了"冲出亚洲，走向世界"的爱国主义宣传的功能。

20世纪80年代初期的中国刚刚从十年"文革"的废墟中走出来，每一名中国人都希望国家兴旺富强，民族团结，有着浓重的爱国情怀，因此，借助于中国足球队征战世界杯外围赛这个窗口,媒介不仅向全社会生产并传播足球专业宣传话语,还生产并传播了希望中国足球乃至中国各行各业都"冲出亚洲,走向世界"这一饱含爱国主义旋律的媒介话语。

媒介在当时生产并传播这样一个典型的口号性话语,应该是时代造就的,符合历史进程需要,具有强烈的时代背景。在当时刚刚结束了十年动乱浩劫的国人都希望新中国和全社会能够摆脱贫穷与落后的帽子,党和国家能够繁荣、富强,中华民族能够在世界民族之林获得举世瞩目的地位,而体育运动尤其是处于劣势地位的足球运动无疑就是树立中国新形象的绝佳载体,真正反映了蕴藏在广大群众内心中的国强民富的迫切愿望。

虽然"冲出亚洲,走向世界"只是纸质传媒围绕中国跳水比赛冠军生产出的话语,虽然公众对中国足球战绩并不满意,但是传媒话语对于中国足球还是以鼓励为主,尤其是上述案例纪实报告文学的话语还是在尊重客观事实的基础上,将自身主观感情因素融入文学作品中,并经过传媒的传播,"冲出亚洲、走向世界"充满爱国主义色彩的媒介话语就成为中国足球界的口号和座右铭,成为20世纪80年代矢志冲击世界杯决赛圈的中国足球标志性的媒介话语。时至今日,不论是在各比赛赛场,还是在运动队的训练场上,随时随地都可以看到写有"冲出亚洲,走向世界"字样的横幅或标语。"冲出亚洲,走向世界"成为中国足球媒介话语开启爱国主义宣传的载体。

三、中国足球行业群体形象塑造

该时期的中国足球媒介话语还歌颂、塑造了中国足球界爱岗敬业、奋发图强的行业群体"劳模"形象。媒介除了宣传该时期中国足球运动员、教练员较高的专业素养以外,还根据他们平时刻苦训练、赛场努力拼搏的事迹,将中国足球运动员、教练员群体塑造成爱岗敬业,为了"冲出亚洲,走向世界"努力拼搏的中国足球行业群体形象。比如,报告文学话语所塑造出的典型的"志行风格"就成为在逆境中努力拼搏、振兴中华的中国足球界人士群体形象的典型代表。

第三节 媒介话语生产与传播过程中的沟通与互动

从前面呈现的媒介话语案例可以看出,该时期的中国足球媒介话语生产和传播在中国足球界与社会公众之间起到了双向互动的桥梁与中介作用。

一、向足球界反馈社会公众对中国足球的期望与寄托

"志行风格"在1981年年初就已广为人知，不但成为足球专业宣传的代表性话语，而且成为中华民族顽强拼搏的体育精神和爱国主义的重要代名词，成为塑造中国足球界整体形象的绝佳话语载体。

"志行风格"话语本来并非出自传媒之口，而是出自在赛场和电视机前观看球赛的中国球迷之口，因为容志行是中国国家足球队队长，技术精湛、比赛作风顽强、思想品德高尚，从不在比赛中报复性犯规，非常符合当时中国竞技体育界"宁失一球，不伤一人"的体育交流风格。容志行在比赛中的这种言行作风后来在球迷群体中口口相传、交口称赞，产生了较大的社会影响力，敏感的传媒察觉到球迷私下所生产的这个话语的舆论热度，后经中国体育报记者提炼和传媒生产宣传，成为代表中国足球界整体形象的媒介话语关键词。

球迷之所以会对一名中国足球运动员的言行作风如此关注和赞赏，甚至吸引了传媒界的关注和针对性的话语生产，是因为中国足球刚刚重返国际足联，全面处于落后、屡战屡败的中国足球水平是社会公众不得不接受的客观现实，而容志行精湛的球技和高尚的言行作风却成为中国足球屡战屡败的黑暗时刻的一股清流，仿佛一下子就给中国球迷带来了盼头和指望。"最起码我们还有德艺双馨的容志行"，代表了全中国社会公众对中国足球的期许和愿景，也就是说，社会公众期望中的中国足球运动员就应该是具备"志行风格"的，除了拥有像容志行一样高超、精湛的足球运动技能之外，还要能在比赛中展现出顽强的比赛作风和高尚的道德风尚，这样就算在比赛中由于中国足球实力所限战胜不了对手，最起码也是"输球不输人"，反映出中国社会公众对于中国足球界最朴素的一种期盼和愿景。

而传媒界将球迷中反响声最大的"志行风格"提炼出来，也是出于对当时球迷观点的认可与附和，更愿意作为沟通平台与桥梁将社会公众对中国足球的愿景、期许与精神寄托反馈给足球界，当时的媒介话语对"志行风格"的诠释：尊重裁判，顾全大局；尊重对手，强调体育风格；尊重队友，重视合作；勤勤恳恳，任劳任怨；刻苦训练，技术出众；不做粗野动作，不报复对方球员；不与裁判争执，不乱吐唾沫。其中最核心内容是为祖国荣誉奋不顾身的顽强拼搏精神。也借社会公众的民间话语来生产和传播媒介话语，以此勉励中国足球界奋发图强，如2009年胡锦涛曾勉励中国足球界："中国足球还要继续发扬'志行风格'。"

二、社会公众对中国足球界的情感抒发与宣泄

（一）抒发对中国足球"爱恨交加"的复杂矛盾情感

"文革"结束后，北京承办的亚运会对于中华人民共和国是一次具有重要展示意义的洲际体育盛会，中国亚运军团无论是在竞技成绩还是在国家形象上都全面丰收，唯独中国男子足球队在国庆节当天相形见绌地负于泰国队而未进4强，因此，央视春晚舞台上利用冯巩和牛群合说的相声《亚运之最》这种媒介平台来抒发全社会公众对于中国足球队在亚运上拙劣表现的爱恨交加的复杂情愫。如前面案例所述《亚运之最》的台词"亚运村中国足球脚最臭"，表达了社会公众对其成绩不佳的揶揄和嘲讽，是一种"恨"的情感抒发；后面台词接着说"只要不把我们（足球队队员和教练）打死就行，因为我们还要继续为中国足球努力拼搏"，抒发球迷还对中国足球难舍难分、又恨又爱的复杂情愫。利用万众瞩目的央视春晚舞台这个媒介平台，来向中国足球界抒发中国球迷对其足球"既爱又恨"难以割舍的矛盾心理。在亚运会之前的电影《球迷心窍》中"左前锋"的台词"我们球迷骂你们（中国足球队）是因为我们爱你们啊"，也是中国球迷通过传媒平台向中国足球界抒发爱恨交加的复杂情感。

（二）抒发对中国足球"屡战屡败"的悲伤情感

随着20世纪80年代中后期问题报告文学一度成为文学主流，恰逢中国足球在冲击世界杯过程中遭遇"5·19""黑色X分钟"这些在业内外看来比较窝囊的失败，此外，在这一时期中国对内的经济改革和对外的开放已经进行到了一个矛盾开始显现的时期，所以一些心系中国足球的文学作家借着对中国足球成绩徘徊不前，始终无法跻身世界先进行列的忧虑，来暗示对于国家改革开放前景的担忧，对已经滋生的社会不良风气的不满。其中最为典型的事件如1985年5月19日中国足球队在世界杯外围赛中意外折戟，负于弱旅中国香港队，小组未能出线，直接引发在京的球迷骚乱，出现辱骂外宾、阻拦外宾车辆、掀翻汽车等影响极其恶劣的情况，被称为"5·19"事件，同时引发强烈的社会反响。大量文学作品从不同角度用极为严肃的话语描述这一历史事件。中国足球主题的报告文学以"兵败"为主题，通过字里行间的话语宣泄对中国足球队屡次冲击未果，竞技水平落后的悲伤与忧虑，倾诉着全国人民对于中国足球"屡战屡败"的悲伤情感。

最典型的媒介话语代表即理由所撰写的《倾斜的足球场》，对该场比赛过

程进行"全景式"的展示,用"小说式"的笔法描写球员在赛场上的表现和上、下半场心理活动的变化,倾入厚重的笔墨写中场休息时主教练的应变,质疑他的排兵布阵和临场指挥能力,还着重描写了赛后的球迷骚乱;北京工人体育场是新中国第一批重点建设的体育工程,并且位于首都北京,"5·19"事件就发生在这里,书名意指"5·19"的失败导致了北京工人体育场的"倾斜","倾斜"意味深远并引发读者无尽的思考。

(三)宣泄对中国足球来之不易胜利后的片刻激动狂喜之情

当中国足球一直苦苦"冲出亚洲,走向世界"未果的时候,突然出现在世界比赛决赛阶段的赛场上,这种狂喜和激动的心情溢于言表,直接体现在媒介生产的话语上。1987年,中国国奥队冲击1988年汉城奥运会男子足球决赛圈,历史性地实现了中国足球"冲出亚洲"的夙愿。传媒除了回顾了奥运会开赛之前中国足球队艰苦的备战历程,赞扬了主教练高丰文强烈的事业心和严格的管理制度之外,可能是中国足球对于胜利渴望得太久太久,所以当1987年高丰文率领的中国国奥足球队最终冲进了汉城奥运会足球赛的决赛圈时,还宣泄出全国亿万球迷颇有久旱逢甘霖的喜悦。

这种狂喜之情除了在报告文学作品中体现,电视媒介也在用话语描述中国足球获得一次胜利后片刻的欣喜,万众瞩目的央视春节联欢晚会成为展示这种喜悦之情的平台。这是中国足球队的身影第一次以胜利者的姿态光鲜亮丽地出现在了央视的荧屏上,在当时中国足球屡战屡败的那种环境下,也算是为中国足球挣足了面子。从一开始主持人就肯定嘉宾容志行为中国足球立下的"汗马功劳",主持人还通过语言向荧屏前的亿万观众评价现场的前国家队主教练曾雪麟"为中国足球付出过很多心血,也贡献过很大的力量",运动员也通过荧屏向"足球界老前辈付出的辛苦和汗水表示感谢,并将花献给足球界老前辈",这就是在肯定正是这些老前辈经历的失败为现在中国足球走向世界打下了基础。无论是容志行抑或曾雪麟在讲话时,都不约而同提到了中国足球首次冲进世界赛场,并相信中国足球能够"以此为转折点,高高腾飞"。无论是节目主持人、嘉宾还是教练员、运动员的发言都在围绕"中国足球首次历史性打进世界赛场"发表了热情洋溢的感言,所以这个算不上节目的春晚"节目"更像是为中国足球特别召开的一次"庆功会"。

无论是肯定中国足球人,还是对于中国足球爱恨交加的复杂情感,抑或胜利来之不易后的狂喜之情,媒介在生产足球话语的时候都是基于对中国足球的宣传,进而在此基础上开启足球爱国主义宣传的媒介话语模式。"我们相信在全体足球界人士努力以及其他社会各界的鼎力支持下,在党和国家领导人的正确领导下,在全国球迷的翘首期盼下,中国足球肯定会冲出亚洲,走向世界",如此这般的足球媒介话语在当时几乎成为样板。一场普通的足球比赛成了凝聚和团结改革开放信心的场合,让全国亿万民众对中国的改革开放路线继续保持信心,而且中国贫穷落后的帽子戴了几十年,国人也一直渴望中华民族的振兴和腾飞,向世界证明中华人民共和国的荣耀感,这与中国足球冲出亚洲、走向世界的愿望是极其吻合的,是中国足球媒介话语在当时社会发展背景下最想表达的深层思想。

第四章

职业化改革筹备期的中国足球媒介话语

第一节 有关中国足球议题的媒介话语的生产

20世纪80年代，中国足球3次冲击世界杯均以失败告终，因而1988年《足球》报曾破天荒地第一次提出中国足球是否能进行"职业化"的命题①，这个命题在当时提出犹如一石激起千层浪，虽然后来归于沉寂，但是再次印证了传媒及社会公众心理按捺不住的"改革寻路"的欲望。

20世纪90年代初期，中国国家男子足球队兵败伊尔比德，导致世界杯预选赛出线无望后，中国国家男子足球队又回到成都赛区比赛，悲泣的中国球迷在赛前体育场外打出了"中国足球路在何方"的标语，这种强烈要求中国足球进行积极"变革"和"寻路"的普通球迷的呼声，代表了当时全中国社会各界关心中国足球命运的球迷的普遍心声。此外，曾担任中国国家男子足球队和国奥队主教练的徐根宝在2009年出版的《风雨六载》中有过一段对于过往的感慨："假如那时候（1992年年初率队冲击奥运会决赛圈）我没有兵败吉隆坡，伍绍祖讲过可能当时总局和足协就不会下决心改革，职业化就要大大推迟，也就没有后来的甲A、中超。"②

新闻报道所表述的含义和徐根宝的回忆都印证了一点：中国足球之所以能够最终走上职业化改革道路，就是被中国足球屡战屡败、痛定思痛后"中国足球路在何方"的强烈愿望驱动。虽然在1992年"红山口会议"正式确定了中国足球职业化改革的方向与基调，并于1994年正式启动了中国足球职业联赛，最终走上了中国足球职业化改革的道路，但是，在此之前的研讨、筹

---

① 白国华. 患难中最美丽的唇齿相依 [N]. 足球, 2009-01-01 (6).
② 徐根宝. 风雨六载 [M]. 上海：上海文艺出版社, 2000：123.

备过程却是极其坎坷、曲折、蜿蜒的，甚至一度陷入了严肃的"姓资姓社"意识形态的争论。

表4-1　探讨中国足球未来改革与发展道路的媒介话语案例

媒介话语平台	日期	媒介话语议题和具体内容
《人民日报》	1990年10月2日	中国足球什么时候能有根本性改观呢，中国足球需要变革①
《人民日报》	1992年2月27日	中国足球的出路在于改革，足球可以作为体育改革的突破口，大胆采取各种切实可行的措施，积极进行探索和尝试②
《中国体育报》	1991年3月3日	开设"中国足球论坛"栏目，为中国足球运动未来的改革与发展献计献策
《难圆足球梦——中国足球的艰难历程》	1991年	探究中国足球运动一波三折的深层原因以及未来道路
《足球》报	1990年2月13日	中国足球在20世纪90年代不需要哀怨的舆论氛围，需要冷静思考和实干尝试③
《足球》报	1990年6月19日	表达对中国足球进行改革的愿望的同时提出相关建议④
《足球》报专栏"春来茶馆"	20世纪90年代	媒介与读者之间关于中国足球未来改革与发展的观点进行对话与交流

---

① 里戈.中国足球需要变革[N]人民日报，1990-10-02（2）.
② 汪大昭.坚定信心败而不馁　伍绍祖强调足球出路在大胆改革[N].人民日报，1992-02-27（4）.
③ 汪大昭.中国足球路在何方[N].足球，1990-02-13（1）.
④ 严俊君."5·19"事件亲历者曾雪麟谈改革[N].足球，1990-06-19（3）.

表 4-2　足球职业化改革"姓资姓社"意识形态争论媒介话语案例

媒介话语平台	日期	媒介话语议题和具体内容
《足球》报	1990 年 2 月 13 日	捷克冠军队教练认为足球职业化是与资本主义高度商业化社会相联系的①
	1990 年 7 月 14 日	表述"中国拒绝职业化改革"的话语观点②
	2008 年 2 月 14 日	"广州白云足球队"开了企业赞助冠名足球队的先河，一名记者高呼"这是在搞资本主义复辟啊"③
纪录片《在路上——中国足球这几年》第二集	1999 年	中国足协对于中国足球进行职业化、市场化改革的意识形态担忧④
	1999 年	中国国家足球队首位正式的外籍主教练已经得到中国全社会的认可⑤
央视春晚相声《拍卖》	1993 年	冯巩和牛群根据聘用外籍主教练呈现出的改革趋势

---

① 记者组.记者与捷克冠军足球队教练谈球经[N].足球，1990-02-13（4）.
② 记者组.职业化？不，谢谢[N].足球，1990-07-14（7）.
③ 贾蕾仕.足球记忆[N].足球，2008-02-14（7）.
④ 中央电视台体育节目中心.在路上——中国足球这几年：寻路[M/CD].北京：中国国际电视总公司，1999.
⑤ 中央电视台体育节目中心.在路上——中国足球这几年：寻路[M/CD].北京：中国国际电视总公司，1999.

表4-3 深入分析中国足球职业化改革的实质和具体内容的媒介话语案例

媒介话语平台	日期	媒介话语议题和具体内容
《人民日报》	1992年6月24日	中国足球的"遵义会议"——"红山口会议"确定职业化改革方向①
	1992年6月28日	足球体制改革不是在原有轨道上的调整或修补,而是在立足实践的基础上的大胆探索②
	1992年4月23日	中国足球职业化改革要建立合理的体制和正确的机制,"罗马不是一天建成的"③
	1992年11月8日	中国对于职业足球运动,今天才算有了清楚的认识,但行动还未跟上④
	1992年12月4日	社会上要求对现有足球管理体制和竞赛训练体制及方法进行变革的呼声非常强烈迫切⑤
	1992年12月5日	职业足球的收益并不是政府的拨款,而是一点一点开发足球市场创出来的⑥
	1992年12月7日	足球职业化改革不是一蹴而就的,建立一个科学的、符合国情的联赛制度不是轻而易举的事⑦

① 汪大昭.全国足球工作会议在京举行 在改革中寻找中国足球出路[N].人民日报,1992-06-24（4）.
② 汪大昭.全国足球工作会议闭幕[N].人民日报,1992-06-28（4）.
③ 陈士军.改变落后面貌不能急功近利[N].人民日报,1992-04-23（4）.
④ 汪大昭.认识归认识,行动要跟上[N].人民日报,1992-11-08（3）.
⑤ 汪大昭.改革不是赶时髦[N].人民日报,1992-12-04（5）.
⑥ 刘小明.足球市场的潜力在哪里[N].人民日报,1992-12-05（4）.
⑦ 刘小明.让联赛火起来[N].人民日报,1992-12-07（4）.

续表

媒介话语平台	日期	媒介话语议题和具体内容
《人民日报》	1992年12月9日	用匿名的甲乙双方对话沟通的文章形式阐述国人与自己对职业足球和足球市场、职业足球运动员的看法①
	1992年7月15日	我国足球迈出改革步伐，大连成立职业足球俱乐部是我国足球职业化的重要突破②
	1993年1月18日	我国足球体制改革刚刚开始，出现一点困难和挫折并不为奇，但愿能从中学到东西，使各项措施不断丰满和完善③
	1993年6月20日	中国足球改革是一个系统工程，不会一蹴而就④
	1993年10月15日	足球深化改革一年多来，作为中国体育改革的突破口，提供了不少有益的经验⑤
	1993年10月29日	中国足球职业化改革的实质究竟是什么?⑥
	1993年10月29日	落后的中国足球终于认真从体制上检讨自己的差距，决定从根本上进行改革⑦

---

① 刘小明.关于职业足球的对话［N］.人民日报，1992-12-09（4）.
② 徐江善.我国足球迈出改革步伐，大连成立职业足球俱乐部［N］.人民日报，1992-07-15（4）.
③ 苏少泉.足球职业化学问真不少［N］.人民日报，1993-01-18（4）.
④ 汪大昭.要锲而不舍地深化足球改革［N］.人民日报，1993-06-20（4）.
⑤ 汪大昭.伍绍祖数说足球改革［N］.人民日报，1993-10-15（4）.
⑥ 汪大昭.不尽足球改革潮［N］.人民日报，1993-10-29（11）.
⑦ 汪大昭.不尽足球改革潮［N］.人民日报，1993-10-29（11）.

续表

媒介话语平台	日期	媒介话语议题和具体内容
《人民日报》	1993年11月28日	中国足球界内部转换运行机制的具体措施和通向职业化管理，中国足球协会确定实施注册制度①
	1994年1月19日	国内足球界"首次引进外籍球员，沈阳足球队两名俄罗斯队员到位"②
《足球》报	1993年4月28日	《足球》报组织广东省企业家、大学生对于"什么是职业足球"的大讨论

一、媒介平台

由上述所呈现的媒介话语案例的"媒介话语平台"可以得知，随着20世纪90年代初期中国传媒彻底确立了自身"事业和产业"的双重属性，传媒也真正展开了市场化、商业化的探索和尝试，并且伴随着这种改革趋势，传媒的信息服务功能、舆论监督功能和娱乐功能也在逐步解放。因此，针对中国足球议题进行话语生产的媒介平台较之以前更为丰富、多样性，基于传统的纸质媒介报纸、书籍以及逐渐普及的广播电视这些大众传播媒介形成一个开放度较大的中国足球媒介话语生产空间，传播媒介开始逐渐具备"大众"的特色了。

该时期内针对中国足球议题进行话语生产的媒介平台不仅有《人民日报》这种党报党刊性质的纸质媒介，更是出现了在传媒市场化发展浪潮中初步崭露头角的专业报刊《足球》报、《体坛周报》，这也就意味着参与到中国足球媒介话语生产过程中的话语主体不再仅限于传媒界人士、足球界人士或是政府干部，除了来自体制内的声音，更多来自民间的普通社会公众的声音也被媒介平台吸纳和关注。最具有代表性的即上述案例中描述的"《足球》报开设的特色专栏'春来茶馆'"，每一期都会根据特定主题将一些普通读者的来信或特约来信在栏目中呈现，而且还会将媒介与读者之间的观点分歧进行完整

---

① 汪大昭. 迈出转换内部运行机制第一步 中国足协确定注册制度［N］. 人民日报，1993-11-28（11）.
② 本报讯. 国内首次引进外籍球员［N］. 人民日报，1994-01-19（4）.

的呈现；此外，1993年的《足球》报组织专版开展"广东省企业家、大学生对于'什么是职业足球'的大讨论"，也是典型代表案例。

该时期内除了上述话语主体，在"文革"动乱中曾经被打倒的知识分子和著名学者也开始关注并针对中国足球相关议题发出声音。比如，著名学者金汕曾在1991年出于一名学者的思考，以凝重的历史感、富含独特的文化韵味的话语将中国足球纳入中国政治、经济、文化的大系统中，探幽发微。

此外，由于20世纪90年代广播电视传媒的迅猛发展，广播电视传媒业成为一种重要的足球媒介话语生产平台，尤其在万众瞩目的中央电视台春晚舞台上，相声成为生产中国足球"流行语"的重要广电媒介平台。比如，1993年央视春晚冯巩和牛群合说的相声《拍卖》就成为生产中国足球媒介话语的经典之作。

在该时期内针对中国足球议题进行话语生产的过程中，传统的纸质媒介和广电媒介开始呈现出不同媒介形态合作的趋势，比如，上述媒介话语案例中描述的"1991年3月初由《中国体育报》联合'武汉长江经济广播电台'开设'中国足球论坛'栏目"。

二、议题和内容

如上述典型案例中呈现的"媒介话语议题和具体内容"，在该时期传媒主要围绕三大议题来生产中国足球话语：①探讨中国足球未来发展改革与发展道路；②中国足球职业化改革"姓资姓社"的意识形态争论；③对中国足球职业化改革的实质和具体内容的大讨论。

此外，这三大媒介话语议题和具体内容之间在话语生产过程中是有着紧密的逻辑联系的：

中国足球在恢复国际足联合法地位和权利后，连续3次冲击世界杯预选赛都功亏一篑，冲击奥运会预选赛也只成功过一次，就连这仅有的一次也因为一球未进而被那次赛事的媒体评为"最没有进取心的球队"[①]，而且在北京亚运会足球赛上作为主场球队被当时的弱队泰国队淘汰，因此，举国上下都发出了"中国足球路在何方"的困惑。如同在1991年4月举行的全国足球工作会议一样，"改革"自然而然成为那个时期中国足球媒介话语的焦点议题，并由此引发了一场关于"中国足球出路何在"的话语讨论。

作为"文革"结束后就一直关注中国足球专业领域发展态势的中国传媒

---

① 袁伟民.中国足球大典[M].上海：华东师范大学出版社，2002：134.

界，自然不会没有听到来自社会公众的呼声，因此就依托逐渐开放和形态渐趋多样化的大众传播媒介平台，并组织传媒界从业人员和社会公众来对中国足球未来的发展改革与发展道路方向进行深度的研讨，将一些真知灼见呈现在媒介平台上，呼吁改革之声不绝于耳。此外，传媒还对体育或足球主管部门领导的一些回忆发言和讲话进行及时的报道，具体的话语内容和观点包括"中国足球必须改革""在改革中才能寻找中国足球出路""足球可以作为体育改革的突破口"，还包括一些为中国足球改革和发展具体献计献策的话语内容，最重要的是已经在所生产的话语内容中公开表达对于职业化改革方向初步的设想，"足球运动还可以民办，社会团体也可以办，改革主客场竞赛制度……"这个议题下的话语内容都统一"必须改革"的观点和认识，而且都在寻找和讨论中国足球未来的改革方向和道路，但是还尚未明确提出具体的"职业化改革"方向。

作为上一个议题的讨论结果，"足球职业化改革"被列为可能的改革方向之一，所以这一可能的改革方向被媒介话语呈现在媒介平台上后，自然被全社会公众热议。而且在传媒的引导和组织下，开始对舶来自西方市场经济体制下的职业化改革是否适用于社会主义新中国的可行性进行论证，使得"中国足球职业化改革'姓资姓社'的意识形态争论"成为生产中国足球媒介话语的焦点议题，生产出以下具有代表性的话语内容和观点："足球职业化是资本主义产物。""把足球比赛或者运动员的技术当成商品推向市场，就是还是不是姓'社'。"虽然在当时这一话语生产议题涉及较为敏感的政治意识形态，但是无法阻挡逐渐解放思想下的传媒界从业人员以及真心关爱中国足球命运的社会公众球迷、体育部门和足球部门领导。

此外，虽然该议题的"市场化、职业化、民办……"这一系列话语内容在今天看来司空见惯、平淡无奇，但是在20世纪80年代末至90年代初这一特定历史时期，当时整个国家正徘徊在改革与转型的十字路口，该议题在这段时期内是较为敏感的话语，所以中国足球媒介话语没有生产出对职业化改革盖棺论定的定性话语，而是利用央视春晚这个媒介平台，以"中国首位正式的外籍主教练得到国人的认可和接纳"为主题，生产出轻松幽默的话语内容，来表现当时中国足球界和传媒界的思想解放程度和"实践是检验真理的唯一标准"的改革态度，表达社会各界都希望中国足球运动未来的发展方向能够走职业化改革道路的愿望。在如此这般的话语内容所形成的社会舆论氛围下，"职业化改革姓资姓社"的争论虽然暂时未有定论，但是也只剩下一层尚未完全捅破的窗户纸。

在1992年年初邓小平同志发表南方谈话后,在北京郊区红山口召开的全国足球工作会议确定了足球职业化改革方向和道路,彻底扫清了中国足球职业化改革的思想障碍和制度障碍,但是鉴于施行计划经济体制的社会主义新中国对于"足球职业化、市场化"概念较为陌生,所以这时传媒开始针对"中国足球职业化改革的实质内容和体系"这个议题广泛组织社会各界展开深入的研讨,生产出以下具有代表性的话语内容:"'红山口会议'确定建设职业足球俱乐部,走职业化和产业化发展的道路。""中国足球改革是一个系统工程,不会一蹴而就,体制和机制需要不断完善。""职业足球的收益与职业足球市场的开发密切相关。""足球职业化改革为中国体育改革提供经验。"尤其以《人民日报》评论员苏少泉撰写的《足球职业化学问不少》话语内容产生的影响力最大,成为当时的代表性话语。此外,传媒还针对当时中国足球界的一些职业化改革的具体实践举措和动态进行了报道,比如,"大连成立职业足球俱乐部""首次引进外籍球员"等媒介话语内容,代表传媒对我国足球职业化改革重要突破的报道。

三、话语风格和特色

该时期内各种大众传播媒介平台在针对上述三大议题的话语生产具有"借喻""引用"的风格和特色。

如上述典型媒介话语案例内容中呈现的一样,将国家队第一位正式的外籍主教练施拉普纳冠以中国市井寻常百姓家对于男性长辈的惯用称呼"施大爷",话语内容恰到好处,亲切、自然、接地气又不失幽默诙谐,最重要的是为这位外籍主教练赋予了浓厚的"洋为中用"的中国本土特色,如此这般的话语生产风格就是意图表达出中国人对这位外籍主教练的社会认可与内心深处的真正接纳。

与这种媒介话语生产风格具有异曲同工之妙的还有对施拉普纳教练工作认可的话语:"不管是洋和尚还是中国和尚,只要会念经,就是好和尚……"这其实也是引用了邓小平同志的改革开放名言"黑猫黄猫,抓住老鼠就是好猫",当时正处于"职业化改革'姓资姓社'"大争论时期,借此名人名言表达社会公众对于中国足球职业化改革的态度和期盼:无论"足球职业化"来自哪个国家,只要能推动中国足球运动发展,就可以尝试。

此外,1992年在北京红山口召开的全国足球工作会议确定了未来中国足球职业化改革的方向和道路,传媒针对这次会议极具借喻风格,称其为"中国足球的'遵义会议'"以表达这次会议在新中国足球运动发展史上是具有转折性战略意义的，中国足球从此走上了正确的发展道路。

第二节 有关中国足球议题的媒介话语的传播

该时期内媒介生产出的中国足球话语经过大众传播媒介平台的呈现与传播后，其信息传播功能主要体现在以下几方面。

一、公众→足球界的改革愿景的表达

作为社会公众与中国足球界之间衔接桥梁的大众传播媒介平台，通过该时期内所生产的足球媒介话语向中国足球界传递全国亿万球迷希望中国足球"改革""寻路"励精图治的心情，与其说这是一种信息传递，不如说这是一种期盼倾诉和公开表达，让中国足球界清晰地了解全国亿万球迷迫切希望通过改革来振兴中国足球的愿景。

二、足球界→公众的职业化改革相关信息传递

作为社会公众与中国足球界之间衔接桥梁的大众传播媒介平台，传媒通过生产有关足球职业化改革议题的媒介话语，向社会各界球迷传递有关中国足球职业化改革相关的信息，包括职业化改革方向的最终确定、职业化改革体系内容、职业足球市场开发和收益、职业联赛的筹备情况、职业化相关的实践举措、职业足球俱乐部建设的进展情况……为全国所有关心中国足球且没有机会和平台近距离亲身接触中国足球职业化改革实践进程的社会公众提供了一个观察平台和窗口，所有与中国足球职业化改革的相关信息，传媒都向社会公众进行了细致、准确的信息传递，相当于传媒界替中国足球界向全社会上了一堂"职业足球概述"课程，进行了职业化改革信息普及，并及时帮助中国足球界向全社会汇报职业化改革的进程和态势。

三、"中国足球"流行语

在该时期中国足球媒介话语的信息传播过程中，有一部分话语由媒介生产并经过媒介平台呈现和传播，最终在社会生活中广为流传，成为普罗大众口口相传、津津乐道的中国足球"流行语"，甚至广泛传播为社会流行语。比如，塑造人物形象的"施大爷"，与足球改革有关的"红山口会议""职业

化""改革""中国足球'遵义会议'"等。

第三节　媒介话语生产与传播过程中的互动与对话

20世纪90年代初期，伴随着中国传媒市场化、商业化的改革发展趋势，传媒的信息服务功能、舆论监督功能和娱乐功能也在逐步解放，因此，该时期内中国足球媒介话语生产与传播过程中，各类话语主体之间、传媒界与社会公众之间的互动与对话较之以往的时期非常频繁。

这种互动与对话尤其以专业报刊《足球》报的特色专栏"春来茶馆""京华新村""聊斋"为代表性案例，展现出平民足球评论的特色。这些栏目每一期都会设置某个特定的讨论主题，报刊会安排一名主编或特约评论员类似于"擂主守擂"一样，先抛出报刊的观点，然后从每一期的读者来信中抽取观点较为鲜明、新颖的内容放在栏目中进行"攻擂"，上至政府干部，下至普通球迷甚至中学生，见解各异，成为该时期足球传媒与广大球迷互动的唯一渠道和平台。

此外，1991年3月初由国家体委机关报《中国体育报》联合"武汉长江经济广播电台"开设"中国足球论坛"栏目，1992年12月9日的《人民日报》用匿名的甲乙双方对话沟通的文章形式，一方面来阐述当前公众对于职业足球、足球市场的观点和看法，另一方面来阐述如此这般的观点和看法是不准确的，并基于自己的看法来阐述对于"职业足球和足球市场、职业足球运动员"的有关认识。1993年的《足球》报开设专版组织广东省企业家和大学生开展关于"什么是职业足球"的辩论赛，并全程将辩论赛的话语和细节搬上报纸，这些都是此类媒介话语生产与传播过程中互动和对话的典型案例。在互动和对话中对话主体没有准入门禁限制，只要你对特定主题的观点足够鲜明和新颖，哪怕与报刊的观点相矛盾也没有任何关系，只要敢于公开表达观点，有时候媒介平台甚至刻意地将相反的两种观点呈现出来，以引发思考和争论，广开言路、畅所欲言，真正体现出公共话语空间的理念。

其实该时期中国足球媒介话语生产和传播过程中的互动与对话，主要体现在足球界、传媒界和普通社会公众之间，在针对"职业化改革"的争论上，虽然"市场化、职业化、民办……"这一系列话语内容在今天看来司空见惯、平淡无奇，但是在20世纪80年代末至90年代初这一特定历史时期，这些字眼是极为敏感的，因为涉及严肃的意识形态领域。当时整个国家正徘徊在改革与转型的十字路口，虽然"文化大革命"已经成为历史，"改革和开放"成为时代主题，但是如同"病来如山倒，病去如抽丝"一样，十年浩劫给亿万民众带来的精神压抑感、心理恐惧感以及思想上的禁锢，却如同鬼魅一般悬浮在社会空气中久久未能消散。1991年2月15日，《解放日报》副总编周瑞金与上海市委政策研究室的施芝鸿、《解放日报》评论部的凌河一道，以"皇甫平"为笔名在《解放日报》头版刊发《做改革开放的"带头羊"》系列文章，呼吁继续坚持改革，但是，马上就遭到了不少报纸杂志集中火力的批判，尤其以北京一家报社刊发的题为"建造反和平演变的钢铁长城"的评论员文章，直指当时的经济特区为"和平演变的温床"，被全国大多数报纸转载，就此，在改革思想与保守思想之间，一场持续一年时间的关于"改革"的论战在报纸媒介上激烈展开。

当时这种对于改革思想上的分歧也存在于中国足球改革领域上。当时全国社会各界都在忧虑中国足球未来的发展方向，该时期围绕"中国足球改革、寻路"，由纸质媒介的书籍、报纸以及广播形成了一个话语空间，存在一些对足球改革态度含混的话语声音出现，也就是说，并没有针对中国足球职业化改革形成一个共识，还只是处在讨论、观点碰撞的过程中，而且这种观点上的交锋与碰撞在当时涉及较为敏感的意识形态领域，担心把握不住政治方向。从上述媒介话语案例中呈现的具体内容来看，在当时的中国社会，"市场化=姓资"这类话语和观点还是有一定市场的，当时中国社会各界对于中国足球未来的改革发展道路究竟是否还会"姓社"是忐忑不安并且极为看重的，同时对于足球改革市场化、职业化、社会化的方向是把握不住意识形态方向的。

直到1992年年初邓小平同志南方谈话，不但为中国特色社会主义市场经济体制改革奠定了思想基础，全国上下坚定了走社会主义特色的改革开放道路，更是给中国足球职业化、市场化的改革扫清了思想障碍，消除了政治顾虑，为职业化改革定下基调，让痛定思痛的足球界在全国各行各业改革、转型浪潮的推动下，开始统一职业化改革的思想，准备拉开职业化、市场化改革的序幕。1992年的红山口全国足球工作会议是在当时主管体育的国务委员、国家经济体制改革委员会主任李铁映同志的大力支持下召开的，决定把足球推向社会，走上市场化发展的道路。鉴于当时国内社会各界对于足球职业化改革的意见观点并不统一，这是一次中国足球界统一改革思想的足球工作会议，所以"红山口会议"被媒介话语形容为新中国足球运动发展史上"意义非凡的遵义会议"。因为红军长征过程中召开的"遵义会议"对于中共具有非凡的历史转折意义，是中共历史上一个生死攸关的转折点，所以，当时的媒

33

介能够大胆地借用"遵义会议"这个词来指称体育领域内处于弱势地位的足球运动的会议，足以见当时的中国已经在体育领域很大程度地解放了思想，并且隐喻这次会议在中国足球运动发展过程中的历史转折。1992年"红山口会议"对中国足球而言也具有历史转折意义，因为从这一刻起，中国足球决定走进市场，迈入职业化、社会化的改革征途。

  从这时起，社会各界对于中国足球未来的改革方向才不再敏感，基于媒介平台的有关中国足球职业化改革的话语交锋与争论也告一段落，中国足球媒介话语议题和具体内容也开始频繁涉及"足球职业化、市场化的管理体制和运行机制"，从那时起，通过传媒的中介，传媒界、足球界以及其他社会各界人士围绕"中国足球职业化改革"这个议题所形成的话语空间，其关注与讨论重心已经完全偏向于围绕"中国足球要提高水平必须走职业化改革的道路"这些必要性与重要性侃侃而谈，也涉及"如何走""怎么走"这些具体的措施话题，包括足球界人士在内的全国社会各界和亿万球迷针对这些话题各抒己见。

第五章

职业化改革初期的中国足球媒介话语

第一节 有关中国足球议题的媒介话语生产

作为中国足球职业化、市场化、社会化改革的重要里程碑与标志性成果，中国足球职业甲级队 A 组（甲 A）、甲级队 B 组（甲 B）联赛于 1994 年正式拉开帷幕。始于 1994 年的中国足球职业联赛为报刊等纸质媒介、电视传媒包括后来兴起的网络传媒提供了丰富的报道题材与内容，这段时期内各种形态的媒介针对中国足球生产传播的话语始终是以"中国职业足球（甲 A、甲 B）联赛"为焦点议题，从而造就了中国体育媒介的黄金时期。①

一、媒介平台

（一）纸质媒介平台

除了原有的《人民日报》体育版、《中国体育报》报道中国足球职业联赛相关信息外，《体坛周报》《中国足球报》《球报》和《足球》报等专业报刊以及各省市地方报的体育版也都给予职业联赛极大的关注度。

（二）电视媒介平台

20 世纪国外有线电视技术与卫星技术结合，改变了 19 世纪末以来纸媒时代的概念。在"看台+纸媒"时代，足球运动的影响力会存在局限性，而有线卫星电视拆除了足球赛场看台的物理障碍，也拆除了体育与媒介的隔阂。② 足

---

① 郝勤. 从体育媒介到媒介体育：对体育新闻传播发展的思考［J］. 体育科学，2018，38（7）：24.
② 郝勤. 从体育媒介到媒介体育：对体育新闻传播发展的思考［J］. 体育科学，2018，38（7）：23.

球比赛转播和电视媒介宣传的结合在纸媒时代是不可能的，尤其在人类社会进入20世纪90年代末期信息化时代后，如果没有有线卫星电视媒介的强力驱动，现代足球运动是根本不可能取得快速发展的。中国的体育电视转播事业在20世纪80年代就完成了从无线电视到有线卫星电视的转向，而中国的职业足球联赛在初期如果没有电视媒介形式的推动，也是不可能取得快速发展的，中国足球媒介话语开始隆重进入"传统纸媒+电视媒介"的时代。

职业联赛启动前，中国足球协会与中央电视台之间就中国足球职业联赛的电视转播谈判进行得异常顺利，因为双方首先顾全的都是将中国足球职业化改革迅速推动，尽快将中国足球职业联赛推向市场和观众这个大局，所以其他的一些细节都好商量，印证电视媒介对中国足球职业联赛的宣传与推广作用，一系列实证的数据话语也展现了1994—1995年以来中央电视台对中国足球职业联赛的转播情况，以及专题节目制作情况、观众收看情况。比如，北京电视台曾经在1994—1996年期间被北京的电视观众开玩笑似的称呼为"北京足球台"，因为基于北京观众的需求，该电视台给予足球比赛以特别的关注，以1994年为分界线，北京电视台转播北京国安队的比赛数量和报道量比1994年以前翻了几番。① 就连1994年甲A联赛第一轮结束后足球界向全国广大球迷表示感谢，也需要通过电视媒介平台来表达，如"中国足球甲A联赛第一轮专题片片尾打出的'感谢你，球迷'"这样的字幕。

1995年，依托有线电视与卫星电视技术的央视第五频道开播，央视体育频道甚至打造出如《足球之夜》《在路上——中国足球这几年》一样的精品足球专业电视节目，包括一批地方电视台体育频道也陆续开始对中国足球职业联赛进行转播。电视媒介对中国职业足球（甲A、甲B）联赛的宣传和报道话语，为中国足球职业化改革事业的发展赢得了尊重和支持，并为中国足球的发展献计献策，而足球和电视的结合这种情况在之前两个时代是不可想象的。在人类进入信息化时代后，职业足球如果没有电视媒介形式的推动，是不可能取得快速发展的，包括万众瞩目的央视春晚舞台上以相声、小品的形式呈现、传播中国足球话语，以1996年央视春晚的相声《其实你不懂我的心》、1997年央视春晚的小品《两个人的世界》、1998年央视春晚的小品《回家》等为代表。这些收视率极高的电视节目，通过电视荧屏这个现代传播媒介围绕"中国职业足球联赛"呈现、传播话语。

---

① 中央电视台体育节目中心. 在路上——中国足球这几年：镜头、笔头、脚头 [M/CD]. 北京：中国国际电视总公司，1999.

电视媒介对于中国足球职业联赛的宣传和报道话语，为中国足球职业化改革推动吸引了大批的拥护者，为足球事业的发展赢得了尊重和热情支持，来自社会各界的广大球迷也通过电视媒介平台为中国足球的发展献计献策。此外，通过电视媒介宣传报道中国足球职业联赛火爆的话语，商界投资者也看到了中国职业足球联赛广阔的商业前景，这些话语给足球俱乐部带来了经济效益，也给整个中国社会主义市场经济增加了生机与活力，提供了新的经济增长点，从精神上和经济上，电视媒介话语都在为中国职业足球的发展铺路搭桥。

（三）互联网新媒介平台

20世纪末，中国的互联网媒体骤然崛起，对现代体育发展产生了巨大影响。1997年恰好是中国的互联网元年，根据1997年10月首次中国互联网调查，当时网民总数62万，还不到今天近1.4亿网民的百分之一，当时互联网在中国并不普及，但是，在1997年，除了以上所述的纸质媒介、电视媒介，在中国足球职业联赛的催化下，网络新媒介也开始跻身对中国足球议题的宣传与报道中，1997年四通利方（新浪网前身）借助中国国家男子足球队征战世界杯预选赛的契机，首次在"利方在线"上采用网上视频、音频直播的技术，对1998年世界杯亚洲区预选赛的情况进行了详细的直播与报道。

在20世纪90年代中期，作为传统媒介形态的报刊、广播电视拥有它们必然的地位优势，但是，基于互联网的新媒介对于中国足球话语的生产与传播凸显"即时性"，最大的优势就是信息传播速度快，几乎与中国足球实践行动保持同步。此外，基于互联网的媒介话语生产与传播是一种"爆炸式"的"点对面"，信息传播速度不但快、扩散面更大，而且最重要的是基于互联网的媒介话语生产与传播较之传统媒介电视和报纸而言没有异常严格的话语审查制度。① 最为典型的网络话语空间案例是1997年年初的互联网"四通利方体育沙龙"（今天新浪体育竞技网的前身），但在当时由于互联网在中国尚不普及，只有不到一万次的日访问量，由于技术问题，只能保存300个帖子，话语实践积极性和话语容量受到当时媒介技术本身发展规模和速度的制约性太大，使得中国足球网络话语空间构建和网络话语实践大受影响。

虽然受到当时互联网发展规模的影响，但还是产生了代表性的媒介话语案例——发布到"四通利方体育沙龙"上的博文《大连金州没有眼泪》，这篇博文仅仅在上网两天后就万众瞩目，其转载率、刊发量、点击量就代表着

---

① 陈彤. 新浪之道 [M]. 福州：福建人民出版社，2005：110.

社会公众对其思想的认同与接纳，上网两周时间后更是被其他互联网站和报刊转载，比如，《南方周末》经过同意全文刊发了该博文，按照当时该刊物编辑部的公开说法：编辑部的邮箱里收到了数十封读者要求转载刊登的来信。如作者老榕所述："两天后发现不仅是四通利方的体育沙龙上，所有的中文网站好像全都有了，又过了一个礼拜，好像报纸就刊登了有十几家。"① 一名普通球迷老榕通过一篇普通的博文闻名于球迷界和互联网界，《大连金州没有眼泪》更是被称为"中国足球第一网络博文"和"全球最有影响的中文帖子"，引起舆论界的强烈共鸣。现任新浪网总编辑的陈彤在他撰写的《新浪之道》中回忆说："老榕和他所撰写的《大连金州没有眼泪》使人们第一次感到论坛的力量和影响。"足球网络媒介话语的生产与传播有其自身的优势。这标志着中国足球网络新媒介时代的到来，乃至后来由移动网络技术以及各种各样的"互联网+"所打造的新媒体终端，为中国足球媒介话语进入全新时代搭建了强大的媒介技术平台。

如果说从"文革"结束到20世纪90年代初期是中国足球媒介的形成至初具规模时期，那么从1994年中国足球联赛开始，中国足球媒介真正开始进入成熟的黄金时期。中国足球媒介最为鼎盛时期的从业人员有纸媒足球记者、电视媒介足球记者、足球评论员、解说员，号称"足记八千"，足可见这个时期中国足球媒介的兴旺发达，中国足球媒介开始正式步入现代体育媒介的潮流之中。

二、议题和内容

该时期大众传播媒介主要针对中国足球职业化、市场化、社会化改革的标志性产物——职业联赛进行全方位的话语生产。中国足球职业联赛始于1994年，火于1995年，职业足球联赛的这种火爆状态在1994年间快速蔓延到全国各个职业足球赛场。在1995年职业足球联赛最火爆的时候，1994年、1995年两年来，四川全兴队的主场——成都体育中心，几乎场场爆满、座无虚席，成为西南足球的象征，中国足球职业化改革热潮在西南地区以成都为中心迅速蔓延，它甚至被足球界以及新闻媒介视为中国足球改革的成果之一。在1994—1995年中国足球职业联赛的初期，中国的大众传播媒介聚焦于"中国足球甲A联赛"，围绕"甲A联赛球市的繁荣与火爆"进行话语生产与传播，职业化联赛初期的中国足球媒介话语渲染出了中国足球职业化改革初期

---

① 陈彤. 新浪之道 [M]. 福州：福建人民出版社，2005：120.

所获得的成果,报纸媒介针对中国足球职业联赛初期的火爆球市进行了绘声绘色的报道,并生产出以"保卫成都"①"球市火爆"为代表的足球流行语。

此外,始于1994年5月的国外高水平球队来华进行一系列成功的商业比赛,又为本就火爆的联赛添了一把柴,加了一壶油。针对一系列商业比赛对国外球队胜多负少的"不败"战绩的媒介话语,由善于挖掘噱头营造舆论热点的大众传播媒介生产出"工体不败"②的中国足球流行语。

"球市火爆""工体不败"让本就已经处于狂热状态的足球界的思维意识失去冷静的判断,对中国足球竞技水平、中国足球职业化改革进展、中国足球职业联赛的发展态势判断失误,但是,也有一些深思远虑的新闻记者能够在当时那种被成绩冲昏头脑的狂热背景下保持相对冷静的头脑,基于大众传播媒介舆论监督的责任,在职业联赛开展顺利、球市如火如荼的实践背景下,居安思危,未雨绸缪地冷静审视职业联赛初期各方面情况,在一些足球媒介话语中也客观冷静地指出了希望今后"有则改之"的地方。针对职业联赛的管理体制、赛制、赛风、运动员、教练员、裁判员等,也都有针对性地生产出足球媒介话语,而且从所生产的话语来看,确实体现出这些专业足球媒介从业者的独到见解和冷静。

由于在1994年、1995年中国足球职业联赛开展得最如火如荼的时期,恰逢港台当红歌星在中国大陆地区大红大紫的时期,当时有一名词"追星族",不仅喜欢歌星所唱的歌,更是对他们的私生活和一举一动都极为关注。③ 这种大众传播媒介态势似乎也影响到了针对中国足球职业联赛的话语生产,报纸、电视等大众传媒除了对职业联赛本身进行报道与传播之外,还对职业足球从业人员给予了超出其职业范畴以外的关注,甚至将职业足球从业人员的个人隐私都通过媒介话语公之于众,比如,1996年央视春晚舞台上姜昆和戴志诚合说的相声《其实你不懂我的心》就是典型的话语案例。媒介运用话语生产包装,塑造出一个个类似于当时红极一时的港台歌星一样的职业足球明星,引导全社会球迷对于这些职业足球明星展开超越对其运动技能之外的狂热崇拜与追捧。

传媒还聚焦于刚刚推行的中国足球俱乐部球队之间的运动员转会制度进

---

① 严俊君.保卫成都,保卫职业联赛[N].足球,1995-09-28(1).
② 中国足球职业联赛20年词典:渝沈之战[EB/OL].新浪体育,2014-04-16.
③ 中央电视台体育节目中心.在路上——中国足球这几年:花开时节[M/CD].北京:中国国际电视总公司,1999.

行话语生产，传媒报道了中国足协制定的运动员转会制度和"球员身价计算公式"①，有关转会议题的足球媒介话语甚至在 1995 年掀起了一阵针对足球运动员转会的社会舆论热潮。媒介针对"转会"的话语内容生产，除了专业范畴的转会制度本身之外，还在其话语内涵中体会到市场经济与计划经济交替过程中所涉及的"人事制度牵绊"和"固有的乡土情结"，"转会"是这个国际职业足球场域内极为常见的话语词汇，但生产在 1994 年、1995 年的中国足球话语空间中却显得那么突兀和怪异。大众传播媒介有针对性地聚焦于"转会"这一在世界足坛司空见惯但是在当时的中国职业足球界却显得有些另类的实践现象进行话语生产和传播，这一媒介话语现象揭示出的是计划经济时期的人事管理制度、户籍制度和乡土情结牵绊下的职业足球运动员，与初步市场化的运行机制之间的矛盾与冲突。

传媒针对"黎兵转会"的足球媒介话语生产内容是新的转会制度与旧有人事制度的矛盾与冲突，但是，山东籍足球运动员宿茂臻在转会过程中却遇到了"土生土长的山东人怎么能到外面踢球呢"②这种保守封闭的乡土情结的阻碍而未能成行，这种不愿意离开故土的思想情结顽固到连来自改革开放最前沿的广东籍教练员陈亦明也无可奈何。针对"宿茂臻转会"的足球媒介话语生产内容是中国人固有的乡土情结对于人才流动的牵绊，而且这种牵绊又是那么顽固。

中国施行足球职业化改革、开展足球职业联赛最直接的目的就是实现"冲出亚洲，走向世界"的夙愿，所以经过 3 年如火如荼的甲 A 联赛的熏陶，当世界杯亚洲区预选赛"十强赛"在 1997 年到来时，中国的大众传播媒介自然就全神贯注地聚焦于中国国家男子足球队征战"十强赛"的相关事务议题上。将整个征战历程和态势如同放置于显微镜下进行足球专业范畴的媒介话语生产，向全社会报道"十强赛"征战的相关情况，在全社会进行舆论呼吁，甚至隔空向教练组和中国足协献计献策，将中国队在 20 世纪末最后一次征战世界杯预选赛的行动炒作为当时全中国的一个社会性媒介焦点议题。

内容与议题涉及分组依据竞赛日程安排、国家队大名单的选拔与公布、集训地点和时间的确定与公布、教练组备战计划的确定与公布、分组抽签与赛程的确定、日常训练情况、后勤保障情况、国内主赛场以及客场相关情况、分组对手情况、积分表变动和胜负关系情况、本方和对方排兵布阵情况、赛

---

① 中国足球职业联赛 20 年词典：转会 [EB/OL]. 新浪体育，2014-04-16.
② 中国足球职业联赛 20 年词典：转会 [EB/OL]. 新浪体育，2014-04-16.

况赛果和出线形势分析，甚至在最终无缘出线后还代替甚至协助足球界来生产对于十强赛的总结与反思话语。

三、话语风格和特色

在中国足球职业联赛初期，中国足球媒介话语的风格与基调是极其不稳定的。1994—1996年的中国足球话语实践的主基调是欢乐、期盼、自信，社会各界人士在报纸、电视、广播传媒形态的中介和话语引导下，围绕"中国足球职业联赛"生产着乐观的中国足球话语，在1994年、1995年职业联赛最为欣欣向荣的时期，有关中国足球职业联赛的媒介话语在一段时间内都保持着乐观、惊喜的话语生产风格，因为职业联赛在1994年和1995年的球市火爆是真实存在的，而且也出乎了足球界的预料。职业联赛初期有关中国足球的媒介话语生产与传播是围绕"职业联赛""球星""教练"来展开的，使用频度最高的形容词是"火爆""成功""顺利""来之不易的改革成果"，加之1994年年底中国足球队在亚运会上摘得男子足球银牌，获得中国足球历史上第二个好成绩，这在当时与"职业联赛火爆""商业赛连克国外劲旅"并列为中国足球职业化改革初期的"成果"。比如，在1994年联赛结束后召开的全国足球工作会议上，传媒在报道这次会议的过程中生产出了"两个没想到"话语："没想到中国足球的改革进行得如此顺利，没想到成都这样的地方一把火就把全国的球市给点燃了，而且传媒界甚至对当时会议所在宾馆门口的一头栩栩如生的公牛雕像进行拍照、录像，虽然是图片，但是这种无声的话语生产代表着一种基调和强大的心理暗示：中国足球职业改革、中国足球职业联赛、中国足球如同股票一样进入'牛'市。"[①] 这其实也是话语把具有暗喻功能的一个公牛雕塑作为象征意义的符号，喻示着中国足球职业联赛初期收到让人意想不到的惊喜。

而在中国国家队征战"十强赛"期间，传媒针对该议题的话语生产风格与基调是七嘴八舌、患得患失、幻想与幻灭交织不断更替，话语生产风格与基调是不断波动的，社会舆论氛围是赢一场似乎就胜利在望了，输一场似乎就到了世界末日了，并最终伴随着国家队"梦断金州"而以悲凉、绝望的话语基调结束，当时的社会舆论氛围就是传媒的话语生产基调奠定的。最为典型的代表就是1997年10月31日中国队主场输给卡塔尔彻底无缘世界杯出线

---

① 中央电视台体育节目中心.在路上——中国足球这几年：人家的世界杯，我们的甲A [M/CD].北京：中国国际电视总公司，1999.

41

权后，在赛后的转播画面捕捉到赛场上空的一幅场景：深秋的黑暗夜空中孤独地悬挂着一弯新月……①这幅画面成了"无声胜有声"的话语，从此以后，只要电视媒介在足球节目中提到这次世预赛的征战历程，这幅"凄风冷月"的无声话语就会在节目的末尾出现。

而十强赛征程完全结束后，各大媒体开始了针对此次征战历程的反思和总结，话语风格极为尖锐，话语基调始终保持在批判、针砭上，这种基调和风格到后来甚至转变成嬉笑怒骂的人身攻击，1998年央视春晚牛群、冯巩合说的相声《坐享其成》和1998年央视春晚黄宏、宋丹丹演绎的小品《回家》就是此类话语风格的典型代表案例。

第二节 有关中国足球议题的媒介话语的传播

萨马兰奇在20世纪90年代就曾指出：将来的体育运动会被划归为两类，一类是适合电视（媒体）的口味，另一类则不适合。② 在众多现代体育运动项目中，激烈、刺激、观众众多、赛场气氛热烈的现代足球运动对商业化、市场化、娱乐化运作的大众传播媒介来说，绝对是最具备传播与推广价值的，因此，大众传播媒介对于现代足球运动可谓青睐有加。

一、聚焦于中国足球职业联赛的"宣传工具"

（一）描述职业联赛初期欣欣向荣的"火爆球市"

表5-1 有关职业联赛初期球市火爆的系列媒介话语案例

媒介话语平台	日期	媒介话语议题和具体内容
《人民日报》	1994年4月17日	足球职业化改革产物的职业足球联赛的成功与否，决定了中国足球职业化改革的进程和走向③

---

① 中央电视台体育节目中心.在路上——中国足球这几年：悲剧情节[M/CD].北京：中国国际电视总公司，1999.

② 郝勤.从体育媒介到媒介体育：对体育新闻传播发展的思考[J].体育科学，2018，38（7）：23.

③ 许基仁.早该重视联赛[N].人民日报，1994-04-17（4）.

续表

媒介话语平台	日期	媒介话语议题和具体内容
《人民日报》	1994年4月23日	中国足球职业联赛得到了球迷和市场的接纳与认可①
	1994年5月6日	通过职业联赛最初的几轮比赛态势体现出为中国足球事业拼搏的精神状态，给予球迷一种全新的精神面貌②
	1994年5月16日	全国足球甲A联赛初战受好评，得到足球界和体育界的官方认可③
纪录片《在路上—中国足球这几年》第三集	1999年	中国球迷没有因为世界杯的举行而降低对甲A联赛的关注度，许多起早贪黑的中国球迷两头作战④

如上述媒介话语典型案例所述，电视、报纸等传媒形态通过对"中国足球职业联赛"的报道与宣传，让全中国社会各界都得知：火爆的中国足球职业联赛又将失望的中国球迷重新请回了足球赛场，赢得了极高的社会关注度和媒介舆论关注度。这一时期有关中国足球的媒介话语主要围绕"中国足球职业联赛"这个议题展开，并通过一系列实证的中国足球协会官方统计数据来说明"联赛球市与上座率不错"，甚至运用"爆棚"这个词语来形容球市的兴旺，从而通过这一系列描述和数据性的话语迫不及待地向国人乃至世界宣传：中国足球的职业化改革道路是正确的，职业足球在中国是行得通的，中国足球职业联赛得到了市场的接纳和认可。正如报道中话语描述的一样，"中国足球还是有人'买'的"。

传媒向全世界宣传中国足球职业联赛的快速发展，即使是1994年的中国足球职业联赛与1994年美国世界杯同时进行，也没有因为世界杯的举行而暂

---

① 杨洋. 从"甲A"联赛首轮看球市[N]. 人民日报，1994-04-23（3）.
② 萧鸣. 爱护自己的联赛[N]. 人民日报，1994-05-06（11）.
③ 汪大昭. 全国足球甲级联赛初战受好评，袁伟民要求足球界珍惜发展良机[N]. 人民日报，1994-05-16（4）.
④ 中央电视台体育节目中心. 在路上——中国足球这几年：人家的世界杯，我们的甲A[M/CD]. 北京：中国国际电视总公司，1999.

停联赛,世界杯举行期间职业联赛的观众人数并没有明显下降,在这里就可以看出当时稚嫩的中国足球职业联赛敢于与世界杯足球赛"试比高",而且还能够让球迷贪黑看世界杯后又起早到赛场观看甲A联赛。从上述话语可以反映出当时的中国足球职业联赛确实"火爆",而且深得"球迷之心"。

(二)烘托职业联赛氛围的经典流行语

1. 经典流行语——"成都保卫战"

表5-2 有关经典流行语——"成都保卫战"媒介话语案例

媒介话语平台	日期	媒介话语议题和具体内容
《足球》报	1995年9月28日	1995年甲A联赛四川全兴队濒临降级,严俊君特地撰文《保卫成都》,由此全国球迷都知晓四川全兴队著名的保级之战是"成都保卫战"[1]
纪录片《在路上——中国足球这几年》第五集	1999年	"西南保卫战"就是要提醒四川的体育界,要珍惜这样一个机遇,不要把四川的甲A资格毁掉[2]

从上述媒介话语来咀嚼其中滋味:1995年的中国足球甲A联赛开展得如火如荼,已经从一支足球队要保住甲A资格上升到一场牵动整个中国大西南乃至西部的神经,成为事关西部足球生死存亡的"战斗"。无论是从整个西南地区还是从全国范围来看,四川全兴队足球队能否保住甲A资格,已经不是简单的体育问题了,而是涉及中国改革开放的利益分布大局。在当时中国从东南沿海发起的改革开放浪潮中,整个西部地区属于中国经济最为贫瘠的地区,暂时还未享受到改革开放所带来的福利,现在如果连足球改革带给西部地区的唯一硕果都保不住,整个西部地区都会有一种被中国的改革开放大局抛弃的落寞,这是当时地域观念极强的西南地区老百姓所不愿意看到的。因此,当电视镜头中出现球迷在成都体育中心通宵排队购买球票,球迷在看台上喜极而泣的场面,以及当时10户成都市民家庭10户都在观看四川全兴保

---

[1] 严俊君.保卫成都,保卫职业联赛[N].足球,1995-09-28(1).
[2] 中央电视台体育节目中心.在路上——中国足球这几年:东北西南[M/CD].北京:中国国际电视总公司,1999.

级大战的景象①，也就不难理解"保卫成都"话语的流行了，足球在当时改革开放的社会背景下已经成为一种象征意义极强的话语符号。

如果说中国足球职业联赛火于1995年的话，那么"成都保卫战"这个典型的中国足球媒介话语无疑从足球宣传的导向上为中国足球职业联赛增加了热度和噱头。这样经典的中国足球媒介话语象征着中国足球职业联赛在当时所受到的高度的关注度，这种对于足球职业联赛的宣传价值已经超出了足球、体育的范畴，综合体现出当时中国改革开放浪潮下足球职业化改革在公众心中所得到的认可。

2. 经典流行语——"工体不败"

媒介话语平台：1996年中央电视台春节联欢晚会，姜昆、唐杰忠合说的相声《其实你不懂我的心》

媒介话语议题和具体内容：商业邀请赛中国队的"工体不败"神话。

台词："AC米兰、桑普多利亚、佩纳罗尔、阿森纳、弗拉门戈、哥伦比亚，一共6个队，我们中国全赢了。"

上述媒介话语案例所表述的事实：在联赛初创期1994年5月开始持续2年之久的商业比赛热潮中，中国国家足球队或者以北京国安足球俱乐部为代表的中国俱乐部足球队在这一系列商业比赛中胜多负少，甚至因为1994年、1995年国安队在北京工人体育场对阵国外俱乐部足球队彪炳的战绩，通过大众传播媒介在全国范围内广而告之，使之成为当时国内球队对战欧美高水平足球队胜多败少战绩的代表，宣传职业化改革初期火爆的球市，从某个方面也宣传着中国足球职业化改革后竞技水平的快速提升。

但是，中国足球媒介话语的快速传播扩大了"工体不败"流行语的话语内涵与外延，使得"工体不败"话语看似只是一个体育领域的现象描述，但是，结合当时的时代背景与中国社会状况，这个话语更像是刚刚迈入改革开放新时期的中国人面对世界、面对未来喊出的一句时代强音！还处于贫穷落后状态的中国人既谦虚吸纳国外先进事物"精华"，同时也敢于将中国人不服输的性格在足球场上向世界先进水平"亮剑"。可以说，"工体不败"话语完美地诠释了20世纪90年代中期中国人的生存状态和觉醒意识，它既是一句

---

① 中央电视台体育节目中心. 在路上——中国足球这几年：东北西南［M/CD］. 北京：中国国际电视总公司，1999.

45

口号，更是代表了一个国家、一个民族在那个特定时期的国民态度——"不言败、不服输"。这一点，在时任国安俱乐部足球队教练员——金志扬"外战"时所生产的话语中体现得尤为明显，而金志扬所讲述的这些足球话语经由传媒记录并传播至社会各个角落。

表5-3 "工体不败"的内涵和外延的媒介话语案例

媒介话语平台	日期	媒介话语议题和具体内容
纪录片《在路上——中国足球这几年》第四集	1999年	金志扬：要具有抗英精神，这场比赛你们只要能跟英国人拼，即使输了也要让英国人觉得中国人不是好欺负的![1]
新浪网《中国足球职业联赛20年词典》	2014年4月16日	金志扬：知道工体这里以前是什么吗？这里以前是八国联军的坟墓，不能让他们在这里撒野![2]
	2014年4月16日	金志扬：国内练兵一致对外，即使联赛受影响，也要认真对待"外战"，绝不在外国人面前给中国人丢脸，因为对外我们代表中国足球、代表中国[3]
	2014年4月16日	高峰：一系列"外战"的胜利，也确实给北京球市打了一针兴奋剂[4]
	2014年4月16日	由于国安的巨大贡献，足协坚持给北京国安俱乐部足球队颁发"进步最快奖"[5]

---

[1] 中央电视台体育节目中心. 在路上——中国足球这几年：花开时节 [M/CD]. 北京：中国国际电视总公司，1999.
[2] 中国足球职业联赛20年词典：工体不败 [EB/OL]. 新浪体育，2014-04-16.
[3] 中国足球职业联赛20年词典：工体不败 [EB/OL]. 新浪体育，2014-04-16.
[4] 中国足球职业联赛20年词典：工体不败 [EB/OL]. 新浪体育，2014-04-16.
[5] 中国足球职业联赛20年词典：工体不败 [EB/OL]. 新浪体育，2014-04-16.

通过上述话语的表述，我们也就可以理解为什么将一场普通的商业性质的友谊赛理解为"一场战争"了。来华的欧美足球队似乎成为以前侵华的帝国主义列强，如果国安队输掉了这场比赛，就等于再次输掉了一场抗击侵略的战争，因此，国安队、国安球员才会在这样一场从竞技意义上来说"输赢都无所谓"的商业比赛中，拼尽全力争胜，也就完全可以理解为什么全国球迷会对媒介生产和宣传的"工体不败"话语那么痴迷和情绪高涨，虽然都很清楚这只是一场精神上的胜利，但是，就当时的中国改革开放和中国足球职业化改革来讲，这种精神上的胜利和火爆是改革和发展急需的一针强心针。

媒介生产并传播的"工体不败"的足球话语，极大地刺激了本就如火如荼的整个中国足球职业联赛的球市，更加赢得了全国球迷的忠诚支持。完全可以说，"工体不败"媒介话语温暖了曾经心灰意冷而远离中国足球的球迷的心。当时在职业联赛初期，足球界最大的一个心愿就是要用精彩的比赛、激烈火爆的场面把心灰意冷的球迷重新"请"回球场，通过报纸、电视媒介生产传播的足球话语都在"请"球迷回来，足以说明当时足球界人士是万众一心、众志成城，想要端正态度，用努力的表现让球迷重新对中国足球树立信心，如同做错事的学生要深刻地反省自己的错误，并坚决改正，而火爆、激烈、激情四溢的职业足球联赛就是足球界人士交给全国球迷的一份深刻的"检查"。国内甲A联赛如火如荼地宣传，加上对外"工体不败"的宣传，亿万中国球迷通过大众传播媒介平台了解到火热进行中的甲A联赛以及对阵国外球队"工体不败"的战绩，所以就真的又被中国足球职业联赛和媒介合力给"请"了回来。

媒介以这一系列成功的商业性邀请赛为背景契机，成功塑造了国内足球队对阵国外足球队"工体不败"的典型话语，在这个足球媒介话语的宣传与刺激下，社会各界对中国足球职业联赛的关注持续升温，这种足球宣传使得球迷对中国足球职业化改革、中国足球职业联赛的期望逐渐提高，"工体不败"与1995年中国足球职业联赛"火爆"之间的关系由此可见一斑。

在中国足球职业联赛的初期，中国的大众传播媒介聚焦于"甲A联赛球市的繁荣与火爆"进行话语生产与传播，当时的中国足球媒介话语始终对以甲A为代表的中国足球职业联赛进行正面积极的宣传，中国足球职业联赛初期那种如火如荼、欣欣向荣的图景通过媒介话语呈现给社会各界。

二、聚焦于中国足球职业联赛的"显微镜"

(一) 居安思危的中国足球媒介话语

表5-4 对初期职业联赛"居安思危""未雨绸缪"的媒介话语案例

媒介话语平台	日期	媒介话语议题和具体内容
《人民日报》	1994年5月16日	足球界应当珍惜发展良机,做到有则改之,继续保持前进的动力①
	1994年9月23日	改革中的中国足球已经初具规模,但赛场上的中国足球依旧沉卧在低谷,我国足球青少年后备力量在数量和质量上与足球强国的差距正在不断加大②
	1994年11月25日	足球被推向了市场,而市场这个"魔鬼"一旦被放出瓶口,就很难收拾回去③
	1994年7月27日	"观世界大赛议中国足球座谈会",观察中国足球甲A联赛与世界足球先进水平的差距④
《足球》报	1996年4月18日	中国足球只是在靠裁判赢球,那你们永远进不了世界杯,NEVER、NEVER⑤
专题电视节目《我们需要这样的胜利?》	1996年4月11日	我们需要这样的胜利吗:我们不能那样对待远道而来的客人

---

① 汪大昭.袁伟民要求足球界珍惜发展良机[N].人民日报,1994-05-16(4).
② 汪大昭.从红山口到红山口[N].人民日报,1994-09-23(11).
③ 马申.中国足球之桥[N].人民日报,1994-11-25(11).
④ 本报讯.观世界大赛 议中国足球座谈会[N].人民日报,1994-07-27(11).
⑤ 刘湛秋.请珍惜联赛[N].足球,1996-04-18(1).

续表

媒介话语平台	日期	媒介话语议题和具体内容
纪录片《在路上——中国足球这几年》第四集	1999年	从1994年开始，中国足球发展出人意料地突然加速了，人们都失去了对加速度的判断力①
	1999年	足球记者进言足协的管理者，要求重视球队自身建设和俱乐部经营建设："提高球队竞技水平""改善俱乐部经营状况"②

在当时一派欣欣向荣的职业足球发展背景下，足球媒介能够保持如此冷静的头脑，并能够清醒地意识到中国足球的竞技水平并未有实质性提高以及后备人才储备量的隐患，并在全国性的会议以及其他各种媒介平台上发出客观、理性的声音，通过媒介平台将这些话语传播向全社会，说明当时中国足球媒介不但宣传中国足球职业联赛初期的顺利与火爆的球市，还对中国足球职业化改革的初步成果保持足够的冷静和警惕。

其实媒介是最先意识到甲A的技战术水平与现代足球技战术水平之间的差距。包括在1994年世界杯期间，媒介针对世界杯赛事与甲A联赛之间的竞技水平的对比，寻找差距的话语，从足球专业范畴提醒当时已经被甲A联赛冲昏头脑的中国足球界：从"量变到质变"的辩证逻辑，保持社会舆论上的清醒。

此外，媒介运用"魔鬼"和"潘多拉"话语暗喻当时如火如荼开展的中国足球职业联赛，话语意指：对中国足球职业联赛保持应有的冷静与关注，不能因为职业联赛初始阶段的顺利而对深化改革和严格管理掉以轻心，否则偏离正常运行轨道的"魔鬼"将吞噬掉整个中国足球，而且用带引号的"职业足球"话语暗指当时的中国足球甲A联赛与真正的职业足球联赛还差得很远，这也就是日后中国足球"伪职业"话语的根源所在。由上得知，媒介的舆论监督功能实现了，在传媒的中介下，舆论监督的实施也得以落实，至于足球界、体育界能否对各种各样的话语重视并采纳建议，这不是中国足球媒

---

① 中央电视台体育节目中心.在路上——中国足球这几年：花开时节[M/CD].北京：中国国际电视总公司，1999.

② 中央电视台体育节目中心.在路上——中国足球这几年：花开时节[M/CD].北京：中国国际电视总公司，1999.

介话语所能够决定的。

但是，上述这些不合时宜的话语声音在当时那种"中国足球的这次改革终于步入正轨，职业联赛'火爆'异常，中国足球水平正在逐步提高"的话语舆论氛围下，声音显得极其弱小而没有丝毫的穿透力和震撼力，在整个中国社会的舆论氛围中不会引起全社会的共鸣。这些冷静的足球媒介话语在当时不是主流的足球媒介话语，没人会去重视，因为，饥渴的中国足球界和心灰意冷的中国球迷如同在荒漠中看到一片绿洲一样，哪怕这片绿洲只是海市蜃楼，无论是足球界人士还是球迷，他们都太需要这种强心剂的刺激了。无论是足球界人士还是广大球迷，在当时都希望看到中国足球战胜国外一个个足坛劲旅，哪怕是满足于阿Q般那种精神胜利下的"微醺"状态，谁也不希望这时候有煞风景的话语出现。因此，这些"真相"和善意的"苦口良药"话语都非常识趣地"靠边站"，在一场场胜利的光环下，都被丢在一边。但是，真相和客观事实终究是无法掩盖的，直到20年后伤痕累累的中国足球才幡然醒悟，想起20年前一个外国教练发出的"诅咒"般的话语竟然一矢中的、话语成真。

1994年，亚运会中国国家男子足球队历史性地获得银牌后，当时通过媒介平台普遍传达出这样一种话语观点：国家队这次能够取得一个较好的成绩，应该归功于职业联赛水平的提高。在这种舆论导向下，在1994年的末尾，"如何使中国足球职业联赛步入更快的发展轨道，推动中国足球职业化改革更快发展"成为当时最热门的话语主题。这就如同以前中国处于"大跃进"时代的舆论氛围一样，在当时中国足球那种莺歌燕舞、欢声笑语、盲目乐观的极度亢奋思维意识下，足球界人士是无法冷静下来思考如何去推动职业化改革"往深处走"即深化改革体制机制、完善职业联赛体系的。因此，在1994年、1995年足球职业联赛快速发展步伐带动下，除了带给社会各界人士惊喜外，也让越来越多的企业、商业集团看到了足球领域的投资价值，于是，"甲A扩军"就成为1995年舆论关注的主要热点，这个被媒介炒得火热的词组，更是对1994年年末那句"推动职业足球联赛快速发展"舆论话语的具体诠释和体现。

不得不承认，媒介在激动地展示呈现职业足球联赛一派歌舞升平的同时，也能冷静地、客观地、理性地认识到红火的职业联赛下隐藏着何种隐患，并能够预见到未来会出现哪些阻碍中国足球职业联赛继续良性开展的"毒瘤"。但需要注意的是，包括传媒界在内的社会各界当时都对这些"居安思危""未雨绸缪"看来有些扫兴的媒介话语没有给予高度的关注和思考，都没有足够的兴趣去思考"继续推动职业化改革高歌猛进"还是"让职业化改革冷静下来"。足球界选择前者，球迷和社会各界也急于把这种欢乐的心情带到未来，媒介虽然有所警觉并进行了善意的提醒，但是，没有引发足够重视和社会各界的强烈反响，媒介的一些担心和忧虑的话语在当时都没有形成舆论氛围，这些"苦口的良药"最终都没有阻挡住"中国足球职业化改革"这趟列车鸣着欢快的汽笛声在失控的速度惯性下疯狂地前行……

职业联赛是中国足球职业化改革的主要举措和形式体现，中国足球职业化改革还肩负着中国足球"冲出亚洲，走向世界"的使命，因此被媒介话语描述为"火爆的联赛""进展出乎意料顺利的职业化改革"以及"球员积极拼搏的赛场表现"，这足以让屡次处于绝望中的中国球迷和其他关心中国足球的社会各界人士，在当时有关中国足球的话语实践氛围下形成一个观念：中国足球这次的改革之路走对了，中国足球有希望了。

在邓小平同志1992年南巡时对深圳、珠海经济特区的改革开放步伐提出"快些，再快些"的期盼，以及当时整个中国社会的改革开放、社会主义市场经济体制建立都处于一种极度顺利、快速前进的实践背景下，"中国足球职业化改革"这趟列车保持着速度惯性是很正常的，似乎在当时那种一切顺利的情景下，中国足球职业联赛所要做的就是加速、再加速，任何有关中国足球的话语主基调都是在围绕它们进行，因为这就是当时整个中国社会的话语舆论氛围和趋势，足球改革作为中国改革开放的一部分也不可能置身事外，"反思""未雨绸缪"的话语实践在当时看来太不合时宜了。

（二）对中国职业足球从业人员给予的超出专业范畴的关注

表5-5 对中国职业足球从业人员极度关注的媒介话语案例

媒介话语平台	日期	媒介话语议题和具体内容
纪录片《在路上——中国足球这几年》第三集	1999年	全社会对于职业足球运动员超越职业范畴的狂热追捧[1]
央视春晚相声《其实你不懂我的心》	1996年	球迷对于职业足球从业人员的狂热追捧

---

[1] 中央电视台体育节目中心. 在路上——中国足球这几年：人家的世界杯，我们的甲A[M/CD]. 北京：中国国际电视总公司，1999.

续表

媒介话语平台	日期	媒介话语议题和具体内容
纪录片《在路上——中国足球这几年》第五集	1999年	球迷对职业足球从业人员"爱恨交加",球迷对球队的热情随着成绩大起大落①
央视体育频道电视沙龙节目"煮酒论英雄"	1995年	多名叱咤中国足坛的教练在节目中生产出一些代表性的媒介话语

上述这些媒介话语虽然有艺术夸张和喜剧效果,但是,媒介话语是源于生活实践的。从上述话语中可以很清晰地领会到当时经历了1995年火爆的职业足球联赛的催化,广大球迷对于这些职业足球明星的追捧已经超出了足球运动本身的范畴,比如,在1996年春晚舞台上《其实你不懂我的心》相声的末尾阶段,春晚现场的球迷还打出了"球迷与中国足球心连心"的横幅,并上台与北京国安队、上海申花队球员一起合唱《真心英雄》,所有这一切有声的、无声的话语都反映了当时社会各界对于职业足球从业者的推崇,而且这种推崇已经超出了职业足球的业务范畴,否则不可能无论比赛结果如何,球迷对于职业足球从业人员"胜也爱、败也爱"。

1995年,叱咤中国足球界的教练(徐根宝、陈亦明、迟尚斌、金志扬)在一个央视所举办的电视沙龙节目"煮酒论英雄"(在当时创下了极高的收视率)中,徐根宝对自己的"抢逼围"战术的自得阐释,陈亦明的"我可以和徐根宝掰一掰腕子"等话语,被广大球迷广为传颂。从这个谈话沙龙节目生产和传播的话语就可以看出:当时职业化改革初期,社会各界对这些爱岗敬业、水平高超的足球教练是超出业务范畴的认可,否则这个节目不可能冠以"论英雄"的名称。

在中国人看来,刘备、曹操这等具有雄才大略的人物才具有指点江山的气魄,很显然这四个边"煮酒"边侃侃而谈的足球教练在社会公众心目中也是具有这种雄才大略的人物,而不仅仅只是一个足球教练员。"煮酒论英雄"这个足球媒介话语已经不仅仅是足球从业人员群体本身业务范畴所能够承受的,就如同职业足球运动员们被冠以"城市英雄",某些省市领导被冠以"足

---

① 中央电视台体育节目中心. 在路上——中国足球这几年:东北西南[M/CD]. 北京:中国国际电视总公司,1999.

球市长""足球省长"一样。在1994年尤其是1995年中国足球职业联赛开展得如火如荼的时候，中国足球职业化改革被赋予了太多"基于足球运动而又超越足球运动"的内涵，具备较为深远的象征、隐喻意义，中国足球媒介话语的生产与传播也赋予了足球从业人员超出业务范畴的象征意义。

（三）对足球运动员转会的媒介话语聚焦

1. 聚焦"黎兵转会"的媒介话语案例

表5-6 聚焦于"黎兵转会"的系列媒介话语案例

媒介话语平台	日期	媒介话语议题和具体内容
《人民日报》	1995年1月7日	我国刚开始搞运动员转会制度，在观念上要有一个适应的过程①
《足球》报	1995年1月5日	中国足协最终裁定黎兵将从辽宁转会②
	1995年1月9日	辽宁队教头评议转会制③
	1995年1月9日	贵州省体工大队已表示服从中国足协裁定的黎兵由辽宁转会的决定④
新浪网《中国足球职业联赛20年词典》	2014年4月16日	贵州省体工大队不准备按照中国足球协会的规定采取转会办法⑤
	2014年4月16日	职业足球运动员黎兵的归属权以及工作关系的转让，最终得以成行的关键因素还是在其人事归属和工作关系所在单位⑥

由上述媒介话语案例得知，关于职业足球运动员黎兵的人事归属权的"三角官司"，最能反映当时足球运动员"转会"矛盾与冲突的典型的媒介话语案例。本来在职业足球领域中很平常的一桩足球运动员转会事宜，却在初

---

① 刘小明. 转会及其他，热点综述［N］. 人民日报，1995-01-07（1）.
② 黎兵亲笔信［N］. 足球，1995-01-05（1）.
③ 记者组. 辽宁队教练组谈转会［N］. 足球，1995-01-09（8）.
④ 张天. 黎兵转会未发现阻滞［N］. 足球，1995-01-09（8）.
⑤ 中国足球职业联赛20年词典：转会［EB/OL］. 新浪体育，2014-04-16.
⑥ 中国足球职业联赛20年词典：转会［EB/OL］. 新浪体育，2014-04-16.

创期的甲A联赛中惹出复杂的人事关系归属纠纷。

传媒不但将中国足球协会在当时刚刚推行的一系列职业足球运动员转会制度《中国足球协会运动员转会细则》《关于运动员转会制度的通知》传播到全中国社会各界，而且根据《足球》报、《人民日报》的系列相关报道，媒介话语还报道描述了当时黎兵所处的这种复杂的人事关系和工作隶属纠葛：中国著名足球运动员黎兵在计划经济时代的工作关系隶属于贵州省体工大队，1994年甲A联赛开幕之前被借调到辽宁省打全运会，但是，在当时计划经济时代，人事关系、粮食关系的隶属非常重要，黎兵只是被辽宁省借调走，与贵州省体委的人事关系、工作隶属尚未解除，恰逢足球职业化改革启动甲A联赛，辽宁省体委下属的辽宁省足球队成为辽宁远东足球俱乐部，而借调到辽宁的足球运动员黎兵也随之成了辽宁远东足球俱乐部的资产……黎兵转会的故事就发生于广东宏远足球俱乐部想在1995年甲A开赛前引进"人在辽宁，关系却在贵州"的黎兵。

这样一来，这在职业足球领域看来再平常不过的球员转会，却在中国陷入了复杂而不应该有的人事纠葛之中，媒介适逢其时地瞄准当时中国足球界的这个焦点议题进行深度持续性的报道，并经过媒介平台的中介，将有关黎兵转会问题的讨论延伸至全社会对于中国足球职业化体制、机制是否完备的大讨论，而有关"转会"的中国足球媒介话语也成为当时中国足球界乃至中国社会轰动一时的舆论焦点，因为，有关"转会"的媒介话语生产与传播不仅涉及足球专业范畴，更是映射出当时中国各行各业从计划经济体制向社会主义市场经济体制转轨的过程中人事关系脱离的纠葛。

当时媒介针对"黎兵转会"的话语生产与传播，其实是在反馈当时的中国在从以前的计划经济向社会主义市场经济体制转轨的不适应和阵痛，因此，这个话题经过传媒的报道，才会受到全社会的舆论关注。而且当时以"黎兵转会"事件为引子，还牵扯出许多存在相同问题的足球运动员转会案例，这么多转会案例叠加在一起，其实已经不是黎兵一个人的问题了，而是涉及中国足球职业化改革的体制、机制是否彻底、深入这样一个话语议题。该议题的媒介话语也以"黎兵转会"为切入点，揭批中国足球的职业化改革只是形式上"伪职业"的冰山一角，仍旧未与专业化时代的各省市体委脱离关系。

此外，值得注意的是，当时有关"黎兵转会"的媒介话语还涉及对于人性的关怀和对事业、自由的向往。当时在报纸媒介上，记者、黎兵本人以及其他转会运动员、球迷、中国足协、法律界人士，就"黎兵转会"牵扯出的中国足球职业化体制、机制等一系列问题各抒己见、畅所欲言，这在前几年都是不可想象的，因为涉及"转会"的媒介话语是无法避开"姓资姓社"这条政治红线的。那么从这场大讨论中也可以看出当时社会思想和言论自由的解放程度，从围绕"转会"形成的中国足球媒介话语可以清晰地管窥到当时整个社会中对于人才自由流动、人才追求事业更高平台的思想意识。

最终这次足球运动员转会纠纷以辽宁足球俱乐部将黎兵成功转会给广东宏远足球俱乐部而收尾。从相关媒介话语中我们可以看出中国足球职业联赛吃第一个"转会"螃蟹的尴尬，职业足球运动员的转会还要得到贵州省体委的许可与放行。正如中国的足球职业化改革是在从上至下的行政力量的推动下才成行的，这次转会也是在广东省体育局的有力斡旋下，才得以在1995年甲A联赛开赛前"搞掂"（广东俚语，意指鼓起勇气、绞尽脑汁去面对种种棘手的问题，需要有力运作，最终艰难谈妥），从而在当时社会上也创造性地生产出了"天价转会费"这样的话语，而积极引进黎兵的主教练陈亦明也被媒介用话语形容为"第一个吃螃蟹的人"，正如中国的改革开放是由广东深圳"第一个吃螃蟹"一样。正如"市场经济"这个名词到了中国就被创造性地冠以"社会主义"限定语，从而在中国社会中生根发芽并成长壮大一样，从此"'转会'这一'洋词'也披上了中国足球职业联赛的外衣，融入中国足球的血脉中"。一名足球运动员的归属与流动问题之所以能够在当时得到社会各界的热议和支持，是因为这种媒介话语的生产与传播反映着改革开放新阶段中遇到的改革共性问题，才能引发全社会的共鸣与关注。

2. 聚焦"宿茂臻转会"的媒介话语案例

媒介话语平台：新浪网制作的《中国足球职业联赛20年词典——转会》

媒介话语议题和具体内容：当时足球运动员宿茂臻回忆，"陈亦明是避开新闻媒体、球迷，悄悄地来济南找我商谈转会事宜的""我和陈指导在一起密谈的时候，感觉就好像是在干见不得人的事""就足球而言，如果地域和感情因素少一些，会更好"；当时的山东队主教练殷铁生回忆，"当听说宿茂臻转会的传闻后，非常着急和生气，想尽一切办法，通过一些手段来维持球队的稳定"；中国足球职业联赛的管理者中国足协对于1994年年底所推行的转会制度的反思："1994年搞转会可能有点早了，运动员转会制度在联赛中推行应该有一个过程，可能是足协把转会过程推进有点太快了。"①

当时有关宿茂臻转会未能成行的案例经过传媒报道也引发舆论的热议。当时的足球媒介话语聚焦于职业足球从业人员自身"职业意识""市场经济思想"和"人才流动",媒介话语的最终基调也倾向于计划经济时代的举国体制所残存的各个地方队的本乡本土观念已经深深扎根于球迷、教练、运动员乃至地方领导的思想意识中,在当时中国足球职业联赛初创期,冲破这种狭隘的思想意识是球员转会能够顺利实施的关键,甚至比制度、机制还要重要,如果只有制度而人的意识不变,职业化改革下的转会制度还是推动不了。甚至当时就宿茂臻是否应该转会的话题上,山东当地纸质媒介的话语倾向于反对态度,也是基于一种地方舆论保护主义思想。

从上述媒介话语中可以揣摩宿茂臻本人当时就这件决定自己未来事业发展的事情,是一种心虚的表现,在职业足球领域非常正常的人才流动居然是偷偷摸摸进行,这不得不说是足球运动员自身固有的传统"生是山东人,死是山东鬼"的情结在作祟。媒介对此事的报道与评论也起到了推波助澜的作用,渲染了"山东培养一名运动员,如果到外地踢球,就好像是背叛祖宗的大逆不道"的一种地方保护主义的话语舆论氛围,这对于当事人的决策施加了非常大的压力。这完全是一种专业化时代遗留的专制思想,其恶果就是带给一名优秀的职业足球运动员无尽的遗憾,宿茂臻最终在山东足球俱乐部退役,结束了球员生涯,体现了一名职业足球运动员渴望通过正常的转会来实现自身价值和事业追求的情结。

在中国足球职业联赛初创期,有关"运动员转会"这个议题存在着各种各样的媒介话语声音,表达了各方的利益诉求,但是最终有一种话语基调成了舆论主流,并最终形成了具有地方保护主义色彩的话语舆论氛围,运动员的权益最终被这些话语忽略了。

客观来讲,在中国足球职业联赛初创期,围绕"转会"的中国足球媒介话语生产与传播最终映射出的是"地方保护主义"和"行政干预"对于人才流动的阻碍,而且这些阻碍因素也映射出了当时中国社会各行各业在从计划经济体制向市场经济体制转轨的过程中人才流动的现状。

---

① 中国足球职业联赛20年词典——转会[EB/OL]. 新浪体育,2014-04-16.

三、聚焦于1997年"十强赛"的"显微镜"和"情感宣泄"功能

（一）多方位、高密度地聚焦于"十强赛"集训备战、征战历程

表5-7 聚焦于"十强赛"集训备战、征战历程的系列媒介话语典型案例

媒介话语平台	日期	媒介话语议题和具体内容
《足球》报	1997年3月27日	中国足协公布备战世界杯预选赛的国家集训队名单，正式开始备战世界杯预选赛①
	1997年3月31日	兵马未动，粮草先行。中国足协重视客场作战，国脚大军包机远征中亚，包机共耗资150万元人民币②
	1997年7月24日	皆大欢喜的奥秘：世界杯预选赛亚洲十强赛分组谈③
	1997年7月28日	十强赛赛程突变有何对策，足协如何选对主场，国家队制订紧急备战计划④
	1997年7月31日	国家队备战十强赛计划基本确定，热身赛对手为英国职业球队、韩国队、哈萨克斯坦队⑤
	1997年9月13日—11月13日	中国队所在A组的所有场次比赛参赛各方排兵布阵情况、赛况赛果和出线形势分析的报道，时刻更新A组积分榜动态

---

① 李雅筠. 235名国脚月底飞行集训[N]. 足球，1997-03-27（1）.
② 谢奕. 兵马未动，粮草先行[N]. 足球，1997-03-31（1）.
③ 毕康东. 皆大欢喜的奥秘[N]. 足球，1997-07-24（4）.
④ 闻声. 十强赛赛程突变有何对策[N]. 足球，1997-07-28（5）.
⑤ 张敏. 国家队赴海外拉练热身[N]. 足球，1997-07-31（3）.

续表

媒介话语平台	日期	媒介话语议题和具体内容
《人民日报》	1997年7月24日	亚洲足球十强战分组抽签揭晓，为了给国家队足够的时间集中准备十强战，正在进行中的中国甲A联赛将受到冲击①
	1997年7月24日	亚洲足球十强赛A组日程公布②
	1997年7月26日	调整联赛日程，国家队将集中备战③
	1997年8月22日	国家队为备战十强赛赴英国集训比赛④
	1997年8月29日	国家队抵达韩国，以备战即将开赛的十强赛⑤

从中国国家队开始集结备战"十强赛"开始，媒介就开始聚焦于国家队的集训备战、征战情况的报道，开始一种高密度、全方位的媒介话语生产与传播，话语内容涉及国家队大名单的选拔与公布、集训地点和时间的确定与公布、教练组备战计划的确定与公布、分组抽签与赛程的确定、日常训练情况、后勤保障情况、国内主赛场以及客场相关情况、分组对手情况、积分表变动和胜负关系情况、本方和对方排兵布阵情况、赛况赛果和出线形势分析……其中最重要也是亿万球迷最关心的是媒介对于赛况赛果的报道，包括对出线形势的分析和预测也是当时媒介话语的聚焦重点。不是每一个中国人都可以亲临国家队训练现场和比赛场，因此，当时大众传播媒介在足球界与社会公众之间架起了一座畅通无阻的信息桥梁，让全社会各界关心中国足球的球迷都能够及时、准确了解中国队的集训、征战的近况。此类中国足球媒介话语拆掉了国家队训练场和比赛场的"看台"与"藩篱"，使中国亿万球迷能够近距离、及时、准确地了解中国队训练、比赛态势，做到纵然相隔万

---

① 汪大昭. 从落入"包围圈"开始：写于亚洲足球十强战抽签之后[N]. 人民日报，1997-07-24（8）.
② 李剑南. 亚洲足球十强赛A组日程公布[N]. 人民日报，1997-07-24（4）.
③ 周宗欣. 调整联赛日程[N]. 人民日报，1997-07-26（4）.
④ 李贺普. 国家队为备战十强赛赴英国集训比赛[N]. 人民日报，1997-08-22（4）.
⑤ 苏杰. 国家队抵达韩国，将参加中韩对抗赛[N]. 人民日报，1997-08-29（4）.

水千山，也能够与中国足球同呼吸共命运，中国足球媒介话语起到了关键性作用。

（二）为"十强赛"征战献计献策

媒介话语平台：1997年10月31日《足球》报

媒介话语议题和具体内容："越说越怕，越怕越说"：国家队教练组成员在技战术打法、用人安排上存在分歧；赛前准备会开了一个半小时。①

这个时期的中国足球媒介话语不但及时准确地向全社会报道"十强赛"相关情况，真正履行了大众传播媒介的职责，还依托报纸等大众传播媒介平台，足球界人士、普通球迷、传媒界人士等社会各界，都在为中国国家队的队员选拔、集训备战、排兵布阵、临场指挥、后勤服务、心理辅导等全方位"献计献策"，为当时全社会关心中国足球烘托出社会舆论氛围。

根据上述媒介话语可以感受到，彼时人人都很关心中国队此次征战"十强赛"的命运。当时在传媒的中介下，全社会营造出一种全国上下为国家队助威、加油，全国球迷与国家队同心的话语舆论氛围，中国足球媒介话语处于一种话语生产"百花齐放、百家争鸣"的状态，会让人有一种错觉：任何人只要关心中国足球，都可以为中国国家队的世预赛征程出谋划策、献计献策，似乎人人都可以成为中国国家队主教练。虽然多数"谏言"的媒介话语都是"事后诸葛"一般于事无补，但是这些媒介话语生产与传播的目的是希望能够对国家队日后的世预赛征途起到借鉴作用。

然而结果却并非得偿所愿，尤其是1997年征战"十强赛"期间有关国家队队员选派出场、战术安排、临场指挥的媒介话语，最终在传媒的中介传播下形成的强大的"十强赛"社会舆论氛围，通过媒介话语的声音来传递社会舆论对于国家队集训备战工作的不满，对其管理上无能低效从而制造紧张氛围的不满与担忧，反倒使国家队集训备战工作、临场发挥产生了巨大的精神压力，这种掺杂着一定态度倾向的媒介话语非但没有产生借鉴意义，相反对国家队的用人、排兵布阵产生"乱花渐欲迷人眼"的作用。

---

① 毕熙东. 越说越怕，越怕越说[N]. 足球，1997-10-31 (4).

（三）对"十强赛"的总结与反思

表5-8 对"十强赛"进行总结、反思的系列媒介话语典型案例

媒介话语平台	日期	媒介话语议题和具体内容
《人民日报》	1997年11月14日	判断出偏差，发挥欠稳定：王俊生总结中国队冲击失败原因①
	1997年11月17日	何彗娴：给中国足球一个准确的定位②
《足球》报	1997年11月13日	昨天发生了什么？今天要干什么？明天怎么办？③
	1997年11月17日	细节，差之毫厘，失之千里，不是秋后算账，可悲的算术④
	1997年11月20日	如何正确客观地评价中国足球？综述不同专家给出不同看法⑤
	1997年11月20日	十强赛赛后：中国足球的总结还需再深入⑥
	1997年12月11日	足球需要科学理念⑦

1997年"十强赛"结束后，"中国足球职业化改革"这趟列车没有到达"冲出亚洲，走向世界"的目的地，那么这时候足球界开始在社会各界的舆论压力之下不得不进行全方位的反思：反思不止于对国家队战术安排和临场指挥、用人安排的竞技因素，更深入对中国足球职业化改革和"时年4岁"的中国足球职业联赛进行反思。媒介组织全国社会各界人士代为总结，围绕"中国足球此次世预赛冲击失利"这个话语焦点，在中国足球话语空间展开了激烈的探讨，除了《人民日报》《中国体育报》以外，《足球》报出于媒介的责任感——全国唯一一家足球专业报纸，连续组织读者、专家和各界学者的研讨，对中国足球的现状和失利的原因进行反思，强调这次总结的态度要科

---

① 汪大昭. 王俊生总结中国队冲击失败原因［N］. 足球，1997-11-14（4）.
② 何彗娴. 给中国足球一个准确的定位［N］. 人民日报，1997-11-17（4）.
③ 毕熙东. 昨天发生了什么？今天要干什么？明天怎么办［N］. 足球，1997-11-13（2）.
④ 秦天，葛爱平，马申. 细节，差之毫厘，失之千里［N］. 足球，1997-11-17（2）.
⑤ 综述. 如何正确客观地评价中国足球［N］. 足球，1997-11-20（1）.
⑥ 谢弈. 中国足球的总结还需再深入［N］. 足球，1997-11-20（1）.
⑦ 陆剑杰. 足球需要科学理念［N］. 足球，1997-12-11（6）.

学，要实事求是，要全面、客观，不能马马虎虎、含含糊糊，其中以《足球需要科学理念》为代表的几篇文章在社会上产生了强烈的反响，关心足球的有志人士，不带任何偏见，非常客观地提出自己的观点和看法，不但讲观念、讲理论，还讲客观的事实。

（四）宣泄社会不良情绪的空间

1. 开赛前的盲目乐观情绪

  媒介话语平台：1999年在中央电视台大型电视纪录片《在路上——中国足球这几年》第十一集《镜头、笔头、脚头》

  媒介话语议题和具体内容：时任中国足球协会专职副主席的王俊生在"十强赛"后的新闻发布会上的开场发言："足球改革所造成的中国足球大好环境，已经取得了比较大的成绩，因此，更多的足球爱好者对于这次冲击世界杯的每一场比赛，较之上一次冲击，这种关心和重视程度有过之而无不及，对于国家队的战绩和所面临的局面，广大的群众意见很大，我们（中国足球协会、国家足球队）觉得是很有道理的，也是可以理解的。"①

1997年"十强赛"开赛之前，袁伟民曾公开表示中国足球冲出亚洲就差一张窗户纸，《中国体育报》也撰文称中国足球属于亚洲一流水平②，不仅足球界、传媒界、球迷以及其他社会各界也对这届国家队信心百倍、信誓旦旦，因为在当时国人看来，几年的职业联赛造就了中国足球史上最优秀的一批运动员，组成了所谓的"史上最强国家队"，我们的职业联赛开展得如火如荼，我们的职业化改革那么成功，所以，这次中国足球一定能够"冲出去"。事实上也正是以上这种当时在全国范围内形成舆论趋势的话语，为社会各界从感情上无法接受这次世预赛"十强赛"失利的现实埋下了伏笔。

2. 赛事期间跌宕起伏的情绪

在整个世预赛期间，中国足球媒介话语生产的情绪色彩也随着征战情况一波三折，如同坐过山车一般，一旦赢一场，整个社会的话语舆论氛围似乎已经在准备喝庆功酒了，"有球迷提议要把大连的啤酒都喝完""金州当天晚

---

① 中央电视台体育节目中心. 在路上——中国足球这几年：镜头、笔头、脚头 [M/CD]. 北京：中国国际电视总公司，1999.
② 综述. 如何正确客观地评价中国足球 [N]. 足球，1997-11-20 (1).

上（主场战胜沙特）大连金州开发区的烟火一直持续到第二天凌晨""许多球迷开着车鸣着喇叭围着国家队下榻的酒店欢快地绕了一圈又一圈，久久不散"① 是当时呈现在媒介上的主流话语内容。

3. 结束后的绝望、悲观情绪

表5-9 "十强赛"失利后的悲观情绪媒介话语案例

媒介话语平台	日期	媒介话语议题和具体内容
《足球》报	1997年11月10日	十强战大势已定，中国队名落孙山②
	1997年11月6日	保平的悲剧，中沙足球之战纪实③
	1997年11月10日	历史能告诉我们什么④
	1997年11月10日	恳请中国足球界，正视现实，拿出勇气，痛下针砭，解剖自己⑤
	1997年11月27日	中国足球悲情布鲁斯，知耻而后勇？⑥
《人民日报》	1997年11月21日	第六次冲击，有亚洲一流的球员，但实力不济，教练组在重压之下有失误⑦

一直到1997年10月31日，中国队主场输给卡塔尔后，世界杯梦终碎，紧接着，举国上下的舆论话语氛围完全处于一种绝望、悲凉的感情基调，开始宣泄极度失望、不满的情绪。

虽然在"十强赛"刚结束的时候，中国足球媒介话语所营造渲染出的舆论氛围只是无助感伤，但是，人类都有宣泄情感的本能，这种失望的情绪堆积在全国社会各界公众心中到一定程度就需要释放，因此，随着时间的流逝，媒介话语舆论逐渐就对准了这种情绪的来由——中国足球、国家队、国家队

---

① 中央电视台体育节目中心．在路上——中国足球这几年：历史背景与现实之间［M/CD］．北京：中国国际电视总公司，1999．
② 十强战大势已定，中国队名落孙山［N］．足球，1997-11-10（1）．
③ 葛爱平．保平的悲剧，中沙足球之战纪实［N］．足球，1997-11-06（2）．
④ 谢奕．历史能告诉我们什么［N］．足球，1997-11-10（5）．
⑤ 葛爱平．又到了要好好总结的时刻了［N］．足球，1997-11-10（5）．
⑥ 肖复兴，潘凯雄．中国足球悲情布鲁斯［N］．足球，1997-11-27（4）．
⑦ 汪大昭．写在第六次冲击后［N］．人民日报，1997-11-21（8）．

队员和教练，通过媒介话语的生产与传播来宣泄这种失望和极度不满的情绪。

表 5-10　舆论对"十强赛"失利后悲观情绪的宣泄方式媒介话语案例

媒介话语平台	日期	媒介话语议题和具体内容
央视春晚相声《坐享其成》	1998 年	牛群台词：没错，中国队要有你这速度，早出线了
央视春晚小品《回家》		黄宏的台词：这一年（1997），看完甲 B 看甲 A，最可气的世界杯，天天喊着能出线，到头来，狗戴嚼子瞎胡勒

如果说冯巩的相声台词属于调侃式的话语尚属理性、客气，那么黄宏在一个小品节目中的台词纯属谩骂、讥讽的话语，是对中国足球从业人员的一种强烈的人身攻击，不加掩饰地完全将胸中不满和失望情绪释放出来，从当时台下观众的掌声和叫好声中就可以印证这一点。此外，值得注意的是：这次是央视春晚舞台上第一次出现了对中国足球的批评性话语，也就是从这次春晚开始，每年一度的春晚舞台成了"拿中国足球开涮"的主阵地，从未缺席，堪比小品王赵本山。

媒介话语平台：四通利方网"老榕"博客《大连金州不相信眼泪》

媒介话语议题和具体内容：亿万中国球迷对处在狂热期的中国足球再一次梦断世界杯的一种自然的感情流露，这里面表达出来的质朴、真实的情愫，是当时许多中国球迷心情的一种写照、一种共鸣，那个时候所有关心中国足球的人都是这样想。

中国队"十强赛"彻底"梦断金州"出局后，似乎任何话语都无法形容当时社会各界对中国足球的失望、伤心、不满，恰逢此时福建网民、球迷老榕撰写了这篇没有华丽辞藻修饰，话语表面平淡却真情流露于字里行间的博文，引得无数网民阅后称赞"老榕让他们热泪盈眶"。诚如博文作者"老榕"在多年后面对央视《在路上——中国足球这几年》电视节目摄制组的采访镜头所述："那个时候（十强赛失利后）直接骂中国国家队的人比较多，为什么有些骂得比较激烈的文章反而没我的这篇帖子影响大？这里面的道理可能是，其实我在这篇文章里并没有直接去骂谁，也没有直接评论什么事情，确实就是在写整个过程，我觉得大家的想法、情绪在那个场合下是正常的，我的文字代表了当时大多数球迷的内心世界……"

　　文章着重通过描写自己儿子赛前、赛中、赛后的情绪变化和"无忌的童言"，来体现更为内敛、含蓄、理性的成年球迷的情感变化，借一个孩子的口无遮拦和天真来替全国亿万球迷抒发内心深处的伤心、不甘、不解、绝望的情感。比如，文中对赛前孩子的描写，"晚饭时孩子激动得吃不下饭，幸亏大连朋友一直藏着球票，骗他说不好好吃饭就不给票。可怜我调皮的儿一下子就变乖了，忍着口腔溃疡的难受，痛痛快快地吃完了饭，最后一口还在嘴里，就急忙要票。拿到票就紧紧捏在手里，给餐厅里每一个人看，'我有票啦，明天看球啦'"；比赛进程中中国队处于比分落后时对孩子的描写，"只有我可怜的儿子还不懂为什么这么多人突然不叫加油而改叫什么人下课，继续挥舞他手里的国旗嘶哑地叫着'中国队，加油'，我周围的东北汉子眼泪汪汪地看着他。好几个汉子红着眼眶上来劝我们'领孩子先走吧，别往下看了'，急得我儿子要和他们拼命"；赛后，"我儿子终于在寒风中站立了两小时后无力地坐下了……儿子坐在看台上赖着不走，说要等中国队出来向观众致谢，再亲眼看一看他心爱的海东……""这时我已经说不出话，旁边一位警察友善地上来对我儿子说：'孩子，他们不敢出来见你啦，咱快走吧。'"。这种日常生活中成人用来哄孩子的话语此时此刻此景出现在话语中，引起了全国球迷的情感共鸣。"天真的儿子竟然还对我说，'我们也等一会，他们出来时我让海东签个名'"，当作者描写"我的泪水终于夺眶而出"时，相信看这篇博文的每一个熟悉、关心中国足球的人士都会湿润了眼睛，以及在赛后孩子天真地用"今天就是太热了点，不然我们准赢"这样的话语来总结失利的原因。最后将全国亿万球迷对于中国足球的"失望和期盼并存"的那种复杂的情感，具体呈现在孩子所平淡表达的一段话语中，"睡觉前懂事地对我说，12号就不去大连了吧，早点放学回来看电视。还保证以后好好做作业，乖乖吃饭，2001年时，再去大连"。因为整篇文章中对这个孩子的话语描述，始终是处于一种精神极度兴奋，对中国队满怀信心并且矢志不渝地为中国队呐喊助威的状态，到最后却异常平淡地表示"不再去大连看最后一场比赛"，说明就连单纯的孩子也已经对中国足球伤透了心，同时又不甘地表露出"2001年再去大连（看2002年世界杯预选赛）"的期盼和圆梦心愿，像极了中国球迷与中国足球之间爱恨交加的心路历程。

　　这篇文章最终在作者发出的"儿子，我不该带你去看这场球的"情感独白中结束，话语虽朴实无华，但是余音意味深远，堪为"绕梁三日"，与前面所述的欲言又止的警察的话语"半天没说话的警察终于用红红的眼睛瞪了我一眼，说了半句话：'你看你，这么大老远带孩子来……'"遥相呼应。话语所体现的情感一如中国球迷在每次中国队失败后都会说"再也不看足球了"，对于自己迷上中国足球感到懊恼与后悔一样，作者最终想抒发的也是这种情感：不但自己后悔，更是后悔让自己的儿子也"爱并恨"上了中国足球，这就是当时全国球迷真实的心境写照。

第三节　媒介话语生产与传播过程中的互动与对话

一、传媒界与中国足球之间良性互动与合作关系

表 5-11　传媒界与中国足球之间良性互动与合作关系的媒介话语案例

媒介话语平台	日期	媒介话语议题和具体内容
《人民日报》	1994 年 5 月 6 日	职业联赛的开展无法缺失传媒界的鼎力宣传①
纪录片《在路上——中国足球这几年》第十一集	1999 年	大众传播媒介与中国足球、中国足球职业联赛之间互惠互利的良性互动与合作关系②

确实如上述媒介话语所述，在中国足球职业联赛初期的 1994 年、1995 年、1996 年，以纸媒、电视为代表的大众传播媒介与中国足球、中国足球职业联赛之间是一种良性的互动与合作关系。媒介为中国足球、中国足球职业联赛的发展提供了强有力的宣传平台与传播渠道，是中国足球和甲 A 联赛的啦啦队与扩音器，同时媒介在对中国足球进行宣传与推广的过程中，自身也获得了快速的进步与发展。

---

① 萧鸣.爱护自己的联赛［N］.人民日报，1994-05-06（4）.
② 中央电视台体育节目中心.在路上——中国足球这几年：镜头、笔头、脚头［M/CD］.北京：中国国际电视总公司，1999.

（一）中国足球媒介话语对中国足球职业联赛的宣传与推广

表 5-12　致力于宣传与推广职业联赛的系列媒介话语典型案例

媒介话语平台	日期	媒介话语议题和具体内容
《人民日报》	1994 年 1 月 22 日	全国足球甲级 A 组联赛确定战表，中央电视台每周直播一场比赛①
	1994 年 4 月 23 日	甲 A 联赛有买主还需会经营，还需舆论界的配合，球市才能"火"②
	1994 年 5 月 6 日	今年全国联赛能够"火"起来，传媒界特别是电视台功不可没③
	1994 年 7 月 10 日	中国体育记者协会和中国足球协会决定联合举办全国足球甲级 A 组联赛最佳新闻报道评选④
	1994 年 12 月 3 日	由于 1994 年中国足球甲 A 联赛的成功，中央电视台将增加 1995 年的足球比赛转播⑤
纪录片《在路上——中国足球这几年》第十一集	1999 年	中央电视台将联合 13 家地方台全面报道联赛，同时中央电视台向中国足协捐赠了部分广告时段⑥
	1999 年	报名参加全国足球工作会议的媒介记者人数超过了当年国际足联举办的全球足球研讨会⑦

---

① 汪大昭. 全国足球甲级 A 组联赛确定战表 [N]. 人民日报, 1994-01-22 (3).
② 杨洋. 甲 A 首轮看球市 [N]. 人民日报, 1994-04-23 (3).
③ 萧鸣. 爱护自己的联赛 [N]. 人民日报, 1994-05-06 (4).
④ 本报讯. 中国体育记协举办足球甲 A 联赛好新闻评选 [N]. 人民日报, 1994-07-10 (7).
⑤ 本报讯. 中央电视台将增加足球比赛转播 [N]. 人民日报, 1994-12-03 (3).
⑥ 中央电视台体育节目中心. 在路上——中国足球这几年：镜头、笔头、脚头 [M/CD]. 北京：中国国际电视总公司, 1999.
⑦ 中央电视台体育节目中心. 在路上——中国足球这几年：镜头、笔头、脚头 [M/CD]. 北京：中国国际电视总公司, 1999.

续表

媒介话语平台	日期	媒介话语议题和具体内容
纪录片《在路上——中国足球这几年》第十一集	1999年	中国足球职业联赛分发展需要与观众需要，而不是可能得到什么样的回报①
	1999年	马国力回忆：中国足球一直比较落后，但是关心它的人一直比较多，做这么大的一个中国足球职业联赛系列节目，得赔个几十万甚至上百万，但是我们（电视界）觉得值得②

中国足球在职业联赛开幕之前也一直是中国体育媒介话语的热点议题，而实行职业化改革后的中国足球职业联赛，其市场化、社会化改革的意义已经远远超出了足球和体育的专业范畴，极易引起社会各界、各个行业的情感共鸣，成为全社会普遍关注的舆论热点。基于这一点，中国社会各界人士都有充分了解中国足球改革与发展情况的兴趣和权利，即所谓"知情权"，大众传播媒介正是起到了在足球界和社会公众之间架起一座畅通无阻的信息沟通桥梁的作用，因此，有关"中国足球"的媒介话语议题和具体内容从职业联赛开始就得到了传媒界的特殊偏爱，几乎没有经过特殊动员，纸媒、广播电视媒介以及1997年开始出现的网络新媒介快速跟进，全力投入对中国足球职业联赛相关议题的宣传报道中，为全中国社会各界公众了解、认知中国足球改革以及足球职业联赛提供了渠道，足球媒介话语对中国足球职业联赛的宣传与推广使得足球运动在中国社会生活中是完全透明的。

1994年、1995年是中国足球界与传媒界之间互动与合作关系的蜜月期，在该时期内中国足球职业联赛和中国传媒界的进步是相生相伴的，如同《羊城体育报》的范柏祥曾将足球界与新闻媒介的关系形容为"唇齿相依"，而足球界人士袁伟民则更是认为"足球界与传媒界是'一家人'的关系"，就足以见当时媒介在中国足球职业化改革初期的实践场域内所起到的良好的沟通作用与舆论导向作用。在中国足球职业联赛初期的1994年、1995年，足球界与传媒界团结一心，没有出现相互之间"拆台"的不和谐声音，哪怕传媒、

---

① 中央电视台体育节目中心. 在路上——中国足球这几年：镜头、笔头、脚头［M/CD］. 北京：中国国际电视总公司，1999.

② 中央电视台体育节目中心. 在路上——中国足球这几年：镜头、笔头、脚头［M/CD］. 北京：中国国际电视总公司，1999.

球迷为中国足球提建议，也是出于一种善意的建言献策，媒介对中国足球职业联赛的宣传与报道悉心地保护着整个社会中来之不易的中国足球热度，各种形态的大众传播媒介是中国足球职业联赛的啦啦队与扩音器。完全可以说，中国足球职业联赛初期开展得如火如荼，媒介起到了很好的舆论宣传、沟通作用。

（二）职业联赛为足球媒介、体育媒介的快速发展提供了生长点

媒介话语平台：央视体育频道1996年创作的足球专题电视节目《足球之夜》

媒介话语议题和具体内容：《足球之夜》是中国电视投入中国足球职业联赛相关报道的一支生力军，该电视节目能够得到人们的极大关注，主要还是因为足球和电视的结合。节目负责人曾表示："每一位工作人员都真心感谢中国足球的发展，因为没有中国足球职业化改革也就没有这档节目的相伴而生，否则我们的节目做什么，又是做给谁看呢？应该说《足球之夜》栏目能够得到人们的极大关注，主要是因为足球和电视的结合，因为电视在20世纪90年代初是最现代化最为普及的传媒技术，而足球又是人们最为关注的运动项目，这两样东西结合起来，它的力量是无穷的。"

既然职业联赛初期中国足球界和传媒界之间是良性的互动关系与紧密的合作关系，那么除了媒介对中国足球职业联赛的鼎力宣传之外，中国足球职业联赛也成为各种大众传播媒介形态迅速发展的沃土，为中国传媒的产业化、市场化、信息化发展拓宽了口径。中国足球职业联赛的迅速开展也对媒介的足球新闻报道和评论提出了更高标准的话语要求，无形中也促进了媒介自身的事业发展，职业足球联赛刺激了媒介的发展。

其中最具有代表性的媒介形态就是电视媒介，正是足球职业联赛初期的宣传与报道过程中，足球电视媒介、体育电视媒介为满足社会公众需求和中国足球运动的发展需要而逐渐发展壮大。如上述话语所述，北京老百姓把北京电视台戏称为"北京足球台"，不就是借了1995年北京国安队"工体不败"的东风吗？除了电视媒介本身得到迅速发展外，足球电视媒介从业人员群体也迅速壮大，在电视荧幕上出现了一大批老百姓耳熟能详的足球解说员、评论员、记者，比如，张璐、黄健翔、张斌、刘建宏……成为足球媒介话语领域家喻户晓的"金话筒"。也出现了如"球迷每周节日一般"的《足球职业》

央视体育频道经典节目，它们成为电视媒介生产和传播足球话语的重要阵地。

在中国足球职业联赛初期，除了电视媒介在对中国足球宣传的过程中得到了发展，传统的纸质媒介更是在对中国足球的报道与宣传过程中达到了中国体育媒介、足球专业媒介的鼎盛时期。除了《人民日报》《中国体育报》这些党报和机关报在保持对中国足球和中国足球职业联赛的宣传与报道，翻开中国任何一个地区性报纸的体育版，都可以看到关于中国足球的报道与评论话语。此外，《体坛周报》《球报》《中国足球报》和《足球》报也在中国足球媒介话语的生产与传播中异军突起、迅速发展，尤其《足球》报和《体坛周报》更是成长为具有代表性的足球专业报纸、中国体育报纸。

《足球》报在创刊的最初几年是中国足球职业化改革之前，虽然也在读者中引起不错的反响，但是由于当时的足球联赛很不正规，国内足球缺乏恒定持久的热点，足球人口数量有限，《足球》报的生存环境不是十分理想，发行量一度徘徊不前。转机就出现在1993年国家体委决策者决定把足球作为体育领域改革的突破口，足球走向市场、职业化以后正是《足球》报发行量最大的时候，1994年，在中国足球职业联赛元年和世界杯年的双重刺激下，《足球》报的发行量迅速增加，之后每一年都以30%的增速增长。伴随着职业足球联赛的火爆，《足球》报的发展也进入快车道，发行量和利润也以较大幅度增长，甚至《足球》报买下了一座8层小楼作为自己报社的独立办公楼，还在附近租下了临街的门面房开展与足球有关的第三产业。这时候的《足球》报已经从一份专业的足球报纸发展成一家综合的体育新闻产业，也为中国的新闻产业提供了一条发展的新思路。如果20世纪90年代之前《足球》报作为足球专业报纸还显得鹤立鸡群、稍显寂寞的话，那么自从中国足球职业联赛开赛，《足球》报更多感受到了来自其他媒介的竞争，《体坛周报》以及与南方足球报遥相呼应的沈阳《球报》。以这几份报纸为先锋，中国各个地区的各种类型报纸对中国足球展开了空前的报道。

除了足球报纸媒介本身之外，报纸足球记者群体也迅速扩张，在职业联赛初期"足记八千"就是对鼎盛时期报纸足球记者的概括，而且通过报纸媒介生产中国足球话语的足球记者中，最著名的当数汪大昭、毕熙东、马德兴、周文渊、谢弈、郝洪军、严俊君、贾岩峰，成为足球媒介话语领域响当当的生产足球话语的"笔杆子"。

虽然网络新媒介与传统媒介相比，自身所具备的一些有利条件为足球网络媒介话语的生产与快速大范围传播奠定了基础，但是，中国足球职业化改革以及职业联赛如火如荼开展才是催化网络新媒介针对中国足球议题进行宣传与报道的决定性因素。1997年除了那篇《大连金州不相信眼泪》的网络博文,在当时的四通利方网站上已经开始对中国队征战世界杯预选赛"十强赛"的情况进行报道了。至此,在中国足球职业化改革、中国足球职业联赛的催化下,互联网与报纸、电视媒介合力对中国足球形成了密集的媒介"火力交叉网",不但使得足球成为中国社会透明度最高的体育项目,而且在足球媒介话语的生产与传播过程中,也推动这些形态的大众传播媒介快速健康发展,这是一荣俱荣的局面。

二、传媒界与中国足球合作关系的"分水岭"

随着中国国家队在1997年世界杯预选赛"十强赛"失利,中国足协在大连东方大厦举行了一个总结性质的国家队"十强赛"赛后新闻发布会。本来是一个足球界通过媒介与其他社会各界的一个新闻"通气会",针对国家队征战"十强赛"失利原因进行话语生产与传播。但是,作为社会公众与足球界之间沟通桥梁与信息渠道的媒介,在此次中国足协组织的新闻发布会上没有得到任何实质性信息,会上国家体育总局和中国足协发表的言论和话语根本无法让到场的传媒界满意,使得传媒界没有获得任何资料去向社会公众生产和传播"'十强赛'失利原因"相关话语,基于传媒界的舆论监督职责和社会责任感,传媒界对足球界举办此次新闻发布会的诚意与态度非常不满意。足球界在此次总结性质的新闻发布会上抛出无法令媒介和全国球迷满意的"二流定位说""国家干部论"话语,且话语含糊其词、打官腔,新闻发布会最终开成了传媒界与足球界合作关系的"分水岭",传媒界与足球界之间合作互动关系的"蜜月期"宣告结束。

(一) 官腔十足的"样板"话语

媒介话语平台:1999年在中央电视台大型电视纪录片《在路上——中国足球这几年》第十一集《镜头、笔头、脚头》

媒介话语议题和具体内容:总结性发言打官腔:"虽然队员、教练员、干部努力认真地力争出线。""但是由于各种原因没有出线。"收尾发言:"代表足球界真诚希望新闻界和广大的足球爱好者对于我们的工作提出批评和建议,对我们足球的改革和发展发表评论,我相信只要按照邓小平同志指出的改革道路走下去,在国家体委的正确领导下,我们足球会很快冲出亚洲，走向世界。"①

时任中国足球协会专职副主席王俊生在此次新闻发布会的一开始就对"十强赛"做了上述官腔十足的"样板"总结发言。无论是在当时看来，还是在现在看来，都没有总结反映出"'十强赛'失利原因"的实质性内容。比如，足球界都分别做出了哪些努力，都是怎样去努力的，根本没有任何表述；"未能获得出线权"的"各种原因"具体又是哪些，而且这是这个总结发言最为核心的部分，也是传媒界参加此次新闻发布会最为关心的内容，但是，王俊生这个当时足球界最为权威的发言人也是这次新闻发布会的组织方却没有说清楚，这不得不说是对所有关心中国足球的社会公众"知情权"的漠视，也是传媒界对此次新闻发布会所生产的话语最有意见的地方。如果硬要说这段总结有"内容"的话，只能说告诉外界：在国家队冲击世界杯的历程中，除了有教练和运动员，还有国家干部。

（二）"国家干部论"话语

媒介话语平台：1999 年在中央电视台大型电视纪录片《在路上——中国足球这几年》第十一集《镜头、笔头、脚头》

媒介话语议题和具体内容：戚务生作为这届国家队主教练，在新闻发布会上的发言：没有出线，我应该负什么责任？坦率地讲，在比赛中没有完成任务，我只能负这个在整个十强赛中没有完成出线任务责任，那么这个责任究竟是什么，它应该到什么程度？这个一定要由组织决定，还可以从法律渠道来确定我的责任。②

作为此次世预赛中国国家足球队的主教练，在当时外界看来，戚务生负有无可推卸的责任，但是，他的话语中首先就是在推卸"我只能负'十强赛'失利的责任"，言外之意还有他负不了的其他责任，但就连"这个责任"在他的话语中也是界定得极其含混不清，甚至将责任的界定踢给"组织"和"法律"，在传媒界看来已经完全失去了直面失败和勇于承担责任的气度，一个中国足球的骨干专业人才的这番话语将他自己塑造成一个谨小慎微、察言观色

---

① 中央电视台体育节目中心. 在路上——中国足球这几年：镜头、笔头、脚头［M/CD］. 北京：中国国际电视总公司，1999.
② 中央电视台体育节目中心. 在路上——中国足球这几年：镜头、笔头、脚头［M/CD］. 北京：中国国际电视总公司，1999.

的"干部",怎么可能实质性地总结出"十强赛"失利的原因?这也是与会的传媒界认为足球界态度不端正、不诚恳的其中一个原因。

(三)"中国足球亚洲二流水平"话语

媒介话语平台:1999年在中央电视台大型电视纪录片《在路上——中国足球这几年》第十一集《镜头、笔头、脚头》。

媒介话语议题和具体内容:国家体委宣传司司长何慧娴的发言提出了举国瞩目并且令人议论纷纷的"亚洲二流定位说":足球界也好,新闻界也好,球迷也好,对于定位都比较清晰,平心而论,中国足球只属于亚洲二流水平,具备冲出去的条件,但是不具备冲击世界杯的能力,这个定位问题不解决,好多问题还会继续犯。①

这段话语看似道出了"十强赛"失利的根源,就是中国足球自身实力不够而已,目前也就是亚洲二流的实力定位,也就是说这次世预赛最终没有出线,不是国家队的技战术安排、后勤、临场指挥、用人存在问题,而是中国足球自身根本就不具备冲出亚洲的实力使然,换句通俗的话讲,冲不出去很正常。

但是,与会的社会各界尤其是传媒界却并不认可"二流定位论",传媒界认为这是在转移话题、避实击虚,这根本就不是一种总结反思所应该有的态度,而是在转移矛盾。甚至在当时这支国家队的主力前锋郝海东看来:"这次'十强赛'如果我们在一些场次比赛的用人安排、换人以及战术策略上再调整得好一点,其实我们还是完全可以冲出去的……"② 因为整个"十强赛"过程中,中国队不是没有机会出线,队员们的表现也是可圈可点,恰恰正是国家队的几次战略性、战术性的用人安排、阵型布置以及战术安排出现了问题,甚至在积分形势的判断上也出现了失误,才最终导致冲击失败的。在传媒界看来,明明是足球界在此次"十强赛"征战过程中出现了战略性和策略性的专业范畴的业务失误,最终导致失去出线权,却矢口否认,不去总结这些失误,反而去强调自身实力不够,所以传媒界对"二流定位论"根本不接受。

---

① 中央电视台体育节目中心. 在路上——中国足球这几年:镜头、笔头、脚头 [M/CD]. 北京:中国国际电视总公司,1999.
② 中央电视台体育节目中心. 在路上——中国足球这几年:悲剧情节 [M/CD]. 北京:中国国际电视总公司,1999.

(四) 传媒界不知用何话语报道"十强赛"失利原因

媒介话语平台：1999年在中央电视台大型电视纪录片《在路上——中国足球这几年》第十一集《镜头、笔头、脚头》

媒介话语议题和具体内容：当时与会的《足球》报的总编辑严俊君表示："十强赛失利后，中国足球协会没有向全国的足球记者提出如何向全国公众报道十强赛失利的原因，应该如何客观准确地报道。"①

此次新闻发布会本来是足球界与媒介沟通互动的场合，同时也是足球界在传媒的中介下与全国亿万球迷对话的渠道，一言一行都将通过媒介传递给整个社会。但是，如上述话语所示，传媒界在此次新闻发布会上根本无法捕捉获取任何与"'十强赛'失利原因"有关的有价值的实质性信息，也就是说，传媒界无法通过自身的各种媒介平台替足球界向社会各界解释冲击失利的原因。从传媒所肩负的足球宣传以及社会责任感这一角度来说，传媒界不想担负也无法担负"失责"这一骂名。

传媒的足球宣传与报道是足球界与全社会公众之间的沟通桥梁与中介，亲临发布会现场的媒介都没有得到任何实质性的总结、反思内容，尤其是针对"十强赛失利的原因究竟是什么"这个新闻发布会的关键性问题，足球界没有给出实质性的话语反馈。那么传媒界又该如何向其他社会公众报道和解释呢？"广大足球爱好者"又如何批评、建议和发表评论呢？出现了什么问题，问题症结何在，足球界根本没有向全社会做出清晰、深刻的说明和反思，社会公众如何相信足球界的领导是"正确领导"，又如何相信"中国足球会很快冲出亚洲，走向世界"？《足球》报这样形容此次新闻发布会的话语特点。

在这次新闻发布会上，由于足球界的总结话语含糊其词、浮皮潦草，更像是为了应付传媒界和其他社会各界，不得已走的一个过场，如同与会的《足球》报主编严俊君所述一样"准备不充分，总结问题不认真，提出的问题不客观，造成的效果不太好"，此外，由于对足球界的诚意和态度不满意，传媒界的记者们在会上提问显得异常尖锐甚至苛刻，话语的火药味十分浓烈，最终发布会在一种很不愉快的氛围中草草收场。新闻发布会上生产出如"国家干部""亚洲二流"一样浮皮潦草、含糊其词、转移话题的足球话语，在当

---

① 中央电视台体育节目中心. 在路上——中国足球这几年：镜头、笔头、脚头 [M/CD]. 北京：中国国际电视总公司，1999.

时国内社会各界一致要求足球界总结、反思，向全社会公布"十强赛"失利原因的大背景下，这样的新闻发布会生产出的话语根本无法令媒介乃至全国球迷满意。

从此，以1997年世界杯预选赛"十强赛"后的新闻发布会为"分水岭"，足球界与传媒界暴露观点分歧，中国足球界与传媒界之间合作互动关系的"蜜月期"结束，足球界与传媒界之间的良性互动与合作关系不再，从之前良性的合作互动开始向相互之间的掣肘、矛盾冲突、误会甚至相互封杀转变，传媒多次被足协"封杀"，双方甚至多次对簿公堂，传媒界与足球界之间进入一个"一损俱损"的新型关系时代。

第六章

职业化改革步入"深水区"的中国足球媒介话语

第一节 有关中国足球议题的媒介话语生产与传播

一、中国足球媒介话语生产与传播过程中的议程设置转换

在20世纪90年代中后期,"深化改革"成了中共十四届五中全会的主题,会议通过了《中共中央关于制定国民经济和社会发展"九五"计划和2010年远景目标的建议》,提出实现"九五"计划和2010年远景目标的关键是实行两个具有全局意义的"根本性转变":一是经济体制从传统的计划经济体制向社会主义市场经济体制转变,二是经济增长方式从粗放型向集约型转变。这两个根本性转变彰显着中国特色的社会主义市场经济体制建设和改革开放事业开始进入"深化改革"阶段。

国家深化改革发展的时代大背景和要求,本来是中国足球继续深化职业化、市场化、社会化改革发展的一个绝佳契机。中国足球作为中国体育领域职业化、市场化、社会化改革的先锋和突破口,以及作为中国足球职业化改革的标志性成果——中国足球职业联赛,理应响应党中央的改革号召,从职业化改革初期大干快上的狂热冒进状态转变为冷静的集约型深化改革状态,而且恰逢1997年世界杯预选赛"十强赛"国家队的铩羽而归,本来是可以让处于狂热冒进状态下的中国足球职业化改革、中国足球职业联赛马上冷静下来,以中国足协为代表的足球界可以以此为契机,认真反思4年来的职业化改革历程中暴露出的问题以及存在的隐患,在此基础上冷静务实地构思未来中国足球职业化改革的走向,未来的职业联赛该如何发展和完善,但是,这时期的国家体委却对中国足球职业化深化改革进行了强制的急刹车,所有进一步推动中国足球职业化、市场化、社会化深化改革发展的计划和设想,不得不戛然而止，暂缓中国足球的职业化改革，中国足球职业化改革原地踏步并待命。

至此，虽然中国足球职业联赛仍在开展，但是，中国足球其实已经失去了继续深化足球改革的动力和机会了，甚至就连当初 1992 年"红山口会议"定下的"推进各级足球协会实体化建设，对足球运动实行协会制管理"这一改革任务，也因为 1995 年宣布成立"国家体委足球运动管理中心"并颁布《国家体委运动项目管理中心工作规范暂行规定》，变相取代了中国足球协会的职业化改革大权。

虽然"深化改革"不再成为足球界的实践主题，但是，对肩负着舆论监督和信息传播等社会公器职能的大众传播媒介来说，"深化中国足球职业化、市场化、社会化改革"仍旧是中国足球媒介话语生产和传播的焦点议题。尤其是在 1997 年世界杯预选赛"十强赛"新闻发布会之后，中国足球界没有去认真总结"十强赛"失利的真正原因，足球界与传媒界合作互动关系的"蜜月期"结束，传媒界第一次公开把与足球界在某些立场观点的对立和分歧暴露出来，传媒界开始代替足球界总结、分析、反思中国足球改革与发展过程中存在的体制和机制弊端。在话语生产与传播过程中，不可避免地就涉及如何往深处推动职业化改革与如何完善职业联赛这些议题。在当时这种中国足球媒介话语的引导下，在全国掀起了一阵以大众传播媒介为平台，代替中国足球界反思职业化改革、职业联赛，并对未来深化足球改革和完善职业联赛的管理体制、运行机制建言献策的话语舆论热潮。

1997 年"十强赛"新闻发布会之后，尤其是中国足球职业联赛进入 1997 年、1998 年、1999 年的时候，也就是中国足球职业化改革度过最初的几年开始逐渐步入改革"深水区"的时候，中国足球媒介话语不再长篇累牍地宣传中国足球职业化改革的成果与职业足球联赛的火爆，不再局限于宣传中国足球职业联赛的球市火爆、技战术水平、赛况赛果等足球专业范畴议题的报道，大众传播媒介开始透过这一系列客观表象，逐渐触及中国足球职业化、市场化、社会化改革和发展最为核心、本质的议题，由表及里地对中国足球议题的媒介话语生产与传播进行议程设置的转换。

对于表面上轰轰烈烈的职业足球联赛水平与质量的重新评估；代替中国足协对 1997 年开始出现苗头并且在 1998 年以及往后愈演愈烈的足球赛场"假赌黑"赛风赛纪现象进行揭批；媒介话语生产议题甚至涉及对中国足协的联赛治理弊端的揭批，包括对以中国足协为代表的联赛管理方的态度、措施、能力、效率的反思，针对没有完全脱离旧有计划经济体制机制的中国足球职业化改革、职业联赛管理体制与运行机制进行揭批，直接将媒介话语和社会舆论的焦点尖锐地对准了中国足球协会"亦官亦民"的"二重性"身份。

（一）对中国足球职业联赛水平与质量的重新评估

表6-1 聚焦于联赛水平与质量的媒介话语典型案例

媒介话语平台	日期	媒介话语议题和具体内容
《足球》报	1997年3月10日	衡量联赛水平高低的标准是什么？目前联赛水平较低的主要表现——射门质量低①
	1997年4月14日	从场均进球数和对抗激烈程度上来讲：甲A联赛在整体上还是处于一种较低的竞技水平②
	1997年11月17日	各队技战术水平仍无实质性提高③，联赛精彩程度下降
	1998年3月30日	粗糙的甲A，进球率堪忧④
	1999年12月6日	甲A水平总体下降了⑤

当中国足球职业联赛进入第四个、第五个年头的时候，虽然带有强大的惯性，但是与1994年、1995年职业联赛初期如火如荼开展的状况相比，从1997年开始逐渐步入改革"深水区"的联赛在如火如荼之势后逐渐显露出降温的端倪，这种端倪是传媒界最先在联赛的一系列技战术指标中发现的。如上述媒介话语案例的现象描述，对于新闻事实和数据极为敏感的报纸、电视等大众传播媒介，开始聚焦于联赛的场均进球数等一系列反映比赛竞技水平的技战术指标来生产足球媒介话语，而且没有止步于这些表象化的媒介话语生产，进一步"透过现象看问题"，在联赛技战术数据描述的基础上客观冷静地重新评估中国足球职业联赛的真实水平，借以阐述中国足球职业联赛的实际水平其实并非像球市一样那么"火爆"，最终以此为议题进行媒介话语生产和传播，向全社会公众传递一种信号：中国足球职业联赛的"火爆"是一种

---

① 谢弈. 衡量联赛水平高低的标准是什么［N］. 足球，1997-03-10（1）.
② 新华社独家供稿. 甲A联赛在整体上还是处于一种较低的竞技水平［N］. 足球，1997-04-14（1）.
③ 记者组. 本轮联赛外援唱主角［N］. 足球，1997-11-17（1）.
④ 谢弈. 粗糙的甲A，甲A联赛第二轮综述［N］. 足球，1998-03-30（1）.
⑤ 刘晓新. 1999年甲A总体水平下降了［N］. 足球，1999-12-06（1）.

77

虚假繁荣，中国足球职业联赛的整体水平还处于一种较低的水平，并未发生质的改变，尤其是与我们的近邻日韩相比，在此基础上全社会范围内形成一种冷静、客观重新评估职业联赛整体水平的社会舆论氛围。

（二）对中国足球职业联赛"假赌黑"现象进行揭批

表6-2 聚焦于联赛"假赌黑"现象的媒介话语典型案例

媒介话语平台	日期	媒介话语议题和具体内容
体育频道《足球之夜》	1997年	徐根宝"谢天谢地谢人"画面定格，主持人反问"谢的这个人到底是谁呢"
	1998年	中国足球的职业化改革到了一个关键时期，假球、黑哨等问题都在这一年尤其是下半年集中爆发了
	1998年	专题片标题"黑哨可耻，假球误国"
纪录片《在路上——中国足球这几年》第十九集	1999年	原先在改革中掩盖的一些东西，开始在中国足球职业联赛中凸显出来①
	1999年	1998年的中国足球职业联赛不是公平竞争的，充斥着假球与黑哨②
《足球》报	1998年3月2日	黑哨、假球和腐败③
	1998年9月28日	中国足球职业联赛"假球""黑哨"现象严重④
	1998年9月28日	球迷横幅照片"假球黑哨何时了，中国足球咋腾飞"⑤

中国足球职业联赛在1997年、1998年、1999年开始步入职业化改革

---

① 中央电视台体育节目中心.在路上——中国足球这几年：98年［M/CD］.北京：中国国际电视总公司，1999.
② 中央电视台体育节目中心.在路上——中国足球这几年：98年［M/CD］.北京：中国国际电视总公司，1999.
③ 苗炜.假球、黑哨和腐败［N］.足球，1998-03-02（1）.
④ 苗炜.中国足球的决堤之患［N］.足球，1998-09-28（2）.
⑤ 孙苌青.假球黑哨何时了，中国足球咋腾飞［N］.足球，1998-09-28（2）.

"深水区"之际，没有完全脱离旧有体制机制的中国足球职业化改革、职业联赛，它的弊端和陋习是显而易见的，这对深化中国足球职业化改革产生了不可低估的破坏性影响，职业联赛和职业化改革不可避免也会出现缺陷、不足和弊端，其中最引传媒关注的就是从1997年开始显现苗头，并且从1998年开始愈演愈烈的职业联赛"假赌黑"赛风赛纪现象。

如果说1997年只是职业联赛开始初步显露"假赌黑"赛风赛纪问题苗头，经过媒介报道和传播的"谢天、谢地、谢人"徐根宝三谢话语，只是在很隐晦地、模棱两可地提醒1997年的中国足球职业联赛中存在一些问题隐患，那么到了1998年足球职业联赛进入第5个年头的时候，尤其是从1998年的下半年，"假赌黑"联赛赛风赛纪问题开始集中爆发——"1998年联赛不是公平竞争的，充满了假球和黑哨"，而且这种爆发根本无法掩盖，它对于中国足球职业化改革和职业联赛健康发展的破坏性是不可估量的。1998年中国足球职业联赛是自职业化改革后遇到的第一个严重的"多事之秋"，所有问题集中凸显在媒介话语界定的"假球"+"黑哨"="中国足球职业联赛不公平竞争现象"这个问题上。

最先察觉到这种丑恶现象的正是中国的传媒界，敏感的传媒界开始聚焦于此进行足球话语的生产与传播。媒介话语生产和传播所涉及群体主要是足球裁判员、足球运动员、足球俱乐部投资人和中国足协干部，几乎中国足球行业所有从业人员群体无一遗漏。也就是从1998年中国足球职业联赛开始，中国足球媒介话语频现"假球""黑哨"关键词，并经过媒介平台的传播，对"假球""黑哨"现象进行了无限放大，吸引着社会各界的注意力，使社会公众对"假球""黑哨"这些话语耳熟能详，甚至成为社会流行语。在中国职业足球正是需要良好的环境进行深化改革的时候，传媒的舆论监督作用逐渐发挥出来，如同1998年央视《足球之夜》电视节目制作人张斌所述："其实这些问题（不公平竞赛）并不是说以前没有，而只不过是到了1998年的时候，媒介的成长是非常迅速的，而且不允许有人公然地欺骗公众。这些节目之所以引起观众极大的关注和兴趣，其中一个很重要的因素就是我们（《足球之夜》栏目组）在说'真话'，这一点恐怕是作为媒介从业人员拥有的最为重要的一条职业良知，当时如果我们也对丑恶的现象保持沉默而不发出声音或者说假话的话，实际上就是一种犯罪。这种犯罪在当时也许显现不出来，但是也许10年之后，我们无法对这些事（不公平竞赛）做到问心无愧。"①

1. 聚焦"黑哨"现象的揭批

表6-3 有关"黑哨"的媒介话语案例

媒介话语平台	日期	媒介话语议题和具体内容
《足球》报	1996年4月18日	科拉里对当值中国主裁判的判罚极度不满而发出的绝世诅咒②
	1996年9月30日	没有一名裁判敢认领拒收红包奖③
	1998年2月26日	"正告黑哨：一旦查获，终生禁哨，公开处罚"的警示性的评论文章④
	1998年4月9日	陆俊作为当值主裁判收受客队贿赂20万⑤
	1999年12月2日	中国足球职业联赛的黑哨和假球已经成为共性问题，大家都不干净⑥
	2001年12月12日	李书福愿做污点证人，爆料裁判收受贿赂数额巨大⑦
	2001年12月17日	宋卫平承认有向裁判员行贿行为⑧
	2001年12月24日	一名裁判向绿城退回黑钱⑨
	2001年12月26日	足球场除了主裁，边裁、第四官员等都接受贿赂⑩
	2001年12月31日	忏悔信署名"一个还有良知的裁判"⑪
	2002年1月7日	7名裁判员承认收黑钱⑫

① 中央电视台体育节目中心．专题片"在路上：中国足球这五年"第19集"98年"[CD]．北京：中国国际电视总公司．1999．
② 刘湛秋．请珍惜联赛[N]．足球，1996-04-18（1）．
③ 裁判拒收红包奖[N]．足球，1996-09-30（1）．
④ 正告黑哨[N]．足球，1998-02-26（1）．
⑤ 刘晓新．羊城某报披露陆俊收受贿赂[N]．足球，1998-04-09（1）．
⑥ 葛爱平．中国足球职业联赛的黑哨和假球已经成为共性问题[N]．足球，1999-12-02（1）．
⑦ 麻小勇．吉利足球俱乐部投资人李书福大爆中国足球黑幕[N]．足球，2001-12-12（1）．
⑧ 麻小勇．浙江绿城足球俱乐部投资人宋卫平[N]．足球，2001-12-17（1）．
⑨ 薛军．一名裁判向绿城退回黑钱[N]．足球，2001-12-24（1）．
⑩ 贾蕾仕．黑的岂止是主裁判[N]．足球，2001-12-26（4）．
⑪ 匿名裁判员忏悔信今日曝光[N]．足球，2001-12-31（2）．
⑫ 方益波．重大突破，7名裁判员承认收黑钱[N]．足球，2002-01-07（1）．

续表

媒介话语平台	日期	媒介话语议题和具体内容
《足球》报	2002年1月16日	央视《今日说法》和《新闻调查》已掌握名单，黑哨9裁判名单本周公布①
	2002年1月18日	央视《新闻调查》可能公布收钱裁判员名单②
	2002年3月22日	一名国际级裁判被抓了，司法介入首选龚建平③
新浪网《中国足球职业联赛20年词典》	2014年4月16日	中国足球没有黑哨，只有红哨④
央视《足球之夜》	1998年	一名外籍球员冲着镜头做出"数钱"的动作

黑色象征庄严公正，裁判员更是被誉为足球场上的黑衣法官，但是如上述媒介话语案例所述，针对职业联赛中足球裁判员收受俱乐部贿赂并不公正执法的行为，将原本以严肃公正为标签的足球裁判员与"黑金"画上了等号。此外，裁判员的不公正执法行为除了被媒介话语冠以"黑哨"的标签，还被冠以"红哨"的标签。红色在社会主义新中国具有政治象征意义，在中国这个飘扬着五星红旗的社会主义国家，是正义的化身，是广大人民群众的利益代表。早在改革开放之前，"又红又专"就成为社会主义革命接班人的标准，如今在中国足球话语中却被足球裁判员的不公正执法行为创造性赋予了——"官哨"的意蕴，亦即中国足球裁判员在中国足球管理者的授意或者"直接领导"下进行不公平执法，当"红"与"不公平"相结合，在传媒中介的中国社会中会产生巨大的舆论压力，从此，"红哨""官哨"也被列入裁判员不公正执法的范畴。

---

① 朱宗文. 黑哨9裁判名单本周公布[N]. 足球, 2002-01-16 (5).
② 钱建辉. 明晚央视《新闻调查》可能公布收钱裁判员名单[N]. 足球, 2002-01-18 (1).
③ 江弋. 司法介入首选龚建平[N]. 足球, 2002-03-22 (1).
④ 中国足球职业联赛20年词典：工体不败[EB/OL]. 新浪体育, 2014-04-16.

从上述媒介话语案例的陈述足以体现出当时中国足球裁判员不公正执法行为的严重性和普遍性，被媒介话语建构为"黑哨"群体形象，所以从1998年起媒介针对中国足球裁判员不公平执法行为的话语生产与传播，导致了中国足球裁判员"黑哨"的群体性话语标签，引发强烈的社会反响。而且"黑哨"这一话语标签在中国社会中不胫而走，广为传播，原本足球裁判员手中用于维持比赛正常进行的黑色的哨子，象征着公平、公正与严肃，但是，现在却成为道德意识低下、不公平、尺度不一的象征；更是将"黑哨"群体中唯一一个被判刑的"龚建平"通过媒介平台公之于众，塑造为"黑哨"群体的"代言人"，使得这个普通得不能再普通的中国姓名成为家喻户晓的"黑哨"象征。

媒介生产与传播的"黑哨"话语给中国足球裁判员群体带来了非常大的舆论压力，从此以后在中国足球职业联赛中，无论裁判员判罚是否准确，只要不利于一方球队并产生较大争议，都会被球迷、媒介、球员以偏概全地冠以"黑哨"；如果足球裁判员一旦在比赛中的执法出现准确性的问题，球迷、媒介等社会各界更是在没有分清裁判员是技术问题还是职业道德问题的情况下，全部一概而论为"黑哨"。"黑哨"这个话语给裁判员的工作带来很大的工作压力和精神压力，甚至对裁判员的个人生活都产生了影响。媒介话语直接否定了足球裁判员这个群体，此外，对"龚建平"个人及家庭也产生了深重的影响。

此外，足球裁判员在赛场上出于一己私欲收受贿赂或是出于其他动因实施不公平执法行为，从当时中国的社会背景看来，与改革开放过程中出现的其他社会乱象没有本质区别，无外乎市场经济浪潮下的"钱和权"的结合，时任中国足协专职副主席的王俊生曾公开表示：假球、黑哨是严重的违法犯罪行为，是社会腐败现象在绿茵场上的具体体现。当时中国的社会各界之所以对"黑哨"话语议论纷纷而乐此不疲，就是因为"黑哨"与当时社会上政府执法部门在工作过程中因为受贿而出现的不公平执法现象如出一辙，社会各界就"黑哨"来发泄对于行政腐败的不满，也借揭批"黑哨"来警示社会中其他领域也存在不公平之风，希望能够形成一定的舆论氛围和压力，引起全社会的重视。

2. 聚焦"假球"现象的揭批

表6-4 有关"假球"的媒介话语案例

媒介话语平台	日期	媒介话语议题和具体内容
《足球》报	1998年10月15日	建业没钱,以泪洗面。外援尤里安说:"中国足球太黑,照这样下去中国足球永远也冲不出亚洲。"①
	1999年12月27日	中国足坛备忘录:渝沈假球。《足球》报跟随足协调查组"足坛打假万里行"②
	1998年8月31日	点炮仗的贾秀全:中国足坛首次由主教练在新闻发布会上主动公开赛场假球队员③
	1999年12月9日	追击假A头号疑案——渝沈假球疑案
	1999年12月6日	渝沈之战难逃假打嫌疑④
	2001年10月8日	专门报道甲B联赛的专版第一次标题命名为"假B"⑤
	2001年10月15日	报纸标题"2001年甲B五鼠"⑥
	1999年12月6日	国家体育总局内部传出官方声音:职业联赛已处于严重的失控状态⑦

---

① 刘一鸣.建业没钱,以泪洗面[N].足球,1998-10-15(1).
② 苗炜.1999年中国足坛备忘录:渝沈假球[N].足球,1999-12-27(1).
③ 刘晓新.点炮仗的贾秀全[N].足球,1998-08-31(1).
④ 舒桂林.渝沈之战难逃假打嫌疑[N].足球,1999-12-06(1).
⑤ 假B专版[N].足球,2001-10-08(6).
⑥ 贾蕾仕.2001年甲B五鼠[N].足球,2001-10-15(1).
⑦ 苗炜.职业联赛已处于严重的失控状态[N].足球,1999-12-06(1).

续表

媒介话语平台	日期	媒介话语议题和具体内容
戴大洪《与风车的搏斗——中国足球改革纵横谈》	1999 年	"西南烟草联盟"之间打默契球①
	1999 年	中国足协就是在这种安定团结的局面下为所欲为②
《体坛周报》	2003 年 9 月 24 日	一名陕西国力队的球迷闯入训练场痛斥投资人王珀是陕西足球的罪人③
新浪网《中国足球职业联赛 20 年词典》	2014 年 4 月 16 日	中国足球是项事业，不是生意，不能用金钱交易④

有关联赛不公平竞赛现象的媒介话语生产与传播，还针对足球运动员、足球俱乐部、足协干部导致的"假球"。从 1998 年开始，在中国足球职业联赛中大行其道的以"假球和黑哨"为代表的赛场不公平竞争现象，在传媒技术高度发达的现代社会中无所遁形，并经过媒介话语的生产加工与传播在社会中引发高度关注与热议。

其实中国足球职业联赛在最初几年就曾经出现过一些"不正常比赛"，根据上述媒介话语案例的描述，当年让徐根宝发出"三谢"感叹的情况，只能算是职业足球联赛中涉及人情与面子的"默契球"，而且这种"默契球"是得到当事人徐根宝的亲口"三谢"默认，这一著名的"三谢"话语经过徐根宝面对媒体脱口而出，并经过传媒的中介在全社会广为流传，最终，成为中国足球职业联赛"假球"话语的发轫与开端，也是中国足球职业联赛的"假球"话语标签之一。但是从 1998 年开始，直至后来 1999 年和 2001 年中国足球职业联赛中频繁地出现大面积的不正常比赛。1999 赛季甲 A 联赛最后一轮比赛，李金羽对国安队"不解风情"的真踢行为无法理解，赛后被电视转播镜头捕捉到"李金羽非常激动地哭诉'有你们这么踢球的吗'"，经过传媒

---

① 戴大洪. 与风车的搏斗——中国足球改革纵横谈 [M]. 开封：河南大学出版社，1999：98.
② 戴大洪. 与风车的搏斗——中国足球改革纵横谈 [M]. 开封：河南大学出版社，1999：102.
③ 子路. 跪求王珀滚出陕西 [N]. 体坛周报，2003-09-24（1）.
④ 中国足球职业联赛 20 年词典：反赌扫黑 [EB/OL]. 新浪体育，2014-04-16.

<<< 第六章 职业化改革步入"深水区"的中国足球媒介话语

中介传播到社会各个角落，勾勒出一幅"不是假球就不会踢"的中国足球运动员形象，而上述足球媒介话语案例集中描述的正是这种现象。

竞技体育本是追求更高、更快、更强的目标，希望通过自己和本方球队的努力来全力争取比赛胜利的，足球比赛更是通过本队的团队拼搏来争取比赛胜利的，这才是真正的足球比赛。但是，根据上述媒介话语的描述，从1998年开始，中国足球各级职业联赛开始大面积出现在比赛中故意发挥失常使本队输掉比赛或者希望其他队故意发挥失常来赢得比赛的"不正常比赛"，如媒介话语所描述的球队在比赛中故意失误去达到"让球""放球""做球"的目的，而这些行为都有悖于竞技体育公平竞赛精神，更是对中国足球、对球迷、对职业的不尊重和侮辱，带给观众的已经不是真正的足球比赛了，而是伪装、表演出来的虚假比赛，比赛结果和结局在赛前就已经人为设定了，而且结果与结局涉及金钱和相互关系的利益交换。

有一种"假球"是与官方行政权威或者俱乐部投资人利益同盟相联系的，不涉及直接的金钱往来关系，所以这种假球行为被更准确的话语形容为"默契球"。比如，上述媒介话语案例所述"西南烟草联盟"也正是河南建业足球队外援话语所描述的"大鱼"，通过相互之间集体默契地放水、让球、做球，以达到比赛比分和胜负关系目的，从而来实现"联盟"球队的保级。1998年，中国足球、中国足协曾经遭受来自媒介的无数有关"不正常比赛"的炮轰，时任河南建业足球俱乐部总经理的戴大洪就是其中最激烈的一个，其所著《与风车的搏斗——中国足球改革纵横谈》的话语焦点就是对1997—1998年中国足球假球、黑哨现象的揭批，这本书也是1998年中国足球"假球、黑哨"大论战的备忘录。

与"黑哨"话语的代表"龚建平"一样，在1998赛季的中国足球甲B联赛，由球队主教练向媒体公开指名点姓地揭发本队队员的"假球"行为，随后该俱乐部又向中国足球协会提交了云南红塔足球俱乐部企图向陕西国力足球俱乐部"买球"的录音带证据，媒介话语报道为"3号隋波"事件，由此在社会各界引发了舆论热议。虽然最终中国足协针对"3号隋波"事件的调查结果是"没有证据证明卖球和买球的假球"，但是，由于当时1998年中国足球媒介话语所营造的社会舆论环境，和当时中国足球行业群体给社会公众的刻板印象，以及主教练贾秀全在业界的地位和影响力，包括传媒针对"3号隋波"强有力、大范围、快速的话语生产与传播，最终，"隋波"和他的球衣号码"3号"一样都成为中国足球媒介话语中无法抹去的"假球"标签。

在1998年，"隋波"一个再普通不过的中文名字，"3号"一个足球运动员再普通不过的比赛号码，经过媒介的话语生产，与以"卖球"为目的的"假球"不正常比赛行为画上了等号。经过媒介的话语传播，"3号隋波"也在1998年成为中国足球"假球"泛滥猖狂的标签和象征，由"3号隋波"事件引发的社会各界对中国足球职业联赛的不信任，直接影响到后来人们对中国足球联赛的异常关注，足球"打假"之声在社会各界不绝于耳。

2001年，中国足球甲B联赛中出现被传媒话语建构为"甲B五鼠"事件，这也是中国足协第一次毫不回避地正式宣布职业联赛中存在"假球"这种不公平竞争现象，但是，传媒将此话语加工生产为更具震撼力的"假B五鼠"。"假球""黑哨"不但是媒介最先在联赛中发现并聚焦进行话语生产的，在传媒中介下，上述话语传播至社会各个角落，在社会公众中经过一段时间散播与发酵，最终通过发达的媒介平台传播成描述中国足球职业联赛的话语标签。

从"假B五鼠"媒介话语，再到"假B联赛""假A联赛"媒介话语的生成与传播，上述这些足球媒介话语案例在现象描述的基础上，还具有强烈的暗示，"中国足球甲B联赛大面积存在假球"，并经过传媒的中介传播至全社会，以至于2001年中国足球甲B联赛后半程都被媒介以及全国球迷一概而论为都是假球的"假B联赛"，后来又被媒介以及球迷扩大范围用为"假A联赛"，为中国足球职业联赛贴上了"假球联赛"的标签。媒介对于中国足球职业联赛存在"假球"这种现象不断地、一层层、一次次进行夸张的生产加工，然后将这些话语通过发达的媒介平台再传播至社会各界，产生较大的社会反响，在当时社会中形成定式的舆论氛围，使全社会公众只要一提起中国足球职业联赛最先想起的话语标签就是"假球"。

（三）对中国足协的联赛治理弊端的揭批

表6-5 揭批联赛治理弊端的媒介话语案例

媒介话语平台	日期	媒介话语议题和具体内容
戴大洪《与风车的搏斗——中国足球改革纵横谈》	1999年	戴大洪打电话投诉足协却被告知无用[1]

---

[1] 戴大洪. 与风车的搏斗——中国足球改革纵横谈［M］. 开封：河南大学出版社，1999：104.

续表

媒介话语平台	日期	媒介话语议题和具体内容
《足球》报	2002年3月6日	涉黑名单裁判员再获执法甲级联赛上岗证①

既然中国足球职业联赛存在大面积"假球""黑哨"的问题,而且媒介已经将这些问题向全社会公众进行揭批,那么媒介基于社会舆论监督职能,还需要通过各种大众传媒平台督促中国足球职业联赛的决策管理机构——中国足协(足管中心)对这些问题进行反思、整改,并向全社会及时通报反思与整改的情况,甚至在全社会形成一定的舆论氛围,以监督这些可能污染社会空气的足球不公平竞争现象的整改与消失,促进中国足球职业联赛健康发展,从媒介自身的角度也是促进传媒界自身健康发展壮大并且履行社会公器职能。

但是偏偏事与愿违,如上述话语案例所示,作为中国足球职业联赛的管理机构,对于联赛中大面积出现引发社会舆论强烈不满的"假球""黑哨"不公平竞赛行为是负有直接责任的,对于这些问题的反思与整改也是首当其冲、无可推卸的,但是,彼时的中国足协沉浸在职业化改革初期的政绩感之中,以及受限于自身存在的机构改革不彻底、体制"两张皮"的问题,首先是极为不情愿承认联赛中大面积存在的"假球""黑哨"问题,甚至采取了掩耳盗铃的态度,对传媒界和公众隐瞒相关信息、信息不透明,而且在对于这些问题的整改过程中暴露出中国足协消极被动的态度,甚至在信息通报方面和整改过程对传媒界和社会公众进行隐瞒,罔顾社会公众知情权和媒介的舆论监督职能。所以,这时候的中国足球媒介话语不但对职业联赛的不公平竞赛现象进行揭批,还进一步对以中国足协为代表的联赛管理机构的监管查处和整改措施、制度、能力和效率进行揭批,将媒介话语和社会舆论尖锐地聚焦于中国足球协会,并基于此在全社会形成一定的舆论氛围,敦促中国足球职业联赛的整改。

---

① 刘小明. 涉黑名单裁判员再获执法甲级联赛上岗证[N]. 足球,2002-03-06(1).

1. 揭批中国足协对于治理联赛不公平竞赛现象的消极态度

表 6-6　有关中国足协治理不公平竞赛现象态度消极的媒介话语案例

媒介话语平台	日期	媒介话语议题和具体内容
纪录片《在路上——中国足球这几年》第十九集	1999 年	中国足球职业化改革事与愿违①
《足球》报	1999 年 1 月 25 日	足协在这样的恶劣环境下能坚持己见，多不容易啊②
	1998 年 8 月 24 日	"假球并非中国独有，但任其泛滥而坐视不管是中国足球真正的耻辱"③
	2003 年 2 月 12 日	犹抱琵琶半遮腋：足协以"送钱"代替"行贿"，体现了足协一贯以来遮遮掩掩的处事态度④

在 2001 年以前，中国足球协会从未在正式场合向媒介或者社会公众公开承认中国足球职业联赛存在"假球"这种不公平竞争行为。无论是中国足协出于何种考虑，作为联赛的管理机构和监管者，都极为不情愿承认联赛中大面积存在的"假球""黑哨"问题。中国足协在向传媒界或者社会公众通报联赛中存在的这些问题时持着一种消极被动的态度，甚至对传媒界和社会公众隐瞒相关问题过程和情况，对传媒界和公众隐瞒相关信息、信息不透明，罔顾社会公众知情权和媒介的舆论监督职能。

表 6-7　中国足协提出的"证据论"的媒介话语案例

媒介话语平台	日期	媒介话语议题和具体内容
纪录片《在路上——中国足球这几年》第十九集	1999 年	"3 号隋波"事件足球协会定论"不存在假球行为"⑤
	1999 年	中国足协提出证据论⑥

---

① 中央电视台体育节目中心．在路上——中国足球这几年：98 年 [M/CD]．北京：中国国际电视总公司，1999．
② 孙朝阳．百炼成钢 [N]．足球，1999-01-25（6）．
③ 贺小龙．假球并非中国独有 [N]．足球，1998-08-24（6）．
④ 叼得一．犹抱琵琶半遮腋 [N]．足球，2003-02-12（4）．
⑤ 中央电视台体育节目中心．在路上——中国足球这几年：98 年 [M/CD]．北京：中国国际电视总公司，1999．
⑥ 中央电视台体育节目中心．在路上——中国足球这几年：98 年 [M/CD]．北京：中国国际电视总公司，1999．

续表

媒介话语平台	日期	媒介话语议题和具体内容
《足球》报	1999年1月25日	满世界高喊"假球、假球",但中国足协仍坚持不懈讲证据①
	1998年9月28日	中国足球职业联赛赛场上球迷拉出横幅"群众雪亮的眼睛就是证据"②
	1998年8月24日	有关"假球、黑哨"的"小道消息"从大众传播媒介传出,但足协依旧坚持证据论③
新浪网《中国足球职业联赛20年词典》	2014年4月16日	徐根宝感言:"证据说等于在给黑哨假球宽心。"④
新浪网《中国足球职业联赛20年词典》	2014年4月16日	媒介的报道话语以及经过传媒中介的社会各界的话语完全也可以提供假球、黑哨线索,但中国足协视而不见⑤
戴大洪《与风车的搏斗——中国足球改革纵横谈》	1999年	中国足协提出的"证据论"成为假球嫌疑人对抗中国足球协会审查的有效武器⑥

上述话语也就是后来被媒介针对性地生产和传播的"假球、黑哨证据论"的话语,媒介将中国足球协会查处假球、黑哨赛场不公平竞赛事件的原则生产和传播为"证据论"。对于中国足协不情愿承认却又被传媒界和社会舆论实实在在揭发出来的不公平竞赛现象,为了堵天下悠悠之口,中国足协就向外界掩耳盗铃一般抛出"没有证据证明联赛中存在的假球和黑哨现象"的"证据论"。每当传媒界、社会公众、足球俱乐部干部、教练向中国足球协会揭发这些现象或提供假球、黑哨线索的时候,中国足协都会强调"没有确凿证据"而不去做任何处理,甚至不会积极主动地去寻求证据。

---

① 孙朝阳. 假球与证据[N]. 足球,1999-01-25(8).
② 汪大昭. 群众雪亮的眼睛就是证据[N]. 足球,1998-09-28(4).
③ 谢弈. 绕了一圈,帽子又扣到媒体头上了[N]. 足球,1998-08-24(4).
④ 中国足球职业联赛20年词典:渝沈之战[EB/OL]. 新浪体育,2014-04-16.
⑤ 中国足球职业联赛20年词典:罢赛[EB/OL]. 新浪体育,2014-04-16.
⑥ 戴大洪. 与风车的搏斗——中国足球改革纵横谈[M]. 开封:河南大学出版社,1999:79.

乍一看"证据论"是中国足球协会在监管联赛正常运转方面凡是讲原则、讲法制的体现，但是，媒介将"证据论"的话语生产出来并通过越来越发达的媒体平台传播至全社会，"证据论"话语就成为中国足球协会在监管、查处赛场不公平竞争行为中"不作为""不情愿""消极被动"的体现，如徐根宝指导所说"证据说等于在给黑哨假球宽心"。而且就当时中国改革开放进程中的时代背景来看，社会中经常披露政府行政机关办事烦琐、官僚的作风问题，所以当时对于作为联赛监督部门的中国足球协会所提出的"证据论"，媒介和社会公众也会斥之以"官僚""迂腐""不作为"的话语舆论，从某种社会性话语层面来解释，此类足球媒介话语也是对当时社会中普遍存在的行政机关办事效率的映射。

2. 揭批中国足协对于赛场不公平竞赛现象的整改制度、措施、效率

自从中国足协将无法令人信服的"证据论"经过媒介平台向全社会抛出后，社会各界都意识到中国足球职业联赛不公平竞赛现象大面积频繁出现且愈演愈烈的根源所在了。在此基础上依托媒介平台进一步对以中国足协为代表的联赛管理方的整改制度、措施和效率进行揭批，这时候的中国足球媒介话语似乎已经不再以"假球、黑哨"现象本身为舆论焦点议题了，而是直接将媒介话语和社会舆论的焦点尖锐地对准了中国足球协会，以及这个机构所实施的制度、措施以及实施效率。

表6-8 传媒界要求司法介入调查中国足球的媒介话语案例

媒介话语平台	日期	媒介话语议题和具体内容
《足球》报	1998年9月28日	传媒界对于"司法介入势在必行"的舆论呼吁①
	2000年3月20日	司法介入查处中国足球不公平竞赛行为的必要性和严重性②
	2000年1月17日	戴大洪提出了"假球约束论"，希望司法介入治理假球③

---

① 记者组.司法介入势在必行［N］.足球，1998-09-28（1）.
② 谢弈.司法介入查处中国足球不公平竞赛行为的必要性和严重性［N］.足球，2000-03-20（1）.
③ 戴大洪.假球约束论［N］.足球，2000-01-17（2）.

续表

媒介话语平台	日期	媒介话语议题和具体内容
新浪网《中国足球职业联赛20年词典》	2014年4月16日	司法部门介入，就能充分证明中国足球有多黑暗①
新浪网《中国足球职业联赛20年词典》	2014年4月16日	"1999年渝沈之战"调查之后发现中国足协无法甄别审查假球，超出其能力范围②
新浪网《中国足球职业联赛20年词典》	2014年4月16日	对于黑哨假球事件需要上手段由公安机关处理③

当传媒界以及社会公众对于中国足协在查处赛场不公平竞赛行为上消极被动的态度以及后来的"证据论"说法的抛出，使得社会舆论认为依靠中国足协自身力量是无法完成联赛"假球""黑哨"的治理的，因此，在当时的实践背景以及党中央强调社会主义法治建设、增强全社会法治意识的时代背景下，通过媒介平台请求呼吁"司法介入"职业联赛不公平竞赛行为的侦破与查询，并形成一定的话语舆论氛围。

但问题是为什么"司法介入"侦破、查处赛场不公平竞赛行为就一直无法在中国足球职业联赛中实施落实呢，以至于联赛中"假球""黑哨"泛滥？这时候还是依托强大的媒介平台，职业足球投资人、足球俱乐部干部针对这个疑问展开话语生产，并通过媒介平台传播向全社会，形成舆论焦点，如下述案例：

表6-9 司法无法介入职业联赛的媒介话语案例

媒介话语平台	日期	媒介话语议题和具体内容
戴大洪《与风车的搏斗——中国足球改革纵横谈》	1999年	"证据论"的提出，使司法介入扫黑打假行动失败④
朱晓军《高官的良心——中国足球打黑第一斗士》	2010年	因为中国足球协会的"证据论"以及足协"官民身份的二重性"的身份特殊性，司法未能介入⑤

---

① 中国足球职业联赛20年词典：黑哨[EB/OL]. 新浪体育，2014-04-16.
② 中国足球职业联赛20年词典：渝沈之战[EB/OL]. 新浪体育，2014-04-16.
③ 中国足球职业联赛20年词典：罢赛[EB/OL]. 新浪体育，2014-04-16.
④ 戴大洪. 与风车的搏斗——中国足球改革纵横谈[M]. 开封：河南大学出版社，1999：87.
⑤ 朱晓军. 高管的良心——中国足球打黑第一斗士[M]. 北京：人民文学出版社，2010：192.

上述媒介话语案例入木三分地将联赛不公平竞赛现象和司法介入的问题本质归结在中国足协自身，并通过媒介引导社会各界围绕"证据论""司法介入""中国足球协会身份认证"的话语舆论聚焦，毫无保留地将问题根源暴露在社会公众雪亮的眼睛下。在 2001 年甲 B 联赛五支球队涉及的集体假球事件，其社会反响并没有因为中国足球协会的处罚决定出台而结束，最终在 2001 年年末，由浙江绿城俱乐部投资人宋卫平以及浙江省体育局干部陈培德发起，并由媒介推动发起了一场媒介话语称之为"反黑（黑哨）风暴"，并由"龚建平"提供的一份自白书，才为司法介入中国足球职业联赛的治理提供了契机，迎来了社会各界期盼已久的中国足球历史上第一次司法介入调查假球、黑哨的案例，并历史上第一次揭露出"黑哨"——"龚建平"。

表 6-10　中国足球史上第一次"反黑风暴"的媒介话语案例

媒介话语平台	日期	媒介话语议题和具体内容
《足球》报	1998 年 2 月 12 日	打假切忌"雷声大、雨点小"①
	1998 年 2 月 26 日	标题为"处罚切莫打白条"的评论文章②
	2000 年 3 月 19 日	中国足协对于假球的查处掩耳盗铃、避重就轻③
	2001 年 10 月 22 日	职业联赛假球泛滥这个责任该谁负？④
	1998 年 2 月 9 日	报纸标题为"今年足坛重任——打假扫黑"⑤
	2002 年 1 月 23 日	对于假球的问题足协与传媒界之间针锋相对，各持己见⑥
	2002 年 1 月 30 日	媒体认为中国足协监管不力、查处无力、公信力尽失⑦
	2001 年 12 月 14 日	职业足球投资人已将黑名单提交给足协，需要足协给予交代，否则将另寻办法⑧
	2002 年 1 月 21 日	足协对于黑哨行为毫无作为，媒体对此深恶痛绝，发表了题为"拒绝沉默"的社评⑨

---

① 打假切忌"雷声大、雨点小"[N]. 足球, 1998-02-12 (1).
② 谢弈. 处罚切莫打白条 [N]. 足球, 1998-02-26 (1).
③ 戴大洪. 掩耳盗铃 [N]. 足球, 2000-03-19 (2).
④ 职业联赛假球泛滥这个责任该谁负 [N]. 足球, 2001-10-22 (1).
⑤ 刘晓新. 今年足坛重任：打假扫黑 [N]. 足球, 1998-02-09 (1).
⑥ 对阎世铎八大反问的再反问 [N]. 足球, 2002-01-23 (4).
⑦ 董路. 阎世铎，牛什么 [N]. 足球, 2002-01-30 (4).
⑧ 薛军. 宋卫平：如果不了了之，我们会做我们应该做的事 [N]. 足球, 2001-12-14 (1).
⑨ 拒绝沉默 [N]. 足球, 2002-01-21 (1).

续表

媒介话语平台	日期	媒介话语议题和具体内容
央视《足球之夜》	1998	监督敦促中国足球协会公布"隋波事件"的真相。节目制作了一个"倒计时牌"以及节目结尾"目前此事尚无结论"的标题
央视《新闻调查》专题片《黑哨内幕》	2002年	《黑哨内幕》已经录制完成却在临播出前临时取消

对于1998年开始大面积频繁出现在中国足球职业联赛赛场上的以黑哨、假球为代表的不公平竞赛现象，尤其是1998年甲B联赛的"3号隋波"事件，当时更是被传媒界称为惩治假球的"突破口"。社会公众对当时中国足球协会调查此事的结论充满了期待，但是，当事人隋波本人面对记者采访时坦诚直言"我本人问心无愧，我没有受贿踢假球"，而陕西国力足球俱乐部提交给中国足球协会的收买国力球员的电话录音带，因为录音中的收买人一直未露面，"无法判断录音带中声音是否王素徽女士本人"，且电话录音显示"收买并未成功，被国力球员拒绝"，最终不了了之。此后媒介将揭批假球、黑哨现象设置为媒介话语焦点，并对其展开积极话语生产与传播，呼吁全社会形成舆论氛围，给予中国足协以舆论压力，让他们通过这些话语清醒认识到中国足球职业联赛中存在的问题，并督促整改，媒介充分发挥了舆论监督的社会公器职能。

媒介是最先公开揭批中国足坛这些问题的存在的，最终足球界也不得不承认中国足球职业联赛存在假球、黑哨这种竞技体育比赛中不应该出现的现象，并且认识到这种现象对于中国足球是有危害的。但是，中国足球协会作为中国足球职业联赛的官方管理部门，始终都没有拿出一种壮士断腕的处置态度和行之有效的防范惩处措施，这些措施和态度都没有逃过传媒界的聚焦，最终传媒界将问题焦点聚焦于职业联赛的管理者——中国足协自身，媒介通过各种媒体平台用话语表达对于中国足协对不公平竞赛现象的监管不严、处罚不力的愤慨与无奈，被媒介话语形容为"按兵不动""不作为""处理不痛不痒、得过且过、得饶人处且饶人"的做法，使得假球、黑哨在中国足球职业联赛中愈演愈烈，这种在当时社会各界看来属于政府行政部门惯常的"不作为"行为，最终纵容了假球、黑哨的不公平竞争行为。作为中国足球职业联赛的直接管理部门——中国足球协会始终没有在社会舆论的监督与敦促下履行本身的职责使命，反而任由这种丑恶现象蔓延、发展下去。

该时期内中国足协对于联赛假球、黑哨不公平竞赛现象查处的态度、措施和效果最为典型的案例就是2001年引发的足坛"反黑风暴"，媒介对于该社会舆论焦点持续热点关注和话语生产，并成为该年度的全社会焦点舆论议题，但是，媒介对于这次"反黑风暴"的态度、力度和效果不以为然，而且最终虎头蛇尾的"沉默"结局让包括传媒界在内的社会各界深恶痛绝，甚至因为司法介入"龚建平"的锒铛入狱而产生了一丝悲剧色彩。

令全国各界意外的是，在2001年刮起的轰轰烈烈的"反黑风暴"一度甚嚣尘上的时候，社会公众从媒介话语了解到的中国足坛的"反黑"结局却是"沉默"。当时对于中国足球职业联赛的"反黑风暴"，仿佛有一双强有力的大手捂上了包括媒介在内的全社会的嘴巴，中国足坛第一次"反黑风暴"最终被媒介话语形容为"虎头蛇尾"地"草草收场"。

表6-11 足协对于假球惩处的媒介话语案例

媒介话语平台	日期	媒介话语议题和具体内容
央视《足球之夜》	2001年11月9日	中国足协回应："对于2001年假球事件的处罚决定是'别无选择'。"
《足球》报	2001年10月15日	中国足协宣布对这五支甲B球队"杀无赦、斩立决"的正式处罚决定①
	2001年11月9日	戴大洪认为"阎世铎所提到的例证都是反证"②
	2001年10月22日	传媒界针对中国足协对这五支甲B球队处罚决定不满，认为足协本身就存在巨大问题③

但是，媒介也在该时期的足球话语生产与传播中发现：中国足协对于假球、黑哨的查处也并非一直都是消极被动的态度和不疼不痒的处理，有时候会走向另一个极端。直到2001年甲B联赛出现"甲B五鼠"的事件，阎世铎代表中国足球协会公开向社会正式承认"假球"的存在，并针对这起恶性的群体性的假球事件做出了一个极端的处理决定，被媒介话语形容为"杀无赦，斩立决"。传媒界对于中国足球协会对这五支甲B球队"杀无赦、斩立决"的正式处罚决定的舆论反馈是持不认可的态度的。同时媒介话语还发出疑问"为什么不罚足协？上梁不正下梁才歪，重点其实还是在足协有'滥杀无辜'之嫌……不怕牵连无辜吗……处罚没有统一尺度……首恶不办，胁从必问""罚重了，罚多了"。

---

① 董璐．杀无赦、斩立决［N］．足球，2001-10-15（1）．
② 戴大洪．阎世铎在为自己开脱［N］．足球，2001-11-09（6）．
③ 毕熙东．请阎掌门出来回话［N］．足球，2001-10-22（6）．

阎世铎代表中国足球协会、足球运动管理中心发出从未有过的、强硬的处罚声音，虽然推翻了中国足球协会在面对"假赌黑"现象时常提出的"证据论"，这让社会舆论看到了足球界惩治"假球"的决心，此次处罚与之前无动于衷比起来前进了一大步，但是从上述媒介话语的叙述中，传媒将此决定全文信息传播至全社会，媒介推动形成的关于这次事件的社会舆论，其实可以看出传媒界包括社会各界对于足协的处理决定并不认同，认为是一种极端的、武断专横的"宁可错杀一千，绝不放过一个"处理决定，而且将足协自身的管理监察失责的过失全部推卸给俱乐部。

如果说之前媒介呼吁社会舆论要"查处、处罚、严惩"，因为之前中国足球协会的查处用媒介话语形容为"昏吏""庸吏"，而2001年又形容为暴虐的"苛吏"，以讽刺足协处罚不当，处罚决定没有广泛征求意见，不合理。媒介话语代表着社会公众的声音，从这些话语倾向和观点态度来看，足见社会舆论对足协的处罚决定、官方"辩解"以及责任推诿的不满。

中国足球职业联赛自从1998年开始，不断的风波几乎使联赛无法正常进行下去，虽然传媒界最先发现并对足协进行提醒，营造社会舆论监督氛围，但是中国足协却始终没有拿出或者说不愿意拿出一套行之有效的对策来防范、整顿赛风赛纪，那么这时候传媒界就主动代替足协针对当时联赛中出现的"不正常"比赛进行深入的揭发和深究。媒介在揭批这种不公平竞争现象的话语生产与传播中扮演了更为重要的角色，起到了社会舆论监督的作用，抱着"足协如果不管，我管"的态度，主要运用报纸、电视媒介形态对中国足球职业联赛中的不公平竞争现象以及现象产生的根源问题展开尖锐而深刻的揭批！这些中国足球媒介话语生产与传播的出发点就是制造社会舆论压力，迫使中国足协必须重视并寻找解决这些问题的办法。

围绕中国足球职业联赛这个舆论焦点，在传媒中介下，组织社会各界形成了一个"借足球说社会"、开放度极大的话语舆论空间，在这个声音嘈杂的话语空间内，关于假球、黑哨等赛场不公平竞赛现象，足球界与传媒界从未在认定和查处上达成过共识，有的只是观点分歧和相互之间的指责以及"一地鸡毛"。

（1）中国足球协会通过对"隋波事件"和"渝沈之战"的调查，一直借助"证据论"的理由对外宣称"中国足坛不存在假球或者消极比赛"，但是传媒中介下的社会舆论对此观点却一直不赞同，声称中国足球职业联赛是"假赌黑盛行"。对中国足球协会官方的调查结果和处理意见，传媒中介下的社会舆论一直以来是"骂声不断"：中国足球协会在调查"隋波事件"过程中，中国足球协会对"隋波事件"的调查结果是"由于证据不足，无法证实假球,所以陕西国力对云南红塔的比赛不是假球",当时被媒介话语认为是"掩耳盗铃";中国足球协会对"渝沈之战"的官方调查结论是"不存在假球和消极比赛的行为,只是存在'比赛队未能按规定时间出场比赛'的行为",所以当时媒介话语认为是"避重就轻"。

(2)到了2001年,足协对外公开承认联赛的假球"甲B五鼠"现象,并做出公开处罚的决定,当时被传媒话语形容为"宁可错杀一千,绝不放过一个""不分青红皂白滥杀无辜"。此外,媒介还进行了类比的推理:主动联系踢假球的队从轻处罚,就像招嫖的"嫖客";接受踢假球的队处罚较重,就像"妓女"一样。

这个时期的中国足球媒介话语只是起到了舆论监督作用,如同古代的"言官"一样,只"言事、献计",而没有最终决策权,对于形成社会舆论氛围给中国足协和涉事球队、人员施加舆论压力是有效果的,但是对中国足球协会最终查处"假赌黑"的不公平竞争现象不可能起到实质性作用。作为媒介话语自身来评估,其话语实践也只能推动到这一层面了。

3. 揭批与反思中国足球职业联赛的现行体制、机制

表6-12 中国足球职业联赛的现行体制、机制揭批反思媒介话语案例

媒介话语平台	日期	媒介话语议题和具体内容
《足球》报	1998年2月9日	中国足坛腐败之事人尽皆知①
	1998年10月22日	中国足坛需要一场廉政风波②
	1998年11月2日	多条新闻矛头直指腐败的中国足球协会干部③
	2002年1月18日	"反黑风暴"直接目的是"反贪"④
	2002年3月27日	足协被推向反腐的前台,社会对足协既是"官"又是"民"的制度感到不满⑤
戴大洪《与风车的搏斗——中国足球改革纵横谈》	1999年	中国足协在这种安定团结的局面下为所欲为⑥

---

① 谢弈. 向足坛腐败宣战 [N]. 足球, 1998-02-09 (1).
② 谢弈. 中国足坛需要一场廉政风波 [N]. 足球, 1998-10-22 (1).
③ 戴大洪. 戴大洪质疑中国足协 [N]. 足球, 1998-11-02 (4).
④ 陈培德. 足坛反黑切忌虎头蛇尾 [N]. 足球, 2002-01-18 (6).
⑤ 董璐. 足协被推向反腐的前台 [N]. 足球, 2002-03-27 (2).
⑥ 戴大洪. 与风车的搏斗——中国足球改革纵横谈 [M]. 开封:河南大学出版社, 1999:102.

<<< 第六章 职业化改革步入"深水区"的中国足球媒介话语

如上述话语所示，当媒介和社会舆论强烈要求司法介入"假球"和"黑哨"的查处，中国足协却因为其自身被媒介界定为"一套班子，两块牌子"的"官民两张皮"的复杂身份背景，即民间社团组织，又是国家体育总局下属的足球运动管理中心，而使得司法难以顺利介入调查。此外，也正是由于"官民两张皮"的足协与足管中心"一套班子，两块牌子"的身份，才使得民间社团管理人员同时也是国家体育总局足球运动管理中心的干部，使得行政权力寻租有了可能与空间，所以不可避免地与腐败、与足球俱乐部之间权钱交易相联系。媒介话语旗帜鲜明地将中国足球职业联赛中的不公平竞赛现象的根本症结归咎于足球管理部门的腐败，而中国足球职业化改革现行的管理体制与运行机制又必然造成腐败！

此时的中国足球媒介话语开始对步入改革"深水区"的中国足球职业化改革、职业联赛的管理体制、运行机制进行深刻的反思与揭批。

该时期的中国足球媒介话语将足球媒介话语的生产继续往深处对焦中国足球职业联赛的管理体制、机制方面，最终不再宣传中国足球职业化改革、职业联赛的顺利推行与开展，而是以中国足球职业化管理体制机制的弊端为议程设置，对尚未完全脱离旧有计划经济体制机制的足球职业联赛管理体制与运行机制的弊端进行反思和针砭，进行媒介话语生产和传播。

不仅是媒介对于职业足球的管理体制和运行机制进行揭批，处于职业联赛实践场域的职业足球投资人和俱乐部干部也在根据切身体会对上述现象进行深刻的反思，其生产的话语通过大众传播媒介途径向全社会扩散。

二、聚焦于中国足协的行业决策水平的媒介话语生产与传播

表6-13 中国足协的行业决策水平媒介话语案例

媒介话语平台	日期	媒介话语议题和具体内容
央视《足球之夜》	2004年	足协的决策对与不对还需历史和实践检验，但总体不能做得更完美一点吗？[①]

中国足球职业联赛开始逐渐步入需要深化改革的时候，中国足球媒介话语还针对中国足球协会在职业联赛中推行的一系列行业规定和决策进行话语的生产和传播，中国足协做出的类似于以"取消联赛升降级"预防"假球、黑哨"，以"体能测试"代替科学训练，以"摘牌制"代替"自由转会"这

---

① 中央电视台《足球之夜》节目组. 十年疑似 [M]. 武汉：武汉出版社，2004：321.

些管理决策,通过媒介话语平台的传播,逐渐在全社会形成舆论热点话题——对中国足协所做出一系列决策的科学性、合理性、合法性的质疑。

(一)聚焦"体能测试"政策:不科学、本末倒置

1994年3月18日,中国足球职业联赛的首次"体能测试"在昆明进行,数十名球员未能达标而丧失当年联赛的参赛资格,其中不乏国家队队员,因此,从首次职业联赛的体能测试开始,这项测试就格外吸引传媒界和社会舆论的关注。

社会各界人士基于媒介对体能测试的信息报道,了解中国足球职业联赛体能训练与体能测试的现状、内容、形式与标准,并对中国职业足球运动员的体能现状进行了解,最终以各种媒介平台为引导与中介,对媒介的报道评论进行舆论回应与反馈,围绕职业联赛"体能测试"这个本是专业性极强的议题进行话语生产与传播,社会舆论反馈对于"体能测试"可谓褒贬不一。

表6-14 社会对于体能测试褒贬不一媒介话语案例

媒介话语平台	日期	媒介话语议题和具体内容
《足球》报	1994年3月31日	我国足球运动员在体能方面存在短板[1]
	1994年3月31日	从体能测试结果来看,我国足球训练水平的低下[2]
	1994年3月24日	此次体能测试,训练有素的国家队与国奥队显示出良好的竞技状态[3]
	1995年1月9日	12分钟跑测试应当坚持,能够起到积极推动我国足球运动水平的效果[4]
新浪网《中国足球职业联赛20年词典》	2014年4月16日	高洪波最大吸氧量不如一名16岁左右的女性中长跑运动员的一半[5]

---

[1] 赵青弋. 王俊生再谈体能测试[N]. 足球,1994-03-31(3).
[2] 谢弈. 王俊生再谈体能测试[N]. 足球,1994-03-31(3).
[3] 谢弈. 训练有素的国家队与国奥队,轻松通过12分钟跑测试[N]. 足球,1994-03-24(5).
[4] 葛爱平. 12分钟跑测试应当坚持[N]. 足球,1995-01-09(2).
[5] 中国足球职业联赛20年词典:体测[EB/OL]. 新浪体育,2014-04-16.

在职业联赛初期，围绕"体能测试"的媒介话语生产与传播过程中，起初都是足球业务范畴的话语，有肯定体能训练和体能测试对于中国职业足球运动员是对症下药的话语。以一名足球专业人士和教练员业务视角对体能训练、体能测试持肯定态度的话语，媒介进行过统计，韩国足球运动员平均一场比赛的跑动距离都在 10000 米以上，与其羡慕韩国男足"跑不死"、敢于"硬碰硬"，不如踏踏实实通过万米跑和体能测试提高中国球员的基础耐力水平，这是对体能差、对抗弱的特点"对症下药"，如果我们的足球运动员连跑都跑不过别人，本来就不占优势的技术就更无从发挥了。

表 6-15 舆论对体能测试形式和内容的质疑与否定媒介话语案例

媒介话语平台	日期	媒介话语议题和具体内容
《足球》报	1996 年 3 月 14 日	体能测试何时取消？[1]
	1996 年 11 月 20 日	每日的体能测试使运动员疲劳不堪，超负荷的运动带来巨大的伤病隐患[2]
	1997 年 1 月 20 日	何为科学训练？中国足球体能测试科学性有待商榷[3]
	1998 年 2 月 19 日	对于体能测试，不同的人给出了不同答案[4]
	2003 年 1 月 21 日	目前体能测试形式，不符合足球运动规律与运动科学[5]
	2003 年 1 月 8 日	对于改革后的"YOYO"测试，众人调侃中国足球的体能测试也是慢慢"YOYO"吧[6]

---

[1] 汪大昭. 体能测试何时取消 [N]. 足球，1996-03-14 (6).
[2] 叶志明. 亚洲杯国家队集训，每天一个一万米，国脚喊"累惨" [N]. 足球，1996-11-20 (1).
[3] 谢弈. 何为科学训练 [N]. 足球，1997-01-20 (4).
[4] 葛爱平. 体能测试该不该取消 [N]. 足球，1998-02-19 (4).
[5] 舒桂林. 不符合足球运动规律与运动科学繁荣体能测试 [N]. 足球，2003-01-21 (4).
[6] 叼得一. 慢慢 YOYO [N]. 足球，2003-01-08 (4).

续表

媒介话语平台	日期	媒介话语议题和具体内容
央视《足球之夜》	2004 年	中国足协推行"体能测试"应当结合足球运动自身特点明白何谓科学①
新浪网《中国足球职业联赛 20 年词典》	2014 年 4 月 16 日	体测不能代表一名足球运动员的全部、真正的能力②

  但是，如上述媒介话语案例所示，随着职业化改革的推进和职业联赛的深入开展，传媒界以及社会舆论对于 12 分钟跑这种体能测试形式和内容的质疑与否定甚嚣尘上，甚至还有足球界人士从足球业务角度对原先的 12 分钟跑和万米跑的体能训练和测试进行抨击，认为 12 分钟跑和万米跑训练不科学，不符合足球运动训练规律和特征的话语生产与传播。其至从 2003 年开始，中国足协将体能测试的形式与内容从 12 分钟跑换位"YOYO"测试，虽然体能测试的形式与内容更为符合足球比赛运动规律与形式，但是，体能测试过关作为职业足球运动员在联赛中的"上岗证"这一点始终没有改变，因此，从 2003 年"YOYO"测试开始，媒介引导中介下的社会舆论对于中国足协组织的体能测试的话语生产与传播开始由"体能测试"的表象触及"中国足协管理能力和管理决策的专业性"这个核心议题，对于中国足协做出相关决策的方式和态度一致的口诛笔伐，与运动员一同怨声载道。

  中国足协基于"中国足球运动员体能较差"的专业性考虑，做出"为了提高中国球员竞技能力，提升联赛对抗程度和水平，中国职业足球运动员要通过足协组织的体能测试来作为当年联赛的'上岗证'"这样一个决策。但是，事与愿违的是职业联赛的激烈程度、球员的竞技水平却一再下跌，体能测试这样一个"联赛参赛许可证"也被足协以行政权力强行保留下来。

  从中国足球职业化改革进入"深水区"开始，针对"体测"的媒介话语生产与传播开始抛开"万米跑""12 分钟测试""YOYO 测试"作为体能测试的形式和内容本身不谈，转而围绕"体能测试作为职业足球运动员的参赛许可"这种中国足协做出的行业管理决策展开积极的话语生产与传播，如下述案例所述：

---

① 中央电视台《足球之夜》节目组. 十年疑似 [M]. 武汉：武汉出版社，2004：230.
② 中国足球职业联赛 20 年词典：体测 [EB/OL]. 新浪体育，2014-04-16.

表 6-16 质疑体能测试能否作为职业足球运动员的参赛许可媒介话语案例

媒介话语平台	日期	媒介话语议题和具体内容
《足球》报	1997 年 2 月 17 日	刊登一幅照片：一只恶狠狠的警犬紧盯着海埂基地内进行长跑训练的足球队员①
新浪网《中国足球职业联赛 20 年词典》	2014 年 4 月 16 日	体能测试是中国足协做出的形式主义色彩的管理决策②

该时期内针对体能测试的媒介话语生产与传播的焦点指向"将职业足球运动员能否通过足协统一的体能测试作为参赛许可，是一种不科学、不专业的本末倒置"的管理决策，并在话语生产与传播过程中逐渐引申出与当下社会生活中存在共性的公共事务议题。中国足协推行的体能测试这种管理决策，与正处于改革转型时期的中国社会中各行各业普遍存在的独断专行的官僚作风、行业管理过程中不专业的行事风格类似。从专业的"体能测试"话语议题中提炼出来的这种社会公共事务议题，驱动着包括传媒界、足球界在内的社会各界积极参与到有关该议题的话语生产与传播过程中，渐渐地形成一种"中国足球协会作为中国足球界的行业管理机构，凸显出外行管理、独断专制、不专业的本末倒置的管理决策风格"这样一种社会舆论氛围，并影射、抨击当下社会中各行各业不按行业发展规律行事，官僚独断、形式主义、不专业以及从业人员自律性差的问题，这正是处于剧烈改革转型期的中国社会的共性公共事务问题。

如上所述，真正的话语舆论焦点在于"足协做出决策的专业性、科学性"，其实也是对足协管理能力的质疑。就像汪大昭对足协"体能测试"政策的诟病："事情就不能做得漂亮一点、大方一点、敞亮一点、艺术一点、严谨一点吗？"③

（二）聚焦"摘牌制转会"政策：不合理、不合法、"包办婚姻"

中国足球职业联赛运动员"摘牌制"背景介绍：在 1999 赛季开始之前，中国足协推出了在世界足坛百年历史未见的运动员转会"摘牌制"。所谓摘牌，简单地讲就是球员有提出转会的权利，但不能选择下家，俱乐部将像菜市场买菜一样，按照联赛排名或俱乐部协商决定，依次摘下挂牌转会的球员，

---

① 王斌. 海埂冬训照片 [N]. 足球，1997-02-17 (1).
② 中国足球职业联赛 20 年词典：体测 [EB/OL]. 新浪体育，2014-04-16.
③ 汪大昭. 体能测试何时取消 [N]. 足球，1996-03-14 (06).

再根据上榜时球员的标价决定是否引进。

首先，运动员都必须被自己所属的俱乐部"挂牌"，即俱乐部正式同意该球员转会。挂牌必须在每年的转会申报截止日期前完成。其次，最关键的一个环节是中国足协国内球员转会工作会，俗称"摘牌会"，所有已经被"挂牌"的球员，都必须在这一天的"摘牌会"上决定归属，而无法自行决定其转会意向。

摘牌制度开始施行后不久，足协决定摘牌顺位仿照美国的体育职业联盟，由上赛季成绩最差的球队先行摘牌，依次轮替，被称为"倒摘牌制"。摘牌由各俱乐部按顺序进行，轮到当前顺位的俱乐部可以从所有当前挂牌球员中任意选择，无须事先与球员或原俱乐部商议。被摘牌的球员必须加盟选择他的球队，否则视为自动放弃当年的转会资格，只能返回原俱乐部甚至退役。

由于摘牌会相关的一系列争议，尤其是其忽视球员本人意愿的原则，最终于2004年后被废除，允许被挂牌的球员自行与希望转会的球队商谈，成功后向中国足协申报，这也就是欧洲五大联赛通用以及我们口中所说的"自由转会"制度。

中国足球职业化、市场化改革使得运动员转会顺理成章地进行中国足球职业联赛市场，职业化改革初期黎兵的成功转会使得中国足球运动员在职业联赛的自由转会成为现实。职业足球运动员的转会制度是足球职业化、市场化的代表性产物，也是职业联赛的标志，更是职业足球运动赖以繁荣的根基之一。这项制度以及制度下的实践行动本身是无可厚非的，虽然每年职业足球运动员的转会被传媒界营造出许多噱头，呈现在报纸、电视等媒介平台上的话语生产与传播也主要集中在对于"转会费""标王"的报道，但是，在职业化改革初期，无论是传媒界、足球界还是其他社会各界对于转会制度本身是没有太多诟病的。

对于"运动员转会"这个议题的媒介话语生产与传播的议程设置转换是从1998年足协推行"转会摘牌制"开始的，"摘牌制"是1998年至2004年间中国足球职业联赛中球员转会采用的管理对策[①]，也是这段时期内职业联赛开战前足球媒介话语的焦点议题。在媒介平台的中介下，足球运动员、教练员、俱乐部投资人以及传媒界人士都转而聚焦于"摘牌制"这个决策制度本身进行话语生产，针对该制度出台的过程、制度基础、合法性、合理性进行诟病，在该时期中国足球话语空间内几乎没有赞同该制度的声音出现，并在

---

① 转会摘牌制度的真正废止是在2010赛季的中超联赛。

媒介话语的引领下在社会生活中掀起了一阵社会舆论风潮。

表6-17 关于不合理、不合法的"摘牌制"转会制度媒介话语案例

媒介话语平台	日期	媒介话语议题和具体内容
《足球》报	1999年1月25日	"球员转会"被中国足协管理,成为一场"摘牌游戏"①
	2000年3月2日	摘牌制漏洞百出,怨声载道②
	2000年12月8日	无奈的摘牌制:舆论如何批评摘牌制的弊端,对摘牌制度本身是无可奈何的③
	1999年1月25日	转会制度的非议众多,中国球员们就这样盲婚哑嫁④

在当时足协刚一推出施行"摘牌制"的时期内,上述话语案例是最为典型的对该制度进行分析批判的,而且话语分析逻辑切中"摘牌制"的要害。传媒界抓住"摘牌制"的关键点"不允许运动员私下接洽转会俱乐部,不能按照自己的意愿进行转会",将"球员只有提出转会要求的权利,而没有选择所转会俱乐部的权利"这一"摘牌制"的"精髓"比喻为封建制时期男不情女不愿的"包办婚姻",而造成这一切的罪魁祸首就是足协推出的转会管理制度对策"摘牌制"。因此,媒介话语的生产与传播开始聚焦于运动员"摘牌制"转会制度作为中国足协推出的管理运动员转会市场的制度对策是不合法、不合理、不科学的。

首先,媒介话语聚焦于"摘牌制"不合法之处进行话语生产与传播,认为该制度的制定、出台、推行是没有现代足球运动相关政策制度依据的,不合乎现代足球运动发展趋势,不符合世界职业足坛的行业管理规定。无论是足球界教练员、运动员、投资人还是传媒界从业人员,抑或是普通社会公众,作为聚焦于该议题的媒介话语的"说者",之所以对"摘牌制"持反对意见,并且拿"包办婚姻"进行比喻,就是因为他们在话语生产的过程中都不约而同地将欧洲职业足球运动员自由转会制度《博斯曼法案》作为参照。

既然有法可依,根据《博斯曼法案》的精神,球员转会与俱乐部接受与

---

① 龚晓跃. 不文明的摘牌游戏 [N]. 足球, 1999-01-25 (6).
② 贺晓龙. 狗屁逻辑 [N]. 足球, 2000-03-02 (6).
③ 汪大昭. 无奈的摘牌制 [N]. 足球, 2000-12-08 (6).
④ 孙朝阳. 百炼成钢 [N]. 足球, 1999-01-25 (7).

否就像青年适龄男女恋爱谈婚论嫁一样，应该完全是一桩两情相悦的事情。但是，从上述话语案例可以看出，在中国职业足坛事情就完全不是那么回事了，中国足协扮演了一个满脑子封建陈旧思想的家长角色，不考虑女儿（申请转会运动员）和亲家（俱乐部）的主观意愿，只让自己的"女儿"像菜市场上待价而沽的白菜一样，根据"亲家"们自身家底厚实程度进行排序，然后按照这种排序顺序进行挑选。在封建社会才可能出现，在新中国早就被废除的"包办婚姻"就这样在中国足球职业联赛中借尸还魂了。

表6-18 通过摘牌制开始质疑中国足协的整体水平媒介话语案例

媒介话语平台	日期	媒介话语议题和具体内容
《足球》报	2000年3月2日	摘牌制在实际运作过程中漏洞百出，足协的这种制度对策逻辑在批评者看来，仍然是一种"狗屁逻辑"①
	2002年2月25日	对于这种洋相百出的摘牌制决策者也需要整顿，但足协内部没有任何有效的责任追究和弹劾机制②

其次，媒介话语聚焦于中国足球职业运动员"摘牌制"转会制度的不合理、不科学进行话语生产与传播，开始由表及里地针对作为联赛管理官方机构的中国足球协会的管理决策水平的科学性、合理性进行诘责和诟病。当包括足球界人士在内的社会各界意识到中国足球目前最大的问题也许并非一个摘牌制的问题的时候，传媒界认为"摘牌制"只是足协管理决策水平的一个典型案例和缩影，认为不是所有的足球俱乐部、足球从业人员能否做到令行禁止、有法必依的问题，而是"令"与"法"本身是否合理、科学以及能否经得起推敲的问题。中国足球的"令"与"法"不仅经不起舆论的推敲，甚至经不起足协自己的推敲，于是才有了在足协官方组织的摘牌大会上，"顺摘牌"制度改为"倒摘牌"制度。

（三）聚焦于"联赛升降级"政策：违背规律，因噎废食

面对从1998年开始在中国足球职业联赛赛场上肆虐的假球、黑哨不公平竞赛现象，作为职业联赛管理机构的中国足球协会开始考虑推行"暂停联赛的升降级制度"，把此作为预防假球、黑哨的应对策略，"暂停联赛升降级"也开始正式作为一个议题被提交到由传媒界中介搭建的中国足球话语空间内

---

① 贺晓龙.狗屁逻辑[N].足球，2000-03-02（2）.
② 钱建辉.决策者也需要整顿[N].足球，2002-02-25（3）.

进行讨论。在媒介平台上，足球界、传媒界以及其他社会各界公众开始紧紧围绕"联赛升降级"制度决策进行话语生产与传播，而且对该制度决策预防治理假球、黑哨现象这个目的进行分析，最终透过这些现象对中国足球协会作为联赛管理官方机构的管理决策能力和水平进行批判。

表 6-19　传媒界对"取消联赛升降级"政策的态度媒介话语案例

媒介话语平台	日期	媒介话语议题和具体内容
《足球》报	2000年8月3日	不管压力多大，球还是要继续踢下去的，升降级还是应该继续保持的①
	2000年12月21日	"只升不降、只降不升"，这是个"一年毁甲A，一年毁甲B"的方案措施②
	2001年11月9日	取消升降级制所带来的负面影响恐怕不是短时间内就能消除的③
	2002年2月27日	"甲B五鼠"给即将到来的"只降不升"的联赛蒙上了阴影④

由上述话语案例得知，传媒界对于中国足协做出的"取消联赛升降级"管理决策是一致持反对意见的，并在这个态度基础之上进行话语生产与传播。

表 6-20　职业足球俱乐部投资人对"取消联赛升降级"政策的态度媒介话语案例

媒介话语平台	日期	媒介话语议题和具体内容
《足球》报	2002年2月25日	这项政策的出台太仓促了，而且朝令夕改，对俱乐部权益不尊重，对球迷们不尊重⑤
	2000年8月3日	尹明善：我赞成取消升降级，那样我就可以大刀阔斧地进行改革，我也赞成扩军⑥

由上述话语案例得知，职业足球俱乐部投资人对于中国足协做出的"取

---

① 贺晓龙．升降级还是应该继续保持的［N］．足球，2000-08-03（3）．
② 苗炜．"一年毁甲A，一年毁甲B"的方案措施［N］．足球，2000-12-21（4）．
③ 葛爱平．取消升降级制所带来的负面影响恐怕不是短时间内就能消除的［N］．足球，2001-11-09（4）．
④ 苗炜．给即将到来的"只降不升"的联赛蒙上了阴影［N］．足球，2002-02-27（4）．
⑤ 苗炜．关于暂停联赛升降级这项举措［N］．足球，2002-02-25（5）．
⑥ 贺晓龙．我赞成取消升降级［N］．足球，2000-08-03（3）．

消联赛升降级"管理决策绝大部分是持反对意见的,但是,持赞同意见的声音较为微弱,媒介在这个态度基础之上进行话语生产与传播。

表 6-21 业界人士对"取消联赛升降级"政策的态度媒介话语案例

媒介话语平台	日期	媒介话语议题和具体内容
《足球》报	2000 年 8 月 29 日	暂停联赛升降级就等于退出市场①
	2000 年 8 月 29 日	在足协内部,反对"暂停联赛升降级制度"的大有人在②
	2000 年 12 月 14 日	中国还是应该以联赛为本,只有联赛打好了,国家队才有提高的基础③

无论是中国足协负责联赛管理的干部还是资深足球教练员,中国足球界对于关涉中国足球职业化改革事业发展与进步的制度政策决定还是极为关心的,并且都以业界人士的视角非常务实地提出反对观点与意见。

表 6-22 对足协"取消联赛升降级"政策的比喻媒介话语案例

媒介话语平台	日期	媒介话语议题和具体内容
《足球》报	2000 年 8 月 3 日	取消联赛升降级制度就像"取消高考,不设分数线"这种说法一样④
	2000 年 12 月 21 日	这个方案措施说明中国足球分不清"长痛与短痛"⑤
	2002 年 2 月 27 日	用成语"掩耳盗铃"来比喻足协掩饰荒谬决定的态度⑥

将中国足协做出的"取消联赛升降级制度"管理对策形象地比喻为"取消高考制度""长痛与短痛""掩耳盗铃",这样的话语生产与传播除了能够明确清晰地表达说者对待该对策的态度,更能够通过形象的比喻,让听者明

---

① 记者组. 专访足协联赛委员会秘书长郎效农 [N]. 足球, 2000-08-29 (5).
② 记者组. 专访兼职亚足联副主席的中国足协副主席张吉龙 [N]. 足球, 2000-08-29 (6).
③ 贾岩峰. 专访前中国香港主教练郭家明 [N]. 足球, 2000-12-14 (2).
④ 贺晓龙. 取消联赛升降级制度就像"取消高考,不设分数线" [N]. 足球, 2000-08-03 (4).
⑤ 苗炜. 长痛与短痛 [N]. 足球, 2000-12-21 (4).
⑥ 苗炜. 迅雷不及掩耳盗铃 [N]. 足球, 2002-02-27 (3).

白为什么持反对意见，明确该对策存在的问题症结所在。虽然没有运用较为高深空洞的理论阐述或者思辨，但是，对报纸媒介的受众来讲，这种比喻的话语生产方式更容易为人所接受和有亲和力，更能切中问题的要害，更为通俗易懂。

表6-23 对出台"取消联赛升降级"政策的症结分析媒介话语案例

媒介话语平台	日期	媒介话语议题和具体内容
《足球》报	2000年8月3日	中国足协所做出取消联赛升降级制度是在回避对于联赛的管理问题①
	2000年8月29日	取消联赛升降级政策是害怕承担竞争风险而提出来的，极有可能毁掉建立起来的职业联赛机制②
	2000年8月29日	为了遏制联赛中的假球、黑哨等不正当手段就取消竞争机制是不负责任的表现③
	2001年11月9日	取消升降级对于遏制假球、黑哨的作用实在是有限，带来的负面效应却是有目共睹的④
	2002年2月27日	取消联赛的升降级制度只是将黑哨等问题掩盖起来，这种做法对现实矛盾的解决毫无益处⑤
	2002年2月25日	取消升降级带来的负面影响是显而易见的，不利于联赛的有序发展⑥

由上述媒介话语案例可以得知：足球界也就是中国足球职业联赛管理机构——中国足协提出考虑"取消联赛升降级"制度的出发点是遏制联赛中的假球、黑哨等不正当手段竞赛的现象，但是，这种管理对策出发点只是在消极回避问题而非积极解决问题。足协不但没有通过制度健全、建立有效的监督机制等方式来管理改善赛场不公平竞赛现象，相反这种回避、预防对策还

① 贺晓龙. 愚蠢回避［N］. 足球，2000-08-03（3）.
② 记者组. 专访足协联赛委员会秘书长郎效农［N］. 足球，2008-08-29（5）.
③ 记者组. 专访足协联赛委员会秘书长郎效农［N］. 足球，2000-08-29（5）.
④ 葛爱平. 取消升降级对于遏制假球、黑哨的作用实在是有限［N］. 足球，2001-11-09（2）.
⑤ 苗炜. 迅雷不及掩耳盗铃［N］. 足球，2002-02-27（3）.
⑥ 钱建辉. 联赛的健康有序发展从何谈起［N］. 足球，2002-02-25（3）.

会伤害刚刚建立起来的职业化改革市场竞争机制。

至此，传媒界、中国足球界、其他社会各界生产出来并依托媒介平台进行传播的足球话语，开始透过"取消联赛升降级"管理对策本身往中国足协的管理水平这个核心实质性问题进行聚焦：足协所做出的管理决策是违反职业足球运动规律的，充满了官僚主义色彩"只唯上不唯下"的。

针对该议题的中国足球媒介话语也通过自身的生产与传播在全社会形成舆论风暴，力图以舆论监督的声音提醒中国足协的制度制定者和推行者，而且最重要的是，在媒介话语呈现出的观点和依据是否正确和合理，此后中国足球职业化改革以及中国足球职业联赛的发展走势已经说明了一切。

三、聚焦于"中国足球资本论"的媒介话语生产与传播

《资本论》曾被誉为马克思"一生最伟大的主要理论著作"，但是，自从1994年中国足球职业联赛启动，在中国足球职业化、市场化、社会化的改革过程中，"资本"逐渐与"中国足球"这个议题的媒介话语发生了密切联系，并由"资本"话语衍生出了一系列的关键词。

（一）"资本论"关键词：退出、资本、垄断、人傻钱多

1998年9月27日，大连万达足球俱乐部投资人王健林面对电视转播镜头义愤填膺地公开宣布"永远退出中国足坛"，包括中国足球职业联赛的赞助商百事可乐公司在2002年也正式公开宣告"退出"，就连中国人民解放军"八一"足球队也于2003年12月26日被解放军原总政治部裁撤。在职业联赛发展过程中，从不断变化的各个足球俱乐部名称上就可以看出投资人不断更迭的现象，俱乐部投资人不断地进入、退出、进入……

媒介针对这一时期上述中国足球职业联赛俱乐部投资人不断退出的现象进行了话语生产与传播，尤其聚焦于造成这一现象的深层次原因。

表6-24 以"资本"为关键词的媒介话语案例

媒介话语平台	日期	媒介话语议题和具体内容
《足球》报	1999年5月13日	中国足球协会将行政性权力转变为资本优势，垄断市场大部分利益回报[①]

---

① 杨阳.足球市场总体性资本开始形成：中国足球五年来职业化结果及演变趋势[N].足球，1999-05-13（4）.

续表

媒介话语平台	日期	媒介话语议题和具体内容
《体坛周报》	2003年2月12日	"资本"不适应"现有生产关系"导致问题频发①
新浪网《中国足球职业联赛20年词典》	2014年4月16日	王健林表示万达集团对中国足球失去了信心②

上述以"资本"为关键词的媒介话语案例旗帜鲜明地提出：中国足球的职业化改革使资本进入足球市场成为必然，使得资本与中国足球发生剪不断理还乱的联系，并提出"垄断性权力资本（中国足协）+货币资本（足球投资人）+媒介资本（大众传播媒介）=中国足球市场总体性资本"这样一个中国足球资本换算公式。足球总体性资本的形成影响中国足球市场走向，积极影响加快足球市场化、产业化进程，消极影响不利于中国足球市场长期健康发展，导致足球市场畸形发展，产业化功能的加强会导致公共性质的进一步淡化，加速权力资本的合法化进程，导致足坛腐败。这一切足以印证传媒界对于职业足球投资人不断退出现象的解释：以中国足协为代表的权力资本对于中国职业足球市场的经营垄断，权力资本对中国足球市场的根深蒂固的霸权"垄断"，权力资本对中国足球市场的利益垄断。比如，《足球》报曾在2003年报道过"当年中国足球职业联赛各个足球俱乐部的联赛'分红'竟是每个俱乐部500箱赞助商提供的啤酒"，当时该报道认为"俱乐部还不如农民工"。"资本"代表在面对电视转播镜头发表的"退出宣言"，经过传媒中介大篇幅、头版头条刊登在1998年《足球》报、《体坛周报》上，包括"八一"足球队在2003年被裁撤，也在当时被《足球》报、《体坛周报》的媒介话语描述为"专业体制在与'资本'的竞赛中'溃不成军'，宣告中国足球旧有的专业时代的彻底结束……""职业化、举国体制下的专业化"被当时的媒介话语归结为马克思主义政治经济学理论话语中"不同的生产关系"。

但是，作为权力资本代表的中国足协却不愿"背锅"，开始利用自己的舆论阵地——中国足协机关报《中国足球报》进行针锋相对的话语反击，作为代表中国足球"权力资本"向"货币资本"发出的"反攻声音"，如下述媒介话语案例所述：

---

① 顾晨. 资本无力综合症［N］. 体坛周报，2003-02-12（8）.
② 中国足球职业联赛20年词典：王朝［EB/OL］. 新浪体育，2014-04-16.

表6-25 中国足协与资本的"针锋相对"媒介话语案例

媒介话语平台	日期	媒介话语议题和具体内容
新浪网《中国足球职业联赛20年词典》	2014年4月16日	中国足协面对"货币资本"的"战书"表示"不屑一顾"①
《中国足球报》	1998年10月6日	足协告诫"货币资本"："玩不起足球就别玩，别拿中国足球环境给自己找台阶下"②
新浪网《中国足球职业联赛20年词典》	2014年4月16日	中国足球协会表示资本的种种行为是搬起石头砸自己的脚③

如上所述，在"9·27万达退出"事件发生后不久，在一段时间内以《中国足球报》为代表的媒介开始对"退出"进行话语上的"群起而攻之"，在这个基础上，中国足球协会利用媒介话语巧妙地转移了话题，转换了"议程设置"，将王健林的万达退出原因定性为"经营不善，无力为继"。在上述媒介的话语引导下，部分社会舆论认为正是喜欢"大把花钱"的货币资本的非理性投入，致使中国足球成为"人傻钱多"的淘金地，比如，前卫寰岛足球俱乐部就由于其花费重金引进国内球员，并开出过高额赢球奖金的行为，在1998年被媒介话语形容为"钱喂队（前卫的谐音）"。其实在职业联赛最初几年时间里，媒介话语也曾经多次无意中描绘了"王健林提着密码箱到队员休息室发赢球奖"的"大把花钱"场景，与"我把钱提来了，有没有本事拿走就看你们的本事了（指能否赢球），别让我再拿回去，我嫌麻烦"的"暴发户"肖像，当时媒介用这样的话语描绘这样的场景与肖像，只是为了从正面渲染中国足球职业联赛的火爆场景与货币资本积极投身足球事业的激情。但是这些话语如今却又被一些媒介"往事重提"，是想从客观上证实正是这些"货币资本"当初疯狂的投资行为在污染着中国足球市场的生存发展环境，以此证实货币资本选择退出是在"入不敷出、难以为继"的时候，选择"知难而退"，是"自作自受""自食其果"。面对巨大的社会舆论压力，给了媒介及社会各界一种强烈的心理暗示，抑或同样是"资本退出"典型的武汉雅琪

---

① 中国足球职业联赛20年词典：语录[EB/OL]. 新浪体育，2014-04-16.
② 玩不起足球就别玩，别拿中国足球环境给自己找台阶下[N]. 中国足球报，1998-10-06.
③ 中国足球职业联赛20年词典：转会[EB/OL]. 新浪体育，2014-04-16.

足球俱乐部的周建国的话语"俱乐部入不敷出，是退出的原因"，授之媒介以及社会各界"话柄"。总之，在一些媒介的话语引导下，1998年之后一段时期内在一定范围内形成了一种"高投入、低产出的经济问题是退出的致命原因"的社会舆论氛围，"玩不起了"是当时所有中国足球职业联赛中的足球俱乐部的通病。

媒介围绕职业足球投资人不断"退出"联赛的现象进行话语生产与传播，产生了一系列以"资本""垄断""人傻钱多"为关键词的中国足球"资本"系列话语。中国足球的货币资本与权力资本，双方之间以媒介资本为中介，隔空展开了一场"资本退出究竟谁之过"的"论战"，双方各抒己见，毫不隐瞒本方的观点，都有各自的话语生产、传播途径和主阵地，真正形成了一个开放程度较大的话语空间，而且话语生产有根有据、客观理性，使"中国足球货币资本的营利收入问题"在这次话语交锋论战中得以冲破限制，无论权力资本是否愿意承认，无论最终能否得到解决，这个问题都被现实地摆到了台面上。

上述媒介话语严重暴露出货币资本与权力资本之间在"足球市场的利益分配"上的严重分歧，同时也将中国足球职业联赛违反市场经济运行规律"伪职业"的一面暴露给全社会，最终使中国足协、职业足球投资人、传媒界之间的矛盾激化和公开化。也正是在这样的社会舆论背景下，中国足球职业联赛"资本"系列话语在《"国资委"阻击中国足球》这篇爆炸性新闻报道下达到顶峰。

媒介话语平台：2004年1月7日《足球》报

媒介话语议题和具体内容：头版头条刊登出一标题为"'国资委'阻击中国足球"的爆炸性新闻，文章报道，"甲A十年，国有企业撑起中国足球的大半江山，但就在'中超'到来的前夜，财力雄厚的大型国企云南红塔突然发动了'退出'风潮；紧接着，另一个国企中国远洋集团控股的中远俱乐部在几天之内'退出'就由传闻变成了现实"，并就事实提出疑问"国有资产的撤退是偶然的巧合，还是受命于有关政府部门指令的有计划有组织的集体行为"，最后自问自答"本报记者的深入调查显示，国务院国有资产监督管理委员会已将中国足球列为'不良资产'和'不良市场'，因而明确指示国有企业应将其完全剥离，国有资产退出足球将成大势所趋"，甚至连具体细节"鉴于各地情况不同……国资委给国企剥离'不良资产'划定了三年的大限"也予以报道。①

虽然上述有关"中国足球为不良资产""国有资产退出足球"的媒介话语在社会各界经多方求证不属实,并被搜狐传媒网评选为"2004年中国十大假新闻",但是,上述媒介话语显然是在中国足球职业联赛"资本"系列话语所形成的社会舆论土壤下才得以产生并为社会各界所接受,因为之前权力资本与货币资本之间的"论战"并没有使双方达成共识,双方也都没有认识到自身所存在的问题,并将利益矛盾与观点分歧尖锐化、公开化,最终呈现给社会舆论,所以,社会公众面对"不良资产、不良市场""国有资产剥离、退出"这些话语宁可信其有。后来虽经中国足球协会多方公开辟谣,但还是掀起了舆论的轩然大波,给中国足球协会的公信力以及社会公众形象造成了极大的负面消极影响。

从《足球》报基于"云南红塔、中远国有企业撤资退出中国足坛"这个客观事实,又高于事实联想、演绎出了一幕"国有资产退出足球将成大势所趋"的话语场景,这是遵循着"有国企不断撤资退出,是因为中国足球市场的'伪职业',鉴于此应该被国资委列为'不良资产',并强令尽快剥离,退出撤资将是大势所趋"这样一个看似合乎逻辑的推理生产出的媒介话语,而为《足球》报辩解的薛涌的话语则完全是遵循着一种"逻辑推理"生产出的。然而事实并非逻辑推理的同义词,逻辑推理首先就违背了新闻的真实性原则。

《足球》报作为国内第一家也是最大一家的足球专业报刊,以手中所掌握的纸质媒介为舆论阵地,针对"假新闻"的说法进行辩护。

媒介话语平台:2004年1月12日《足球》报

媒介话语议题和具体内容:耶鲁大学学者薛涌为《"国资委"阻击中国足球》进行辩护:"国资委有没有要求自己属下企业从不良资产、不良市场中剥离的政策?现在看来是有的。那么,中国的职业足球运行已经10年了,是不是'不良资产''不良市场'?这话根本不用国资委讲,大家心里都清楚……不错,国资委的确没有正式这样讲,但是,国资委里面是否有人这么认为,并准备如《足球》报报道的那样主张属下企业从

---

① "国资委"阻击中国足球 [N]. 足球,2004-01-07 (1).

足球中剥离呢？恐怕不仅有，而且是大有人在。"①

有关《"国资委"阻击中国足球》的中国足球"资本论"话语案例，虽然在当时中国足球协会与《足球》报之间存在着话语交锋，但是并没有就讨论议题达成最终的一致意见，反而使得权力资本与媒介资本之间的矛盾进一步激化，双方两败俱伤，中国足球逐渐成了"狗都不理的包子"，足球媒介则与"制造假新闻"产生了联系，公众对媒介话语的真实性与客观性也开始产生动摇。

媒介话语平台：1999年11月2日《足球》报

媒介话语议题和具体内容：嘴上说得很市场，决策制定很计划，用市场要求别人，用行政保护自己，这一套，人们见得还少吗，中国足球是社会的缩影，中国足协同样是一种缩影。②

在中华人民共和国所信仰的意识形态与当时社会主义市场经济体制转轨的特殊时代背景下，社会各界围绕中国足球职业联赛"退出""资本""垄断""人傻钱多"这一系列关键词展开了积极的话语生产与传播，形成了中国职业足球"资本"系列的社会舆论氛围。之所以中国职业足球"资本"系列话语会引发社会舆论强烈关注，媒介围绕中国职业足球"资本"展开的话语生产与传播的目标指向与意义，是基于足球而又超越足球。

在当时中国逐步建立起社会主义市场经济体制的过程中，行政权力资本继承了计划经济体制遗留下来的资源垄断优势，而这与开放、自由、搞活的市场经济生产关系完全是不相适应的，这种情况在20世纪90年代末至21世纪初期的中国社会各行各业都存在。在20世纪末，中国经过一段时间的经济转轨与对外开放，旧有体制与新的生产关系之间的矛盾越来越尖锐，因为行政权力的垄断性优势还滋生了许多贪污、受贿等权力腐败的社会丑恶现象。但是，足球作为一种竞技体育运动项目，媒介可以针对中国足球职业化改革过程中旧有体制与新的生产关系之间冲突所激发的矛盾、滋生的腐败现象，"像打扮一个乡下姑娘一样"毫无顾忌地进行话语生产，并引导社会舆论围绕中国职业足球"资本"系列议题展开积极的话语生产与传播，借中国足球市

---

① 薛涌. 我们还要不要内幕新闻[N]. 足球, 2004-01-12 (3).
② 汪大昭. 中国足球是社会的缩影[N]. 足球, 1999-01-12 (3).

113

场存在的问题与矛盾，来揭批当时社会经济转型过程中出现的体制、机制落后的现象，可见中国职业足球"资本"系列话语生产为中国社会广开言路，也为处于社会改革"阵痛"中与经济转型"困惑"中的国人，疏通了一条合法的话语宣泄渠道，构建了一个开放度极大的话语空间。

此外，中国人在过去几十年间内心有一种"为人民服务"的集体意识，而缺乏"我是我，我之为我"的个体意识，在改革开放后，仍然在许多行业存在工作开展过程中不敢、羞于向"组织"提出回报、报酬的现象，如果提出类似要求，甚至可能会被组织上纲上线到"觉悟"与"思想"层面。但是中国自从1992年开始逐步建立起社会主义市场经济体制，多劳多得、投资盈利成为一个再正常不过的要求了，首先体现在足球市场中以足球俱乐部投资人为代表的货币资本，面对以中国足球协会为代表的权力资本，敢于理直气壮地提出"联赛收益分红""投资回报"这样的要求，并敢于质疑权力资本宣称的"企业家进入足坛是来帮助中国足球的，而不是要把中国足球变成一个商场"，敢于争取、维护自己的合法权益，敢于对陈旧、落后的体制与机制说"不"，明确地区分了"义务"与"权力"。也正是因为有了基于足球而又超越足球的职业足球"资本"话语空间，这种思维意识对于推动我国深化改革开放有着极其重要的积极影响。

（二）"资本论"关键词：实德系、行业垄断

2002年，大连实德集团总裁徐明掌控的大连大河农业股份有限公司入主四川全兴足球俱乐部，四川大河俱乐部换壳而出，同年，大连实德足球俱乐部又以青年队为基础组建的大连赛德隆足球俱乐部正式在甲B联赛中亮相，同时，大连实德集团又组建了大连三德足球俱乐部征战乙级联赛。这样，加上大连实德足球俱乐部，大连实德集团就在一年里同时拥有了四支活跃于中国各级别足球职业联赛的球队。

表6-26　实德系等垄断资本进军足球市场媒介话语案例

媒介话语平台	日期	媒介话语议题和具体内容
央视《足球之夜》	2004年	"实德系的形成是资本挺进足球市场并寻求扩张的结果"①

---

① 中央电视台《足球之夜》节目组. 十年疑似 [M]. 武汉：武汉出版社，2004：98.

续表

媒介话语平台	日期	媒介话语议题和具体内容
《足球》报	2003年12月1日	深圳健力宝足球俱乐部效仿"实德系"的资本扩张模式出现了"健力宝系"①

在上述实践背景下,"实德系"这个话语关键词正式由《足球》报、《体坛周报》所生产并传播至全社会。有关中国职业足球"资本"系列话语除了"退出""垄断",又多了"实德系"这个浸透了"黑色幽默"意蕴的话语标签。而且"实德系"在中国足球媒介话语中具有传染性,比如以上话语案例中所示的"健力宝系"。"实德系"一词经过传媒的中介,得到了社会各界强烈的舆论关注,并在2002—2003年期间成为社会舆论的焦点,在媒介、中国足球协会、以王健林为代表的足球投资人、法律界人士以及其他社会各界人士之间,围绕有关"'实德系'是否符合规定"展开了积极的话语实践,参与讨论各方各抒己见,摆事实、讲道理、旁征博引,形成了一个社会舆论热点议题。

媒介话语平台:2000年11月23日《足球》报

媒介话语议题和具体内容:中国足球协会干部杨一民对于大连实德集团收购吉林敖东足球俱乐部这种打算是否符合行业规定一事认为:"如果他们(大连实德集团)新成立一个足球俱乐部,并按照足协明文规定注册,这是允许的,是针对足协干部公开表达的这种观点。"但是我认为:"中国足球市场中俱乐部的许多投资行为是极为不规范的……而且资本的这种违规运作现象(指实德收购敖东)表明,中国足球市场的现有制度规则是有机可乘的。"《国际足联章程》中相关规定条款的英文原文以及《中国职业足球俱乐部的基本条件》中相关规定证明:中国足球市场客观地存在着制度、规则漏洞,实德收购敖东打算就是在利用中国足球市场中制度规则漏洞的资本违规运作行为。②

---

① 刘晓新. 中国足坛出现了可以和"实德系"相抗衡的"健力宝系" [N]. 足球,2003-12-01 (3).
② 戴大洪. 实德买敖东合不合行规 [N]. 足球,2000-11-23 (3).

这篇文章清晰地将中国足球市场中权力资本、货币资本、关心中国足球的社会人士之间，在围绕"实德收购敖东的打算是否符合行规"这个问题上的观点分歧通过媒介毫无保留地暴露出来，实德的收购打算在中国足坛如同戴大洪所述"已经是'司马昭之心路人皆知'"，而足协对于制度、规则漏洞熟视无睹，并发出"如果……就是不符合规定的"这样一种类似于"提醒"的话语，而以戴大洪为代表的关心中国足球的社会人士则以"事实"为依据，毫不畏惧足协的行政权威所下定论，大声说出"不对"！并且这桩收购在社会舆论的压力下最终未能成行。

虽然大连实德集团在2000年的收购没有成功，但是，自从2002年大连实德控股的大连大河农业股份有限公司成功入主四川全兴足球俱乐部，成立四川大河足球俱乐部开始，"实德系"正式形成，足协、传媒、关心中国足球的社会人士之间有关"实德系"的媒介话语生产与传播才正式拉开帷幕。有关"实德系"的话语舆论焦点聚焦于"'实德系'球队之间是否存在'关联'，'实德系'球队是否操控比赛结果与人才流动走向"。

从2002年"大河"入主"全兴"开始，无论是以《足球》报、《体坛周报》为代表的媒介自身的话语观点，抑或是这些媒介特邀法律专家、经济专家以及像戴大洪这样关心中国足球的社会人士，都在其媒介上发表文章、表述观点，一直在通过媒介渠道提醒中国足球协会："大连大河农业股份有限公司与大连实德集团都是徐明一人掌控的，届时大连实德足球俱乐部会与四川大河足球俱乐部产生关联。"并痛心疾首地表示"实德与大河无非就是换了一张皮而已""这种行为正是在钻当年足协所提出的'新成立一个足球俱乐部……就符合行规'这个规则漏洞"，并忧虑"会扰乱联赛的公平竞争秩序"。在此基础上，还通过媒介给足协查处球队之间的"关联"支招："查公司之间的资金账目往来""查公司之间的项目往来""查公司之间的人员调配"……可谓不亦乐乎，并希望足协能够纳谏，不要被"披着大河皮的实德"迷惑了。

但是，事与愿违，通过媒介发出的声音以及引发的强烈社会舆论，并未引起足协的重视，且木已成舟，"实德系"资本扩张已经开始运行，并在中国足球市场中显示出强大的垄断与控制力。从此之后，媒介从业人员以及其他社会各界人士，除了足协干部的足球界人士，都以《足球》报、《体坛周报》为代表的媒介形式为话语阵地，对"实德系"的垄断弊端进行充分的基于事实的描述。

<<< 第六章 职业化改革步入"深水区"的中国足球媒介话语

表6-27 实德系等垄断资本的弊端媒介话语案例

媒介话语平台	日期	媒介话语议题和具体内容
《足球》报	2002年12月11日	母队与卫星队之间操控比分，内部球员流动混乱获得了资本违规扩张的暴利①
	2005年11月30日	"实德系"越玩越大，越玩越疯，联赛毫无刺激感可言②
央视《足球之夜》	2004年	"资本未必是市场秩序混乱的最大获益者，却肯定会是市场秩序混乱的最大受害者"③

以"实德系"为关键词的媒介话语指向了中国足球市场中货币资本扩张，并形成"派系"，通过派系下一个"母队"和若干"卫星队"，从而达到在中国足球职业联赛中操纵比赛结果、控制人才流动走向的目的。有关"实德系"的话语实践反映了以大连实德集团为代表的货币资本，在中国足球市场中如鱼得水般将现有行业制度和规则玩弄于股掌之间、纵横捭阖的能力。这些话语显然是表达给足协听的，希望能够引发共识、引起对"实德系"关联球队所带来危害的足够重视。此外，传媒界认为"实德系"是一把双刃剑，不但会伤及联赛中其他球队，更会伤害到整个联赛的质量并危及"实德系"球队自身，从上述话语可以品味出媒介话语对"实德系"和中国足协的忠告与规劝。

上述媒介围绕"实德系"开展的话语生产与传播，其实也是与中国足球协会和"实德系"的一种话语沟通，只不过，这种话语沟通呈现更多的是分歧与矛盾。比如，中国足球协会面对媒介以及社会舆论对于"实德系""关联球队""控制比赛"的质疑，重新拾起"证据论"：

媒介话语平台：新浪网制作的《中国足球职业联赛20年词典——语录》
媒介话语议题和具体内容：中国足球协会联赛部针对外界的质疑，欢迎对任何所谓的什么系进行举报，只要证据在，我们绝对不会坐视不管。但传言归传言，你不举，我不究；杨一民甚至面对电视采访镜头这样告诉记者："作为管理组织部门，中国足协做事情不会专门针对哪一个

---

① 贾蕾仕. 资本违规扩张的暴利[N]. 足球, 2002-12-11 (6).
② 董璐. 强弱分明的联赛没有了搅局者和抢戏者[N]. 足球, 2005-11-30 (3).
③ 中央电视台《足球之夜》节目组. 十年疑似[M]. 武汉：武汉出版社, 2004：153.

球队或者哪一个什么系，而是针对所有的俱乐部。外界说实德系，无非是因为四川冠城势头猛，却突然栽在大连实德手上，可你没见实德也赢了一些强大的对手啊！我们需要确凿的证据！"①

媒介、社会舆论与中国足球协会之间在有关"实德系"的话语传播中并未达成一致意见，相反，足协一再强调"证据论"，倒是让媒介认为是大家在诽谤。而正是中国足球协会这种被媒介形容为"睁一只眼闭一只眼"的言行，对"实德系"关联球队"操控比赛结果，扰乱足球比赛公平竞争环境"的行为听之任之。"实德系"关联球队的皮换了一张又一张，通常是换完一张皮，马上经过外界的披露以及媒介的报道"仍然有着千丝万缕的关联"，一直到2006年才将"实德系"完全剥离清洗干净。其实还是在足协、媒介和社会舆论、投资人之间，围绕"实德系"的话语生产与传播没有达成一致意见，虽然在话语传播的过程中，自知理亏的"实德系"是不积极的一方，但是其话语生产的内容与足协"证据论"遥相呼应，被媒介形容为"一唱一和"，所以，足协的这种剥离倒不如说是迫于媒介压力，不得已而为之，来堵天下悠悠之口。

虽然2006年中国足协最终将"实德系"彻底剥离干净，但是，媒介却发出异样的声音：

媒介话语平台：2006年10月21日《足球》报

媒介话语议题和具体内容：足协不是出于规范联赛秩序和职业足球资本运作方式的目的来剥离"实德系"，只有在货币资本威胁到权力资本的垄断地位时，权力资本才会有所作为。②

中国足球职业化改革与建设具有中国特色的社会主义市场经济体制在时间上几乎是同步的，因而，中国足球职业化的体制缺陷、运动机制漏洞与不适，正是当时社会经济体制建设的缩影，中国足球市场中出现的资本违规运作现象，在当时中国社会中也具有普遍性。

媒介话语及其引导下的社会各界舆论围绕"实德系"这个议题构建了一

---

① 中国足球职业联赛20年词典：语录[EB/OL]. 新浪体育，2014-04-16.
② 王冬. 足协不是出于规范联赛秩序和职业足球资本运作方式的目的来剥离"实德系"[N]. 足球，2006-10-21 (3).

个职业足球资本运作的话语空间,而且有关这个议题的媒介话语生产与传播,其立意也是基于足球而又高于足球的,借足球来针砭时弊,揭露了进入社会主义市场经济体制下货币资本那张原始而又狰狞的面目。

四、聚焦于国家队战绩的媒介话语生产与传播

(一)聚焦于"圆梦世界杯"的媒介话语生产与传播

表6-28 中国抽出世界杯媒介话语案例

媒介话语平台	日期	媒介话语议题和具体内容
《足球》报	2001年6月4日	上帝历史性第一次青睐中国队,中国抽了一个上上签①
	2002年12月4日	中国足球是响当当的"抽签派"。抽出亚洲,走向世界②

2001年6月1日在曼谷进行的2002年世界杯亚洲区十强赛抽签仪式,中国足球协会的张吉龙通过种种努力,使中国国家队在分组抽签中成功地避开了亚洲传统的强队伊朗、沙特,加之韩国、日本是世界杯举办国不用参加预赛直接入围,因此,张吉龙努力为中国队抽出的分组签,在当时业内看来属于十分有利于中国队的"上上签",这也为那届国家队最终以小组第一的身份冲进2002年世界杯决赛圈埋下了伏笔,也被传媒界戏称为"抽出亚洲",生产和传播以"抽出亚洲"为关键词的中国足球媒介话语。

由于中国足球界一直以来都将"冲出亚洲,冲进世界杯"作为毕生奋斗目标,但是受困于实力有限一直未能实现,所以此篇文章颇具讽刺意味地提出这届国家队要靠抽签分组上的优势来"'抽'出亚洲"。从"冲"到"抽",一个凭实力,一个凭运气,能够从话语中感受出社会舆论对于中国足球实力的不自信而又无可奈何,以及依靠这种分组优势来获取出线权的自我调侃甚至略有自我嘲讽的意蕴。"抽出亚洲"一词经媒介的生产与传播,受到社会舆论的强烈反响,由此可见当时全国各界"既希望中国足球冲进2002年世界杯,又觉得有些理不直气不壮"的心态。媒介话语塑造的"龙哥"这个颇具江湖大哥气息的称呼,以及对于分组抽签原则的决定过程的描述,其话语实

---

① "抽出亚洲"?! 十强赛抽签分组全内幕[N].足球,2001-06-04(1).
② 叼得一.中国足球欠"抽"[N].足球,2002-12-04(1).

践隐晦指向了"龙哥"的抽签也许并非完全"运气好",而是"斡旋得当"。因为中国足球职业化改革步入2001年的时候,职业足球联赛的不公平竞赛现象被媒介以及社会舆论揭批为已经呈现出愈演愈烈的态势,并且与中国足球协会滥用行政权力有关,因此,在当时抽到如此有利的分组,自然而然要联想到当时在亚足联任职的中国足球协会领导张吉龙手中的权力。虽然没有任何证据来证明张吉龙在此次分组抽签中有违纪作弊行为,但是,"抽出亚洲"一词得以由媒介生产出来,并基于当时中国足球的整体竞赛环境氛围,在社会上不胫而走,得到社会舆论的高度附和与认同。尤其是后来中国队在这个小组中以不败战绩出线,以及在2001年10月7日出线后第二天,中国足球甲B联赛爆发出"甲B五鼠"大面积假球事件,更是让人们相信本届国家队是依靠"朝(亚足联)中有人"而"抽出亚洲"的。

媒介以中国足球"抽出亚洲"为关键词的话语生产与传播,正是映射了当时中国足球职业联赛不公平的竞赛氛围,"假球、黑哨"的大面积产生更是与中国足球协会滥用行政权力有关,并将这种风气带到了亚洲足坛,现在国家队都要靠分组抽签的"照顾"才能进入世界杯决赛圈。在从旧体制向新体制转型的中国社会中,各行各业不都或多或少存在这种情况吗?围绕中国队的抽签分组情况,在传媒的中介下,社会舆论的积极响应下,形成了一个开放的话语舆论空间,但是,作为当事人的中国足球协会、国家体育总局以及张吉龙本人从未对"抽出亚洲"一词做出任何回应,这是该话语空间最大的遗憾与不足。中国足球协会官方之所以未对颇具讽刺意味的"抽出亚洲"做出任何的反馈,而是泰然处之,就是因为在2001年10月7日的沈阳五里河体育场,中国国家男子足球队历史性地冲进了2002年世界杯决赛圈,在将政绩看得比生命还宝贵的行政权威看来,只要能出线就行,至于社会舆论所述"冲"与"抽"的差别,在"出线"这个实实在在的政绩看来,根本就不重要。中国足球协会官方虽然没有通过任何渠道针对"抽出亚洲"做出任何书面的、口头的话语回应,但是其泰然处之的缄口默认就等于在发出"这不重要,重要的是'出线'"的声音。

媒介话语平台:2001年10月7日 中央电视台转播画面

媒介话语议题和具体内容:国足在沈阳五里河1-0击败阿曼,提前锁定2002年日韩世界杯的入围门票。比赛一结束,电视转播画面就出现了字幕"我们出线了"。

表 6-29 中国圆梦世界杯媒介话语案例

媒介话语平台	日期	媒介话语议题和具体内容
中央电视台	2001年10月7日	国足击败阿曼，提前锁定2002年日韩世界杯的入围门票
《足球》报	2001年10月8日	本届队员今天成为了改写中国足球历史的英雄①
	2001年12月26日	中国男足从此站起来了②
新浪网《中国足球职业联赛20年词典》	2014年4月16日	社会各界期盼了44年的凤愿，今天终于圆了几十年的中国人足球梦③

在 2001 年 10 月 7 日之后，事关"方式问题"的"抽出亚洲"已经不再是中国足球媒介话语生产与传播的关键词了，而是转变为"出线""梦圆世界杯"这样的关键词。赛前的电视转播镜头捕捉到看台上球迷打出的一面巨大的横幅"圆梦"，当国家队队员于根伟在当天的比赛中攻进一球时，电视台甚至已经等不及比赛结束，就迫不及待地将录制好的"我们出线了"这几个字幕放映在电视屏幕上，这些以"出线、圆梦"为关键词的足球话语引起当时所有中国人的心声共鸣。上述这些有声无声的话语在第二天《足球》报、《体坛周报》、《中国体育报》以及电视媒介上进行传播，在长篇累牍而且极尽煽情的话语中，"出线""圆梦"是必见的词语，教练员与队员喜极而泣以及全国各地球迷燃放烟火、游行庆祝的盛大场面，都被报纸媒介用文字、图片以及电视媒介用镜头画面忠实地记录并呈现给社会各界。

表 6-30 中国世界杯出线给全社会带来的幸福感媒介话语案例

媒介话语平台	日期	媒介话语议题和具体内容
《中国体育报》	2001年10月8日	幸福感从五里河蔓延到了整个中国，大量球迷自发上街庆祝④

---

① 记者组.阎头连称英雄，米卢狂抱龙哥［N］.足球，2001-10-08（2）.
② 高健.妙语摘录［N］.足球，2001-12-26（8）.
③ 中国足球职业联赛20年词典：语录［EB/OL］.新浪体育，2014-04-16.
④ 汪大昭.出线的幸福感［N］.中国体育报，2001-10-08（5）.

续表

媒介话语平台	日期	媒介话语议题和具体内容
央视春晚小品《台上台下》	2002年	用洋溢着幸福感的话语倾诉着中国足球"出线圆梦"的喜悦
《人民日报》	2001年10月9日	外媒对中国足球出线、圆梦的报道：中国沉浸在无限的欢呼喜悦之中①

通过上述话语的生产与传播，"出线圆梦"带给中国社会各界的幸福感和自豪感已经是"基于足球而又超越足球了"。在2001年由民间舆论评选出的"2001年中国三大喜事"就包括"入世（中国加入世界贸易组织）；北京申奥成功；中国足球出线了"，并且因为这些喜事"中国人 feeling good"。在中国的改革开放事业进入21世纪的初期，随着综合国力的日渐增强，中国迫切希望在世界舞台上证明自己、展示自己，举办奥运会、参加世界杯、进入 WTO 就是最好的平台，而同时"北京奥运""入世"以及"中国足球出线"还是中国人期盼了数十年甚至百年的梦想，因此，"足球出线、圆梦"的话语生产与传播，引发强烈的社会舆论反响和公众的积极响应，是中国作为一个大国和强国走向世界、向全世界证明存在感的象征，参与到了世界性竞赛的角逐当中；上述话语的指向与其说是"一圆足球梦"，不如说是圆了中华民族振兴、大国崛起的国民夙愿。

中国有句古训"胜者为王，败者为寇"。就在这届世界杯预选赛开始前，米卢还听到过中国人山呼海啸般的"下课"声，甚至包括自己队员发出的质疑声音，而且这种声音通过强大的媒介力量传播至全社会公众的耳朵和眼睛中，会对社会各界公众产生强大的舆论引导作用，甚至有段时间社会舆论对米卢的话语标签中出现过"江湖郎中"这个词语，质疑米卢训练态度不认真、没有强度和量、训练内容没有针对性、打打闹闹等，甚至连天经地义由主教练圈定的国家队名单，传媒和足协都要质疑。在这些质疑米卢的媒介话语声音中，最具有代表性的就是中国著名足球运动员郝海东曾经在专访中对米卢的"炮轰"。

---

① 外媒关注中国足球出线[N]. 人民日报，2001-10-09（8）.

<<< 第六章 职业化改革步入"深水区"的中国足球媒介话语

表 6-31 中国世界杯出线前米卢惨遭舆论质疑媒介话语案例

媒介话语平台	日期	媒介话语议题和具体内容
《足球》报	2001 年 5 月 10 日	中国队中也有少数队员对米卢似乎不太信任①
	2001 年 7 月 4 日	中国足协对米卢产生信任危机,队员对米卢产生信任危机②
	2001 年 10 月 9 日	米卢也曾受到人们的批评,但是这并没有动摇他的意志与决心③
新浪网《中国足球职业联赛 20 年词典》	2014 年 4 月 16 日	国家队队员郝海东通过电视采访镜头公开炮轰米卢④

但是,在媒介话语所渲染的"出线、圆梦"美好氛围下,就连之前饱受媒介批判和质疑的国家队外籍主教练米卢也被许多媒介用话语描述为"神奇教练",并且这个称呼在中国队出线后得到了社会舆论的高度认同,成了米卢的话语标签。在"神奇教练"的光环下,媒介话语宣扬米卢"神奇的排兵布阵、用人""对球队心理状态的调整",在国家队首场战胜阿联酋之后就大篇幅进行赞扬:"米卢派出的两个奇兵分别是李霄鹏和祁宏,这场比赛真是用活了,'神奇教练'真有'两把刷子'……"

表 6-32 中国世界杯出线后米卢受到广泛爱戴媒介话语案例

媒介话语平台	日期	媒介话语议题和具体内容
《足球》报	2001 年 5 月 10 日	米卢的"态度决定一切"思维给球队带来希望⑤
	2001 年 10 月 8 日	"让我们大家共同感谢米卢",米卢受到足协以及队员的爱戴⑥

"态度决定一切"甚至在一段时期内被各行各业作为行为准则进行宣传,就连米卢的训练科目"网式足球"从这届世界杯预选赛之后也成为中国足球

---

① 贾岩峰. 米卢的态度 [N]. 足球, 2001-05-10 (2).
② 刘晓新. 国足名单谁说了算 [N]. 足球, 2001-07-04 (1).
③ 李京鸿. 米卢的态度 [N]. 足球, 2001-10-09 (8).
④ 中国足球职业联赛 20 年词典: 郝海东 [EB/OL]. 新浪体育, 2014-04-16.
⑤ 刘晓新. 米卢心爱的棒球帽 [N]. 足球, 2001-05-10 (4).
⑥ 记者组. 阎头连称英雄, 米卢狂抱龙哥 [N]. 足球, 2001-10-08 (2).

界日常训练喜闻乐见的一项内容，包括"快乐足球"的足球理念也被中国足球界广为接受，这些文字和图片也成为经常出现在报纸上的图片和标题，被社会各界广为传颂。

最为重要的是，在预选赛开赛前媒介生产并引发公众强烈共鸣的"抽出亚洲"这样的话语，在"出线、圆梦"话语所渲染的氛围下，也不见了踪影。媒介在"出线、圆梦"的形势下主动转换讨论议程，取而代之的是对中国队实力的过高估计和对世界杯征战前景的盲目乐观。

表6-33 中国队在世界杯前盲目乐观媒介话语案例

媒介话语平台	日期	媒介话语议题和具体内容
《足球》报	2002年4月19日	"进一球，平一场，胜一场"①
	2002年1月2日	与巴西比赛需要享受过程，至于结果，不要有任何幻想②
新浪网《中国足球职业联赛20年词典》	2014年4月16日	胜哥斯达黎加，平土耳其，与巴西扳手腕③

本是上级领导提出的几个层次的工作目标，却被盲目乐观的媒介话语阐释为"中国队征战世界杯的前景并非一片黯淡……"但是随着中国队在2002年世界杯赛场上以"一球未进，一分未得"的战绩铩羽而归之后，媒介话语又引导着整个社会舆论从之前对国家队的"捧杀"转变为现在的"棒杀"。世界杯赛前对国家队盲目乐观、信心满满的舆论氛围是媒介引导社会舆论营造的，而赛后又是媒介引导着国内舆论对国家队的表现进行口诛笔伐。

表6-34 对国足世界杯表现口诛笔伐媒介话语案例

媒介话语平台	日期	媒介话语议题和具体内容
新浪网《中国足球职业联赛20年词典——郝海东》	2014年4月16日	一样的队员、教练，赛前是庆功，回来却是谩骂④

---

① 麻小勇.国足召开世界杯备战动员大会[N].足球，2002-04-19（1）.
② 贾岩峰.巴西迷郝海东心里有数[N].足球，2002-01-02（4）.
③ 中国足球职业联赛20年词典：郝海东[EB/OL].新浪体育，2014-04-16.
④ 中国足球职业联赛20年词典：郝海东[EB/OL].新浪体育，2014-04-16.

>>> 第六章 职业化改革步入"深水区"的中国足球媒介话语

续表

媒介话语平台	日期	媒介话语议题和具体内容
《人民日报》	2002年8月7日	善于调整球员大赛心理的米卢，在这种情况下也没有重现"神奇"①
	2002年6月17日	三场世界杯赛，中国队只是输了本来就赢不了的比赛②
	2002年8月6日	中国十强赛出线有其偶然性，抽签也有利③
《足球》报	2002年7月3日	世界杯后国脚留洋从"牛市"到"熊市"，国脚迁怒世界杯④
	2002年7月5日	世界杯遗祸国脚⑤

就连时任中国足球协会专职副主席的阎世铎在"出线之夜"的慷慨、欣喜致辞，在世界杯结束后也被《足球》报往事重提，并揶揄、讽刺其为"伟人语录"；《足球》报甚至还别有用意地生产出"阎主席向全世界庄严宣布中国男足从此站起来了"，而且，以追求真实、客观、准确为宗旨的媒介还异常"八卦"地透露"阎世铎平时就非常喜欢人们称呼他为'主席''阎主席'……"

社会舆论是随风而动的，这是可以理解的，因为公众无法身临其境地观看中国足球真实的全貌，所以才需要传媒的中介。但是，媒介作为社会舆论氛围的引导，围绕"首次获得世界杯决赛阶段参赛权"议题，以"抽出亚洲""出线、圆梦""神奇教练"为关键词的足球媒介话语生产与传播过程中，没有体现出大众传播媒介的责任感，没有冷静而客观地判断。这也体现出大众传播媒介的商业化、市场化、大众化、娱乐化的发展趋势，以及媒介话语日渐演变成"消费话语"的特征。

---

① 汪大昭. 神奇不再 [N]. 人民日报，2002-08-07（1）.
② 汪大昭. 中国队只是输了本来就赢不了的比赛 [N]. 人民日报，2002-06-17（2）.
③ 汪大昭. 出线的偶然性 [N]. 人民日报，2002-08-06（2）.
④ 赵震. 世界杯后国脚留洋从"牛市"到"熊市" [N]. 足球，2002-07-03（7）.
⑤ 姬宇阳. 世界杯遗祸国脚 [N]. 足球，2002-07-05（7）.

(二) 聚焦于女足"铿锵玫瑰"的媒介话语生产与传播

表6-35 聚焦女足"铿锵玫瑰"的媒介话语案例

媒介话语平台	日期	媒介话语议题和具体内容
《足球》报	1999年7月14日	为女足庆功,江泽民等中央领导亲切会见中国女足①
	1999年12月27日	中国女足在冠军争夺战后美国总统克林顿接见了中国女足②
《人民日报》	1999年7月14日	中央领导在人民大会堂亲切会见了中国女子足球队③
	1999年7月14日	女足姑娘讲述自己的故事,电视专题节目十五日播出④

在该时期传媒针对中国各级国字号球队战绩和竞技表现的话语生产和传播中,中国女足以优异的成绩表现以及团结、顽强拼搏的比赛作风获得了媒介话语少有的褒奖和赞扬,并由于1999年女足世界杯决赛在美国玫瑰碗体育场进行,因此"中国女足"被媒介话语塑造为"铿锵玫瑰"的正面形象,而且"铿锵玫瑰"这一形象标签经过传媒的广泛传播,得到了社会各界的高度认同,自1999年起"铿锵玫瑰"就成了中国各级女子足球队的特定称谓。这一媒介话语塑造的形象标签之所以能够得到社会各界的广泛认同,是因为其话语贴切地形容了中国女足如同玫瑰一般火红、娇艳、高贵的竞技成绩,而这正是中国足球或者说是中国男足所无法企及的,同时中国女足全体运动员在比赛场上所展现出来的顽强拼搏、永不服输的体育精神,又如同带刺的玫瑰一样不是随意任人采摘的,任何一支世界强队都无法小看中国女足,这也完美地诠释出中华民族顽强不屈的民族精神。

也正因为被媒介话语赞誉为"铿锵玫瑰"的中国女足不但在竞技场上展现出娴熟的运动技艺,而且体现出顽强拼搏、永不服输的比赛作风,更没有

---

① 林海文. 为女足庆功 [N]. 足球,1999-07-14 (1).
② 1999年中国足坛备忘录 [N]. 足球,1999-12-27 (9).
③ 薛剑英. 江泽民等中央领导亲切会见中国女足 [N]. 人民日报,1999-07-14 (1).
④ 女足姑娘讲述自己的故事 [N]. 人民日报,1999-07-14 (8).

任何场外日常生活的负面新闻出现，所以，"铿锵玫瑰"话语引导下的社会舆论在1999年的中国社会中达到顶峰的时候，受到当时国家领导人集体接见，并从民族精神、国家意志的高度赞誉女足的"铿锵玫瑰"精神。在1999年的时候甚至国内还形成了一时的女足热潮，党和国家号召宣传全社会各行各业在工作中学习"女足精神"，由此引发了传媒对于"铿锵玫瑰"和"女足精神"的再度宣传。比如，电视专题节目《女足姑娘讲述自己的故事》的播出就是一个有力的证明。

表6-36　呼吁全社会加强对女足的关注媒介话语案例

媒介话语平台	日期	媒介话语议题和具体内容
《足球》报	1999年12月27日	8支女足球队参加的全国女子足球超级联赛，由于缺乏后续措施，最终惨淡收场①
	1999年7月14日	关注女足生存：中国女足生存环境之恶劣，经费紧张②
	1999年7月17日	男女不该有别，男儿当自强③
	1999年7月17日	女足需要走向市场④
央视春晚小品《两个人的世界》	1997年	赞扬中国女足战绩，讽刺中国男足的战绩

传媒对于中国女足的话语生产和形象塑造主要是基于两个维度：首先，将中国女足优异的竞技比赛名次和成绩与中国女足薄弱的资金支持进行对比，比如上述媒介话语中所述"恶劣的生存环境""开展联赛的经费都没着落"，在社会公众心目中形成鲜明的反差，更加突出中国女足优良的作风和高尚的品质，更加衬托出中国女足所获成绩的宝贵，更凸显出"铿锵玫瑰"的正能量形象，同时也呼吁全社会加强对女足的关注，增强对女足的资金和物质支持；其次，将缺钱、缺关注却仍旧能够参加世界杯、奥运会，并且还能获得

---

① 1999年中国足坛备忘录[N].足球，1999-12-27（9）.
② 苗炜.关注生存[N].足球，1999-7-14（3）.
③ 毕熙东.男足当自强[N].足球，1999-07-17（4）.
④ 毕熙东.女足需要走向市场[N].足球，1999-07-17（3）.

优异成绩的中国女足,与不缺钱、不缺关注,却连世界杯出线权都获得不了并且场外丑闻不断的中国男足进行对比,以形成引发社会舆论反思和热议的鲜明反差,并借此媒介话语来鞭策中国男足奋发图强,如同上述话语"在中国足球这点志气上,男女不该有别,男儿当自强"。

第二节 中国足球媒介话语风格和特色

媒介话语平台:1999 年 1 月 25 日《足球》报

媒介话语议题和具体内容:1997 年"十强赛"后,法新社在一条新闻中说,从没有那么多人那么多怨气指向中国足协这样一个政府部门,实际上,"十强赛"只不过是一个序曲,正戏 1998 年才正式上演。1998 年,全中国最有主见的人肯定是中国足协的干部;1998 年,天上掉下来块石头肯定能砸死个骂足协的。①

一、尖锐、深刻的揭露与批判风格

上述媒介话语案例描述了中国足球职业化改革开始步入"深水区"时,传媒针对中国足球相关议题的话语风格,当"怨气"和"骂"指向中国足球行业以及作为行业管理机构的中国足协时,该时期中国足球媒介话语的风格可想而知是何等的负面,中国足球所处的社会舆论环境之恶劣可见一斑。

由上一章节的研究结果得知,1997 年"十强赛"新闻发布会是中国足球界和中国传媒界关系的"分水岭",从那时起足球界与传媒界之间的"蜜月期"就已经结束,传媒界开始不再针对联赛和职业化改革进行正面的宣传,转而针对中国足球职业联赛中所暴露出的一系列问题进行尖锐的揭批,进而将批判的笔尖和话筒直接指向作为联赛管理机构的中国足球协会,尤其是针对"一套班子,两块牌子"的体制弊端进行毫不留情的批判,从而使得足球界和传媒界关系彻底趋于恶化。同时由于中国足球的实践表现确实低落到谷底,所以社会公众对于媒介生产的话语和观点认同度较高,所以在全社会尖锐揭批职业联赛一系列问题,并进一步批判中国足球蹩脚的管理体制,在这

---

① 孙朝阳. 天上掉下来块石头肯定能砸死个骂足协的 [N]. 足球,1999-01-25 (4).

样的社会舆论氛围下，形成以上媒介话语所述的"天上掉下来块石头肯定能砸死个骂足协的"这样一种针对足球的话语风格。

二、借喻的方法提炼话语标签和流行语的话语生产特色

由于该时期内传媒的市场化、商业化改革进展顺利，而且《足球》报、《体坛周报》等专业报刊逐渐开始占据中国足球媒介话语生产和传播的"龙头"地位，而遵循市场运作法则的这些专业报刊为了发行率和经济利益回报，吸引读者和公众的眼球，引发社会舆论轰动效应，一些著名"笔杆子"为了能够在业界中产生影响力，在客观信息报道的基础之上对媒介话语的文字细节的生产方面下足了功夫，主要采用借喻的方法，生产出极具轰动效应、夺人耳目的媒介话语关键词，再在报刊上配以醒目的黑体大字，传播向社会生活中后能够产生巨大的社会舆论轰动效应，而这些关键词一旦在社会公众中口口相传，就会不胫而走，超越媒介话语的范畴，成为市井百姓口中的流行语甚至口头禅。

最为典型的足球媒介话语关键词和流行语当属传媒聚焦于中国足球职业联赛中出现的"假球""黑哨"所展开的话语生产与传播，从而产生很多具有代表性的话语标签。比如在1997年与1998年之交的中国足球媒介话语生产和传播过"谢天谢地谢人的'三谢'"话语、1998年的"陆俊打官司"[①]"中国足球没戏了""3号隋波""中国足球TOO MONEY"的话语、1999年出现"渝沈之战"这样的话语、2001年出现"假B""反黑风暴""龚建平""反黑斗士"话语。一些再普通不过的中文名字与"黑哨"话语标签有关系后，立刻成为当年的足球媒介话语标签，尤其是中国足球历史上第一位受到司法审判并锒铛入狱的"黑哨"——"龚建平"，这个普通的名字更是家喻户晓；2001赛季的中国足球职业联赛也被贴上了"甲B五鼠"的话语标签，中国足球职业联赛赛场在社会舆论印象中已经成为充斥着"黑哨""假球"的"毫无公平可言，渗透着铜臭的生意场"了。在媒介的话语中，中国足球已然成了"邪恶"的代名词，不单会戕害足球职业联赛、足球职业化改革，更会浑浊社会空气。

---

① 模仿20世纪90年代初红极一时的国产电影《秋菊打官司》。

三、"基于足球而又超越足球"的话语风格

媒介话语平台：1999年1月25日《足球》报

媒介话语议题和具体内容："十强赛"以来不断向中国足球的内核逼近，引发极大的社会舆论反响，关于中国足球的舆论话语是基于足球而又超越足球的，对于假球和黑哨问题的揭露与深挖，其实呼应广大社会公众建立健全市场经济游戏规则的愿望。[1]

该时期整个中国的改革开放事业和社会主义市场经济体制建设都到了一个需要进行深化的阶段，而中国足球职业化改革和职业联赛同样也到了一个深化改革的关键阶段。由于足球的改革是中国社会改革与转型的一个缩影，中国足球职业化改革和职业联赛所遇到的许多问题都是中国社会改革与转型的折射，在1999年初的青岛全国足球工作会议上，听到了袁伟民的声音：当今中国足球改革与发展的意义和作用，已经远远超出了足球的范围，超出了体育的范畴，而成为社会普遍关注的热点问题。所以，该时期当传媒聚焦于中国足球职业联赛不公平竞赛现象进行揭批，聚焦于作为联赛管理机构的中国足协的"管办不分""官民二重性"的体制弊端进行批判，其实越往深处探析就会发现这是"基于足球而又超越足球"，成为超越足球专业范畴的社会公共事务议题。在该时期中国足球改革与发展的意义和作用，已经远远超出了足球的范围，超出了体育的范畴，而成为社会普遍关注的热点问题。由于中国足球职业化改革使得足球运动在中国的话语象征意义不再局限于体育范畴，"假球""黑哨"的不正常比赛现象不仅存在于中国足球界，当时处于深化改革时期的中国社会各个行业领域都存在这样类似的现象，假球、黑哨是严重的违法犯罪行为，是社会腐败现象在绿茵场上的具体体现。

这些足球媒介话语传播到社会生活中，作为公众在茶余饭后谈论足球的谈资时，当对于足球的口诛笔伐结束后，人们都会不由自主地往牵涉自身利益的工作环境和生活环境联想。该时期的中国足球媒介话语具有社会公共话语的特色，其在生产和传播过程中逐渐发挥了普及社会公共性的功能。

---

[1] 洪兵. 足球报道无禁区[N]. 足球, 1999-01-25 (5).

第三节 媒介话语生产与传播过程中的沟通与对话

一、传媒界对社会公众的中国足球认知引导

传媒界是以舆论监督为己任的，在社会公众与足球界之间架起一座沟通桥梁，而足球界又是足球职业化改革的实施者、践行者，是职业联赛的参与者和管理者。通过强大的媒介平台将有关中国足球议题的话语标签或流行语传播至社会各界公众，在社会公众心目中形成一个顽固的对中国足球整体的刻板印象："整个中国足球行业都是一项充满着铜臭的生意。"甚至对足球运动本身产生刻板顽固的刻板印象："足球运动是一个大染缸，就连单纯的喀麦隆少年都会被中国足球的吃喝嫖赌习气所感染。"① 如同媒介生产和传播的"假B、假A"的话语标签，会给社会公众强大的"天下乌鸦一般黑"的心理暗示："整个中国足球职业联赛都是假球"，最终形成强大的社会舆论压力，形成不利于足球运动发展的社会舆论环境。

在职业联赛初期，媒介话语向社会公众描述了职业联赛一派欣欣向荣的画面；而从1997年开始，媒介话语又开始向社会公众将中国足坛渲染成一个乌烟瘴气、没有一寸净土的"大染缸"。中国足球究竟是什么样的并非本书所要阐明的主题，本书只是关注于传媒这种极端的话语生产和传播的倾向性，始终无法向社会公众传递理性、客观的报道和宣传立足点，通过媒介话语生产和传播，向社会公众构建一个公平、理性的舆论导向、讨论框架，划清一个合理的分析讨论界限与规则，从而误导社会舆论对于中国足球的认知和判断。

1997年3月6日，国家体委在京召开全国足球宣传工作会议，针对一个时期以来足球报道过度、过热、过量的现象，提出进一步做好正确的足球宣传报道工作的意义，要求全国各地50多家新闻单位提高业务水平、提高政策水平、提高政治素质，客观、准确、理性地向社会公众报道中国足球的真实近况，知之为知之，不知为不知，不要无端揣测、主观臆断、联想。尤其是一些事关足球运动员转会、收入的议题，不等相关政策制度修订完善，就已经被新闻媒体提前报道给全社会，引导着社会公众炒热，政策还没完善出台，

---

① 被性病改变颜色的喀麦隆足球少年 [N]. 足球，2002-07-03.

已经被传媒"抢鲜"报道的内容只是片面的甚至完全是捕风捉影的,紧接着就被不明事情具体情况的社会舆论批评,从政策执行上非常被动,而且也不利于政策的完善和修订。

该会议还提出:即使是批评性的足球媒介话语生产与传播,也要从与人为善、"惩前毖后、治病救人"的角度提出建设性意见,为中国足球未来的发展进行建设性的批判,而不是唱反调、博眼球、抢一时口舌之快,要把握正确的舆论导向。如洪兵在1999年提出的观点"关于中国足球议题的话语,能够对所指涉的中国足球产生建设性的影响",这才是中国足球媒介话语在足球界与社会公众之间架起沟通和信息传递桥梁的正确导向作用。

二、传媒界与足球界之间的对立与交锋

媒介话语平台:1999年5月13日《足球》报

媒介话语议题和具体内容:杨阳所撰写的一篇文章《足球市场总体性资本开始形成——中国足球五年来职业化结果及演变趋势》,旗帜鲜明地提出"垄断性权利资本(中国足协)+货币资本(足球投资人)+媒介资本(大众传播媒介)=中国足球市场总体性资本"这样一个中国足球资本换算公式。①

从这话媒介话语案例中可以看出,在中国足球职业联赛的实践场域中,传媒界作为宣传、舆论监督中国职业足球的一个不可或缺的角色而存在,与中国足球职业联赛的管理者——中国足球协会、职业联赛投资人呈三足鼎立之势。在职业化改革以前和职业化改革初期,中国传媒界的发展和中国足球界的进步是相生相伴的,二者确实有过一段良性合作互动的"蜜月期"。1997年3月6日国家体委在京召开全国足球宣传工作会议,袁伟民说:"足球能够发展到今天,离不开宣传,同时足球改革也带动了足球宣传,足球界和新闻界应该合理推动足球改革和发展,足球界和新闻界是同一战壕里的战友,不能内耗,不能制造矛盾。"

但是,自从1997年"十强赛"新闻发布会之后,足球界和新闻界之间的"蜜月期"结束,尤其是从1998年开始,二者之间由于在如何报道职业联赛

---

① 杨阳. 足球市场总体性资本开始形成:中国足球五年来职业化结果及演变趋势[N]. 足球,1999-05-13(4).

的问题焦点上分歧过大,使得关系急剧恶化,二者之间的良性合作互动关系不再,取而代之的是相互掣肘甚至双方走上法庭当庭对质,将传媒界在中国职业足球实践场域内"封杀"的极端情况。在1999年的全国足球工作会议上,袁伟民继续提出:"希望足球界和传媒界能够在'我们是一家人'的立场上交换意见,冷静客观地讨论问题,本着爱护的、实事求是的精神来宣传报道中国足球。"

表6-37 传媒界与中国足协完全对立的媒介话语案例

媒介话语平台	日期	媒介话语议题和具体内容
《足球》报	1996年9月30日	《足球》报代替中国足协设立"裁判拒收红包奖"①
	1999年12月2日	赛后新闻发布会上教练员金志扬怒斥记者②
	1999年11月25日	吉林敖东队主教练赛后新闻发布会上说:新闻媒体太敏感了③
	2002年1月21日	传媒界自认为中国足坛"打假扫黑"的尖兵坚持要查清真相、捍卫真理④
新浪网《中国足球职业联赛20年词典》	2014年4月16日	中国足协认为部分媒体借题发挥夸大事实进行炒作影响足球事业的发展⑤
纪录片《在路上——中国足球这几年》第十六集	1999年	"9·27退出"事件时一位新闻记者与现场工作人员产生矛盾⑥
纪录片《在路上——中国足球这几年》第十四集	1999年	传媒界部分人意识到有些行为可能过激,但都是为了中国足球,表达了希望传媒界和足球界彼此互相尊重和理解的愿望⑦

---

① 裁判拒收红包奖[N].足球,1996-09-30(1).
② 王俊.谁在制造新闻[N].足球,1999-12-02(1).
③ 杨波.新闻媒体太敏感了[N].足球,1999-11-25(2).
④ 毕熙东.舆论监督的力量[N].足球,2002-01-21(2).
⑤ 中国足球职业联赛20年词典:反赌扫黑[EB/OL].新浪体育,2014-04-16.
⑥ 中央电视台体育节目中心.在路上——中国足球这几年:海边的城市[M/CD].北京:中国国际电视总公司,1999.
⑦ 中央电视台体育节目中心.在路上——中国足球这几年:困惑的哨声[M/CD].北京:中国国际电视总公司,1999.

传媒界与足球界同在中国职业足球场域，而且双方在职业化改革初期"一荣俱荣"的过程中都尝到了甜头，双方都从繁荣的职业足球市场中获得了巨大的利益，传媒为足球运动的"火热"球市添柴加火，职业联赛的开展也为足球传媒的市场化、商业化成功运作提供了丰富的内容和广阔的空间，相互关系应该更加坚不可摧的。但是，传媒界与中国足球界之间之所以"蜜月期"关系不再，主要是因为从1998年职业联赛开始，以报纸、电视为主要媒介形式的传媒界不再以积极正面宣传职业联赛和足球界为主要议题，相反对媒介议程设置进行了转换，对从1998年联赛中开始大面积频繁出现的以假球、黑哨为代表的赛场不公平竞赛现象进行揭批，同时在对这些联赛丑恶现象进行揭批的过程中，也涉及对中国足球协会负责人、领导的抨击，包括对职业联赛体制、机制问题的诟病，而且媒介针对职业联赛中不公平竞赛现象的话语生产和传播的过度、过热、过于尖锐，过热和偏激的足球媒介话语对于中国足球的发展成为一种干扰和束缚，这势必将以舆论监督为己任的传媒界和政绩思想、官僚气息浓厚的中国足球界对立起来。

从上述具有代表性的媒介话语案例就可以看出，抛开足球界裁判员陆俊在10多年后的2014年作为"黑哨"接受了法律制裁这个事实本身不谈，无论孰是孰非、谁对谁错，究竟是冤假错案还是确有其事，传媒界和足球界之间的关系已经趋于恶化是不争的事实。从1998年尤其是1998年下半年开始，传媒界与足球界在围绕揭批"赛场不公平竞赛"现象方面不信任、不沟通，中国足协甚至将联赛不公平竞赛现象归结于媒介的过分渲染与夸大其词，倒打一把将"假赌黑"的帽子绕了一圈最终又扣到传媒界的头上。传媒界利用手中的媒介平台阵地向以中国足球协会为代表的中国足球界官方权力公开挑战，矛盾全面爆发，而且这种激烈的矛盾爆发随着时间的推移愈演愈烈，足球界人士认为受到传媒的不公正批评而非要讨个说法，中国足协领导因为受到传媒的打分而恼羞成怒，最终持续恶化为相互之间不可调和的对抗与封杀，甚至诉诸法律。比如1998年3月22日《羊城体育》报记者肖波披露中国足球裁判员陆俊在1998年甲A联赛广州松日队与大连万达队的比赛中收了万达队贿金共计20万。此事随即在足球界引发地震，当事人陆俊予以否认，认为损害其名誉，并先后向广州东山区法院、北京市海淀区法院就此事正式起诉《羊城体育》，最终传媒界人士与足球界人士第一次走上法庭当庭对质，无论何方胜诉，关系对立、对簿公堂已是不争的事实。

在中国足球职业化改革开始步入"深水期"的时候，传媒界与中国足球协会的关系已经彻底从"蜜月期的一家人"撕破脸皮。即使在中国职业足球实践场域内传媒界继续对联赛进行各种赛事报道、转播，但是，这个时期内传媒界与足球界是一种有限度的、相互提防的"合作"。比如，中国足球协会与传媒界之间在"渝沈之战"调查过程中，中国足球协会特批中央电视台、《中国足球报》（中国足协机关报）、《足球》报派记者全程跟随采访，希望能对媒介和公众舆论有个交代，但是媒体不能插手调查全过程，并且一切调查结果都得向上级领导汇报确定后才能由媒介对外公布，足以见足球界和传媒界之间的芥蒂深厚。

作为联赛管理者的中国足球协会因为媒介对于假球、黑哨尖锐揭批而耿耿于怀，甚至一度产生了"不允许媒介采访1998年在青岛召开的全国足球工作会议"的报复性设想，但是这个计划当年因为缺少政策合法性而最终未能成行。虽然足球界在1998年未能"封杀"成行，但是在接下来的岁月里对于传媒界却是大开杀戒：1999年，中国足球协会取消《无锡日报》《都市快报》《现代经济报》《重庆晨报》采访中国各级足球职业联赛的资格；同年《重庆商报》记者罗文因被足协认定为"报道不实新闻"，而被工作人员没收了记者采访证，同时禁止进入职业联赛赛场以及其他足协组织的各类比赛赛场；2002年《足球》报与《体坛周报》被禁止采访国家队训练比赛；2004年《足球》报被中国足协取消采访一切比赛活动资格；2008年，在广东清新采访国足备战世界杯的中央电视台《足球之夜》记者被阻拦在了球场外，原因是中国足球协会已经下了命令，暂停该节目对国足的采访；著名足球记者马德兴也曾因为撰文惹怒中国足协而被迫遭遇停职反省。

在权力VS舆论监督较量中，权力又一次拿起了最管用的武器"取消采访权"，而这恰恰证明了舆论监督的力量。如果传媒在制造假新闻，理应受到新闻纪律的处罚和制裁，如果新闻媒体逆政策动向而行，那就远非"道歉"可以解决的。但是，对在提升中国足球市场价值方面具有不可推卸责任的中国足球协会，放着自己的本职烂摊子不作为、无能为力，却试图粗暴蛮横地堵上舆论监督和批评规劝的天下悠悠之口，中国足球传媒对"封杀"行径的愤怒广泛而真实。《足球》报不是唯一一个被封杀的足球媒体，但是封杀绝对不可能剥夺传媒的舆论监督权、知情权和话语权。

中国足球在改革刚刚启动的1994—1995年得到了媒介的极大支持，如时任中国足球协会主席的袁伟民同志曾公开表示"中国足球能够发展，媒体功不可没"，但是，随着中国足球职业联赛的开展和职业化改革的逐步深入，中国足球协会的职能身份也渐渐由原来的体育行政管理部门转变为足球市场的管理者和经营者。这种变化却使得足球协会和新闻界的关系发生了深刻的变化，一下子两者关系不那么和谐了，有关此类关系的话语是这样描述的："中国足球的改革启动于行政性力量对政策的调整，行政力量推动了足球职业化，同时也营造了自己（行政力量）得天独厚的优势地位。"它（行政力量）一方面期待媒介的广泛关注，却又不愿意营造相对开放的舆论空间。尤其以"十强赛"新闻发布会为界限，之后的1998年是媒介向足协权威全面挑战的一年，冲击世界杯失败、联赛中频繁出现"不公平竞争"现象、中国足球协会近些年工作中失误之处，将中国传媒界与足球界之间的矛盾毫无保留地暴露出来。

但2002年中国足球进入世界杯决赛后，受联赛体制改革滞后及黑哨假球风波影响，中国足球进入低潮。受此影响，体育媒介因内容缺失，受众离去而严重萎缩，报纸体育版面骤减，地方电视台体育频道纷纷关闭，体育记者严重流失，加之网络的冲击，体育媒介短暂的黄金时代结束了。足球和媒介这种相生相伴的关系，使得足球成为中国社会话语透明度最高的体育项目，也使得媒介对于中国足球而言是一把"双刃剑"，足球的兴衰对于媒介而言也是"晴雨表"，双方"一损俱损、一荣俱荣"。当进入2003年的时候，中国足球职业联赛的衰败也使得《足球》报开始走下坡路，而被誉为球迷每周必看的节目、中央电视台体育频道收视率最高的节目《足球之夜》也是每况愈下，从1996年创立节目开始时每期节目220分钟，到1999年中央电视台调整《足球之夜》，将其片长从220分钟缩短至90分钟。

职业化以来，媒介对足球的参与热情与日俱增，随着其原来的"喉舌"功能的淡化，媒介的产业化功能倾向日趋明显，逐渐成为一种能够游离于权力资本与货币资本之外的、能够获得丰厚利润回报的特殊力量。1997年《大连金州不相信眼泪》和四通立方对于"十强赛"的报道，让网络新媒体第一次成为中国足球媒介话语的平台之一；到了1999年3月新浪网与中国足球协会成立了中国足球职业联赛网站，这一站点已经成为中国足球协会和中国足球职业联赛对外形象的窗口，并且成为有关中国足球最初的消息新闻发布地之一。这也随之淡化了各个媒介原有的地域色彩，冲淡了各个地方媒介的地域化情结和彼此间的恩怨，经过自身整合，制造了许多有利于其实现内部整合的话题，取得面向全国的超然地位，默默地引导着媒介整体的中国足球话语实践走向，我们听到的声音和话语是一个已然崛起的媒介资本集团的大合唱，在客观上加速了全国足球舆论利益集团的形成。

第七章

"中超"时期的中国足球媒介话语

第一节 聚焦中超元年"连锁反应"的媒介话语生产与传播

虽然中国足球从1997年开始步入职业化改革的"深水区",尤其是从1998年中国足球职业联赛假球、黑哨频繁出现并且屡禁不止,乱象丛生的职业联赛以及这种不公平竞赛乱象下逐渐显现出来的职业化改革体制、机制弊端,成为媒介引导下的社会舆论批驳的焦点,哪怕国家男子足球队历史性地"站起来"闯入2002年世界杯决赛圈,社会舆论对职业化改革、职业联赛的质疑、诟病之声也仍未减弱,在媒介上呈现出来的对于中国足球的舆论批评之声震天响。即便如此,仍未阻挡住中国足球职业化改革、中国足球职业联赛"升级换代"的步伐。中国足球协会在总结中国十年职业足球的基础上,为进一步提升中国职业足球竞赛水平和品牌,2004年5月15日在天津水滴足球场,作为中国足球职业联赛"升级"和中国足球职业化改革划时代的标志性产物——中国足球协会超级联赛(以下简称中超联赛)开幕,中国足球职业联赛迎来了一个新阶段。

虽然时任足协主席阎世铎给中国足球职业联赛披上了一件"皇帝的新衣","甲A联赛"摇身一变被"超级联赛"这个时髦的名词所代替,貌似"重新做人"了,但是,中超联赛的开幕也未能堵住天下悠悠之口,也没能减少社会舆论针对职业化改革和职业联赛的诟病。千呼万唤的"中超联赛"就在开幕式数万名观众的嘘声中拉开帷幕,或许这也正预示着"中超"未来所要面对的舆论环境。虽然在名称上从"甲A"置换成了"中超",但是其实质仍旧是原先乱象丛生、管办不分的中国足球职业联赛"换汤不换药",因此,媒介上呈现的来自社会各界的舆论话语不可能会摒弃以前的观点与偏见,不可能会重新审视打量中超联赛,相反会继承以前的足球媒介话语针对职业化改革、职业联赛的观点、态度、倾向性，先入为主地对联赛、职业化改革持有某种话语倾向性和偏见，并在媒介话语生产和传播中体现出这种倾向性。2004年中超开幕式现场以及通过卫星电视转播信号传输到社会各界公众视听感觉器官中刺耳的嘘声代表了一切。

一、聚焦于中超联赛开幕式"嘘声"的媒介话语

事件发生背景描述：2004年5月15日天津水滴足球场，中国足球协会超级联赛开幕式现场，在时任中国足协专职副主席阎世铎进行开幕式发言的时候以及孙葆洁作为裁判员代表宣誓的时候，全场数万名观众嘘声不断并发出巨大的哄笑声。敏感的传媒界自然不会放过这一噱头十足的场景，不但将"嘘声"通过大众传播媒介传输给社会各界，还针对中超联赛开幕式上发出的"嘘声"进行了话语生产和传播。

表7-1 中超联赛开幕式上的"嘘声"媒介话语案例

媒介话语平台	日期	媒介话语议题和具体内容
《足球》报	2004年5月19日	革命尚未开始，混乱提前登场：中超联赛开幕式爆发大量嘘声，中超，从一开始就注定了一种迷茫[1]
	2004年5月19日	嘘声伴随着金哨的每一句誓言[2]

除了上述报纸媒介忠实记录下并向全社会描述性报道了中超开幕式上的嘘声，对开幕式进行实况转播的卫星电视更是绘声绘色地向全中国甚至全世界传输着数万人嘘声的音像信号，比如央视体育频道的金牌节目《足球之夜》就将这种嘘声的影像原原本本没有任何删减地回放给亿万电视观众。可想而知在报纸与电视这两种媒介平台的高强度、大范围信息传输与报道下，社会舆论是怎样的一片哗然，又会营造一种怎样的社会舆论氛围。

按照中国自古以来的传统，新店铺开张，本应该是充满祝福与美好期许的，亲朋好友和顾客肯定要到场喝彩和捧场的。职业联赛作为中国足球职业化改革的标志性产物和实施平台，中超联赛又作为中国足球职业联赛划时代的"升级换代"的"产品"，作为"顾客"亲临中超"开张典礼"现场的球迷观众却在"砸场子"、喝倒彩，尤其是针对宣誓"公平执行竞赛规则"的

---

[1] 董路. 革命尚未开始，混乱提前登场[N]. 足球，2004-05-19 (2).
[2] 金彩. 嘘声伴随着金哨的每一句誓言[N]. 足球，2004-05-19 (3).

裁判员，更是喝得满堂倒彩和哄堂哂笑，可见中国足球职业化改革以及职业联赛虽然划时代"升级换代"了，但是，球迷对于换汤不换药的中超的观点偏见和倾向性并未改变，"嘘声"和"哄笑"就是在这种偏见和倾向性下球迷生产出来的话语。

除了到场的球迷，被中国足协认为是"足球界朋友"与足球界相生相伴的传媒界，不但没有帮着中超遮羞，掩盖、删减这些嘘声，反而忠实地记录并传输这些信息。传媒界之所以这样做，除了作为社会各界公众和足球界之间沟通平台、足球话语空间媒介，忠实履行舆论监督和社会公器职能之外，球迷生产出的这种"嘘声"话语其实也代表着传媒界对于中国足球职业化改革和职业联赛的观点与倾向性。也就是说，传媒界虽然只是利用自身媒介平台忠实地记录下现场球迷观众所生产出的嘘声话语，并向全社会传播这种话语，但无论是从客观事实上还是从传媒界主观倾向上来讲，这种嘘声话语都是传媒界所想要生产和传播的足球媒介话语，传媒界与球迷一起为新开张的中超联赛"喝倒彩"。

此外，肩负着舆论监督职能的传媒界除了利用自身媒介平台原原本本地向全社会各个角落传输这种嘘声话语之外，还根据"嘘声"的含义延伸开来，往深层次聚焦于足协实施的职业化改革和职业联赛的乱象、弊端进行话语生产和传播，话语生产的着力点比"嘘声"更为深入，同时也是基于媒介舆论监督的社会公器职能向足球界乃至向全社会解释中超"嘘声"产生的症结。

如上述媒介话语案例所述，传媒界的话语观点认为：虽然从名称上更新为"中超"，但是以前的甲A什么样，现在中超仍旧什么样，与以前乱象丛生的甲A联赛没有根本性的改变，依旧是裁判问题、球场暴力、假球肆虐，一些新气象不会随着中超的到来而到来，相反过往的不公平竞赛现象和球场暴力事件却提前上演，导致中超在"嘘声"中开门。其中，嘘声话语并非指向所有足球界人士，只有在裁判员代表宣誓和足协领导致辞的时候才爆发出嘘声和哄笑，因此，媒介针对嘘声进行话语生产与传播的最终着力点还是指向假球、黑哨，以及对这种乱象不作为的联赛管理机构——中国足协。

传媒界和社会各界公众本就对职业联赛和职业化改革持有先入为主的偏见和倾向性，导致2004年中超元年没有开一个好头，"嘘声"话语在后来看来算是比较温和的媒介话语了，充其量只能算是某种调侃、戏谑，却是某种征兆和预示，果不其然在距离中超开幕不到半年的时间，中超元年就出现了更为极端和激烈的"罢赛"现象，以媒介为平台的社会各界开始针对"罢赛"现象由表及里地聚焦于职业化改革和联赛的管理体制、运行机制进行针砭和抨击。

二、聚焦于"罢赛"的媒介话语

事件发生背景描述：2004年10月2日晚，中超联赛第14轮的一场比赛，由沈阳金德主场迎战北京国安现代，比赛进行到下半场第34分钟的时候，主裁判周伟新判罚了北京国安队点球，国安全体球员对此判罚非常不满，在国安队长的带领下，场上球员集体走向场边罢赛以示抗议，比赛在中断12分28秒之后，主裁判周伟新宣布比赛结束，这也是中国职业化联赛以来首例因为参赛队罢赛而提前结束比赛的事件。无独有偶，2004年10月24日，中超联赛第17轮，大连实德主场迎战沈阳金德，比赛到第85分钟，大连队因为不满主裁判判罚而罢赛，最终判定大连队0∶3告负。虽然甲A时代参赛队对裁判员判罚不满有异议的情况屡见不鲜，但是，在新中国足球运动发展史上，"罢赛"这种现象在足球赛场上是第一次发生，传媒界不但通过媒介平台及时向全社会公众报道了这一爆炸性新闻，更是针对新中国足球运动史上闻所未闻的"罢赛"事件进行了持续的话语生产与传播。

表7-2 关于中超罢赛媒介话语案例

媒介话语平台	日期	媒介话语议题和具体内容
《足球》报	2004年10月4日	名哨周伟新和两名助手被国安队的罢赛举动惊呆了①
	2004年10月6日	北京人又创纪录，中国足球职业联赛首例罢赛事件史无前例地产生了②
《体坛周报》	2004年10月3日	在五里河体育场一场震惊中外足坛的"罢赛案"就此上演③

新中国足球运动发展史上从未有过参赛队"罢赛"的先例，因此，嗅觉灵敏的传媒界对"北京国安队中超罢赛事件"反应极为迅速，不但第一时间及时、准确地向全社会公众报道"罢赛"事件的大致始末、情况细节、相关当事人的态度观点，还在此基础上对涉事的有关方面进行深度的专访，了解

---

① 建友.头版配图：名哨周伟新和两名助手被国安队的罢赛举动惊呆了［N］.足球，2004-10-4（1）.
② 胡松青.中国足球职业联赛首例罢赛事件［N］.足球，2004-10-06（1）.
③ 周文渊.震惊中外足坛的"罢赛案"就此上演［N］.体坛周报，2004-10-03（2）.

涉事主体的态度，还毫无顾忌地将传媒界自身的观点态度适时抛出，针对"罢赛"事件展开话语生产，并依托发达的媒介平台进行话语传播。

表7-3 有关罢赛事件后续媒介话语案例

媒介话语平台	日期	媒介话语议题和具体内容
《足球》报	2004年5月19日	罢赛加黑哨，中超第一纠纷①
	2004年10月4日	头版头条，罢赛国安：裁判问题不解决，环境不改变，我们没法玩下去②
	2004年10月6日	国内赛场上裁判员的公信力越来越低，对中超市场形象损害太大③
	2004年10月6日	中国足协裁委会认定当值裁判判罚无过错，所判罚的点球完全符合规则要求④
	2004年10月6日	裁判周伟新事故不断，前途依旧灿烂⑤
	2004年10月6日	中国足协面对频现的假球、黑哨，已经失去了对局面的控制能力⑥

上述话语案例已经非常清晰明了地将导致"国安罢赛"事件的原因"裁判员在赛场上对于国安队的判罚问题"点出，而且，还将国安因为裁判问题罢赛的问题引申开来，映射整个中国足球职业联赛中都存在类似裁判员问题，暗示黑哨的判罚问题是导致联赛乱象的导火索，而国安队只是点燃了这根导火索。此外，在当时知名足球专业报刊《足球》报、《体坛周报》上也给了涉事裁判员周伟新一席话语空间和话语生产、传播的机会，但是为裁判叫屈的声小势微，其实也在某种程度上代表了社会舆论和媒介的态度，而且若干年后的"反赌扫黑风暴"所最终揭露出的事实也证明社会公众和媒介的眼睛是雪亮的。

按理说媒介针对"国安罢赛"事件的话语生产与传播应该紧扣"罢赛"主题展开，但是，传媒界包括整个社会形成的舆论氛围都对罢赛事件本身以

---

① 陈永. 差点罢赛加黑哨，中超第一纠纷 [N]. 足球, 2004-05-19 (1).
② 董璐. 头版头条，罢赛国安 [N]. 足球, 2004-10-04 (1).
③ 麻小勇. 理解国安，但是反对罢赛 [N]. 足球, 2004-10-06 (2).
④ 麻小勇. 周伟新：我能有什么压力？[N]. 足球, 2004-10-06 (2).
⑤ 高健. 事故不断，前途依旧灿烂 [N]. 足球, 2004-10-06 (3).
⑥ 董璐. 中国足协面对频现的假球、黑哨，已经失去了对局面的控制能力 [N]. 足球, 2004-10-06 (5).

及罢赛应受到的处罚包括罢赛的负面效应不是太感兴趣，相反抓住导致罢赛事件的"黑哨"这根主线，以媒介为平台的社会各界开始顺藤摸瓜、由表及里地聚焦于职业化改革和联赛的管理体制、运行机制进行针砭和抨击。

表7-4 由罢赛事件对联赛运行管理体制进行针砭的媒介话语案例

媒介话语平台	日期	媒介话语议题和具体内容
《足球》报	2004年10月4日	罢赛事件作为中超腐朽的符号，正在被无限放大。罢赛是对足协权威的公开挑战①
	2004年10月6日	国安的顶撞使得足协威信扫地②
	2004年10月6日	理解国安，但是反对罢赛，因为对中超市场形象损害太大③
	2004年10月6日	中国足球职业联赛到了最危险的时刻，也到了需要警车开道的时刻④

如上所述，传媒界和社会舆论相信"罢赛"的真正症结所在是"黑哨"以及管理联赛和裁判员的机构——中国足协，所以在当时那个时期中国足球媒介话语生产与传播的焦点才不会仅仅停留在"罢赛"事件本身以及替罪羊"黑哨"身上。正如"是否从重处罚罢赛的国安队，今后就没有球队再罢赛了，假球、黑哨就在中超杜绝了，答案是否定的"，也正是遵循着这个思维逻辑和传媒的社会舆论监督职能，足球媒介话语的生产和传播才如上述媒介话语所述"向中国足协权威挑战"，直指足协公信力和威严，质疑足协作为联赛管理机构的管理经营不善，直接质疑、问责职业化改革的管理体制和运行机制。

三、针对"G7革命"和"职业联盟"的媒介话语

事件背景描述：2004年中超联赛的北京国安"罢赛"事件只是一个导火索，虽然北京国安当时只是对"黑哨、假球"不公平竞赛问题的话语发泄，但是，"罢赛"的话语生产却最终演变为一场"革命"话语生产的引子。北京国安罢赛后，大连实德方面公开表示支持北京国安的罢赛行为，并组织其他中超俱乐部联合向足协发难，要求改革足球体制，主张成立真正的"中超

---

① 石涛.罢赛事件作为中超腐朽的符号［N］.足球，2004-10-04（2）.
② 胡松青.杨祖武单挑阎世铎［N］.足球，2004-10-06（2）.
③ 麻小勇.理解国安，但是反对罢赛［N］.足球，2004-10-06（2）.
④ 董璐.让警车开道［N］.足球，2004-10-06（6）.

职业联盟",并以联盟为平台向足协分权,主要利益诉求就是:行政退出、资本决定、政企分开、管办分离、公司化经营。因为支持参与的中超足球俱乐部投资人共有上海中远、青岛颐中、深圳健力宝、四川冠城、北京国安、大连实德、辽宁队7家,故史称"G7革命"或"中超投资人革命"。这也是中国足球职业化改革刚刚升级为中超的职业联赛所面临的最大的一次危机。最终于2004年10月26日,中国足协利用各个地方政府的体育局向各俱乐部施压,会议上北京市体育局局长孙康林、上海市体育局局长金国祥先后发言,声援足协,斥责投资人所谓的"革命",中国足协利用行政力量介入,"G7革命"就此偃旗息鼓。最后阎世铎"下课"调离足协,2004年联赛升降级暂停,动摇了联赛的根本和公信力,助长了"假赌黑"泛滥。

表7-5 G7革命媒介话语案例

媒介话语平台	日期	媒介话语议题和具体内容
《体坛周报》	2004年10月16日	国安罢赛引发实德深思:多家俱乐部认为中国足球的管理体制已经到了非改不可的时刻了[1]
	2004年10月16日	必须借此削弱中国足协对职业联赛事无巨细的管理、经营、处罚权,建立起自我管理的真正职业联赛[2]
《足球》报	2004年10月15日	国安罢赛事件闹大了,国安公开造反,诸侯密谋夺权[3]
	2004年10月15日	国安揭竿而起,众俱乐部声援[4]

此时的中国足球媒介话语生产已经由北京国安足球俱乐部"罢赛"引发的针对黑哨的抨击,转而聚焦于多家中超足球俱乐部对现有职业联赛管理体制和运行机制的诟病与质疑。如同"罢赛"事件是点燃了"G7革命"的导火索一样,针对"罢赛"的媒介话语生产也开始不再纠结于表象的裁判问题,而是开始聚焦于"罢赛"后一系列连锁反应下产生的"G7"革命行动及其所提出的利益诉求和主张,话语焦点直指现有的职业联赛管理体制和机制,足协既管理联赛又经营联赛,侵犯了俱乐部的利益分配;而且在聚焦职业联赛

---

[1] 妙红.国安罢赛引发实德深思[N].体坛周报,2004-10-16(2).
[2] 妙红.国安罢赛引发实德深思[N].体坛周报,2004-10-16(2).
[3] 省吾.国安罢赛事件闹大了[N].足球,2004-10-15(1).
[4] 李文光.国安揭竿而起,众俱乐部声援[N].足球,2004-10-15(3).

管理体制、运行机制的同时，传媒界、投资人还通过媒介平台抛出了"造反、革命""分权""当家做主""职业联盟"这些关键词，但是，此时已经没人再会去聚焦"罢赛""黑哨"这些问题本身了，实现了话语焦点议题的转换，开始聚焦于"改革现有职业联赛管理体制、机制，成立职业联盟"。

表 7-6 改革现有职业联赛管理体制成立职业联盟媒介话语案例

媒介话语平台	日期	媒介话语议题和具体内容
《足球》报	2004年10月15日	中超的财务要由中超自己管理才对①
	2004年10月15日	中超联赛环境越来越恶劣，各个俱乐部代表管理联赛是正道②
	2004年10月18日	目前的中国已经不适合举办所谓的职业联赛了，必须来个彻彻底底的改革③

上述媒介话语案例表明，投资人想要从足协手中夺回"属于投资人的权益"。通过媒介平台将投资人的初衷以及利益诉求反映在了媒介平台上，而且列举了赞同支持改革方案和行动的 7 家中超俱乐部投资人的名单和数量，至此"G7 投资人革命"也正式通过媒介平台传输到社会各界。

关于"G7 革命"的话语生产，话语主体的投资人也想借用"革命"来抬高他们所倡导和推行的针对联赛管理体制和机制的改革的正义性，"G7 投资人革命"由此而来，而传媒界基于媒介的商业运作逻辑，也更愿意向全社会传播这种更具有震撼力、爆炸性、夺眼球的媒介话语。

除了投资人，传媒界从业人员和学者也对"G7 革命"的必要性和必然性进行了肯定。这些话语通过媒介平台进行传播，在社会中引发了不小的舆论反响，在当时 2004 年 10 月到 11 月期间成为社会各界、街头巷尾热议的一个话题，成为社会舆论焦点。而且学者的分析性话语更是揭示出足球职业化、市场化改革所面临的这种困境和问题是当时中国社会各行各业改革转型都面临的一个共性问题——民营资本的发展困境与桎梏。

---

① 何德刚. 大连实德足球俱乐部总经理林乐丰：变革应从中超财务入手 [N]. 足球, 2004-10-15（4）.
② 胡松青. 由各个俱乐部代表来管理联赛才是正道 [N]. 足球, 2004-10-15（4）.
③ 白国华. 上海国际足球俱乐部总经理王国林借助上海德比战的乱象，在赛后的新闻发布会上感言 [N]. 足球, 2004-10-18（6）.

表7-7 有关G7革命的质疑媒介话语案例

媒介话语平台	日期	媒介话语议题和具体内容
《足球》报	2004年10月18日	提防革命背后的阴谋，保持革命的纯洁性，比革命本身更重要，本次革命的真实动机值得思考①
	2004年10月18日	请不要滥用"革命""民主"，什么事都不干，都比瞎折腾要好得多②
	2004年10月18日	职业联盟就是两个字"夺权"③
	2004年10月18日	从实德身上看到公平公正吗？④

此外，媒介平台上除了呈现和传播赞同、支持这场"G7革命"的话语，也很公平地将反对和质疑这场"革命"的话语呈现和传播出来。作为话语主体的投资人，山东鲁能足球俱乐部总经理与上海申花足球俱乐部董事长发表了与G7不同的观点与态度。从话语生产方式上来看，鲁能足球俱乐部总经理是一种很坦率、直白的质疑，亮明"支持改革"，但是，也质疑G7的革命动机不纯，表示"不盲目跟从"，甚至含沙射影地影射大连实德中超俱乐部本身就是在破坏足球市场，并倡议"首先要革自己的命"；而申花足球俱乐部董事长则用更含蓄的反问甚至引经据典质疑这场革命，最终提出观点"这是在亵渎革命，不是民主，是瞎折腾"。而传媒界从业人员郝洪军的话语生产观点、依据也指向了倡导革命的实德足球俱乐部徐明，认为这场"革命"只是权力的争夺与利益蛋糕的划分，没有所谓的"革命"，只是利益的重新划分。

但是，上述这种观点和态度的媒介话语在当时社会生活中并非舆论主流，当时社会舆论更认可和接受这种"革命"，因为反映了当时中国社会经济体制改革和社会转型过程中所面临的共性问题。

---

① 白国华. 资本揭竿而起，不乏响应者，也有冷静者［N］. 足球，2004-10-18（4）.
② 楼世芳. 革命，请不要亵渎这个字眼［N］. 足球，2004-10-18（4）.
③ 郝洪军. 职业联盟就是两个字"夺权"［N］. 足球，2004-10-18（5）.
④ 郝洪军. 徐明先生真的是革命者吗［N］. 足球，2004-10-18（5）.

表 7-8 成立职业联盟必要性媒介话语案例

媒介话语平台	日期	媒介话语议题和具体内容
《足球》报	2004年10月15日	只有职业联盟才能救中超①
	2004年10月15日	足协必须放权，让中超委员会真正成为职业联盟②
《体坛周报》	2004年10月16日	所谓"国安退出"是一个契机，中国足球必须借此推出职业联盟③
	2004年10月16日	职业大联盟是中国足球必须走的一条路④

作为 G7 投资人革命中最重要的一个诉求就是"成立中超职业联盟"，因此，在聚焦"G7 革命"的话语生产与传播中，"职业联盟"是一个无法忽略的关键词，因为它是投资人利益诉求"管办分离、政企分开""当家做主""自主管理联赛"的平台与依托，而且成为当时足球媒介话语的焦点议题"改革联赛管理体制、机制"的具体呈现，因此，上述的足球投资人都提出并支持成立中超职业联盟，而且提出"职业联盟是中超的唯一出路"甚至包括"必须""只有"之类的话语，以此类话语凸显成立职业联盟的紧迫性和历史必然性；此外，"国安罢赛事件是推出职业联盟的契机"话语更是印证了国安罢赛与 G7 革命之间的连锁反应关系。

但是，当时媒介平台上所呈现和传播的话语对于属于舶来词语的"职业联盟"介绍不多，以至于当时全社会对于来自英国职业足球的"职业联盟"这个新鲜词语的了解度不够，社会公众只是从媒介话语中了解到"职业联盟"是中超投资人自主管理联赛和经营联赛的一个平台，也是促进足协管办分离、政企分开的推动力，但是，属于舶来品的"职业联盟"的制度基础、经济基础、足球运动基础是怎样的，是否适合当时中国的经济体制和足球运动基础，媒介话语中没有详细的介绍。在当时社会中造成对于"职业联盟"知其然、不知其所以然的话语理解困扰。

---

① 胡松青. 只有职业联盟才能救中超 [N]. 足球，2004-10-15 (4).
② 麻小勇. 足协必须放权，让中超委员会真正成为职业联盟 [N]. 足球，2004-10-15 (5).
③ 妙红. 国安罢赛引发实德深思 [N]. 体坛周报，2004-10-16 (2).
④ 妙红. 国安罢赛引发实德深思 [N]. 体坛周报，2004-10-16 (2).

表 7-9　G7 革命的结局媒介话语案例

媒介话语平台	日期	媒介话语议题和具体内容
《足球》报	2004 年 10 月 20 日	阎世铎被逼画押，革命初见成效①
	2004 年 10 月 27 日	在足协、地方体育局、投资人三方会议上，足协领导人断然拒绝徐明等人提出的要求②
	2004 年 10 月 29 日	革命者今晨留言：国家利益高于一切，不罢赛③
《体坛周报》	2005 年 10 月 3 日	"资本革命"也逐渐在一片无人喝彩中自生自灭、随风而逝④

至于这场"革命"的最终结局，报纸媒介在向全社会报道的时候，在短短的一周时间内就发生了"反转"。媒介话语先是告诉"革命胜利"，然后又告诉公众"革命急刹车""革命被镇压"……但是，媒介也通过话语生产与传播向全社会报道了最终的结果：足协依靠行政力量和体制内的力量协助，最终强行让这场"革命"戛然而止，正如一年后传媒界资深从业者生产的话语"在一片无人喝彩中自生自灭、随风而逝"一样。

媒介话语平台：2004 年 10 月 27 日《足球》报

媒介话语议题和具体内容：给足协和改革者的参考答案：《足球》报选择了 113 名现役中超足球运动员进行调查，都是 12 支中超球队的主力队员。调查球员代表肇俊哲：职业联赛一成不变地搞了 10 年了，是到了要改革的时候了，但是改革的方向性很重要，改革不是改眼前，不要只为私利。⑤

媒介在针对"G7 革命"的话语生产与传播中，始终围绕作为职业联赛的管理方和职业联赛的投资方的"足协"和中超"G7"，但是，媒介在"革命"结束之时，也没有忽略最终关键的职业联赛从业群体——中超球员们对于此

---

① 记者组. 阎世铎被逼画押，革命初见成效 [N]. 足球，2004-10-20 (1).
② 白国华. 阎世铎以"斩立决"的态度否决了 G7 资本的决议 [N]. 足球，2004-10-27 (1).
③ 董璐. 革命者今晨留言：国家利益高于一切 [N]. 足球，2004-10-29 (3).
④ 周文渊. 罢赛一周年，中国足球天不变 [N]. 体坛周报，2005-10-03 (1).
⑤ 白国华，付晓海. 给足协和改革者的参考答案 [N]. 足球，2004-10-27 (3).

次改革的态度与观点。在 10 月 26 日，中超改革三方会议召开之后，《足球》报记者组在中超挑选了 113 名主力球员作为此次调查对象，目的是让这些最有资格却没有机会和平台的中超联赛从业人员，在"革命"之际，对自己所生存的行业现状和未来发展做出批判和建议，匿名发出求生的另类声音。这 113 名中超现役主力队员作为在这个极度混乱并经历颠覆性改革的中国足球职业联赛中的从业人员，他们的命运因为足协与"革命者"之间的拉锯战而毫不明朗，两派之间一次次你争我夺，谁都希望能够把中超的命脉掌握在自己的手中，但是作为这个行业最主要的从业人员，作为最有发言权的大众们，最有资格发出声音的话语主体，却从来没有人去征询他们的意见。

此次调查内容和结果都清晰地呈现在这一期的《足球》报上，占据了一整个版面，其中调查的内容包括：是否支持徐明的改革？影响目前中超发展最大的毒瘤是什么？目前联赛混乱的原因是什么？你身边是否出现过赌球现象？中超联盟取代中国足协就能够根治赌球吗？如果联赛停摆，最大的受害者是谁？面对 7 家俱乐部提出的改革方案，足协最有可能的对策是？职业联盟如果成功，对你们（球员）的生存环境会有怎样的改变？从纯净度、精彩度、联赛管理，英超 100 分，那么中超能打多少分？在每一项匿名调查题目的下方，都有该项调查主题的百分比结果。调查内容和形式虽然简单，但是清晰明了，话语描述非常适合低知识层次的运动员读懂。

此次调查结果球员身份的中超从业人员究竟是更倾向于改革还是维持现状，不是本书关注的重点，而是聚焦于作为足球专业报纸媒介的《足球》报没有忽视中超主要从业群体——足球运动员对于此次改革的话语权，虽然无论是中国足协还是投资人，在进行改革磋商与谈判的时候，都没有派球员代表参加，忽视了球员的话语生产资格，但是，媒介在改革最终盖棺论定的时候，没有忘记最应该作为主要话语主体的运动员群体，给他们提供了一个围绕改革畅所欲言的话语空间与平台，并通过报纸媒介将他们的观点与意见向社会各界传播。

四、针对中超联赛"裸奔"的媒介话语

事件背景描述：由于"G7 革命"中中国足协同意了投资人提出的"暂停联赛升降级"的提议，联赛吸引力和商业市场价值贬值，原先的中超联赛冠名赞助商撤资，直至 2005 年 3 月 31 日，离 2005 赛季中超开幕只有短短一天时间了，虽然中国足协由于没有找到联赛冠名赞助商而推迟一个月开幕中超联赛，但中超冠名权依然没有下落，被媒体爆炒的"中兴通讯"依然没有发出冠名的信号，最终于2005年4月2日开幕的中超联赛由于没有赞助商冠名而被时任中国足协专职副主席宣布"2005中超联赛开幕"，被当时的媒介话语形容为"中超裸奔"，不仅中超的冠名"裸奔"，广大中超俱乐部的广告招商也没有起色。

表7-10 中超联赛"裸奔"的媒介话语案例

媒介话语平台	日期	媒介话语议题和具体内容
《足球》报	2005年1月31日	西门子公司公开宣布不再赞助2005年中超联赛①
	2005年2月25日	央视决定不转播2005赛季中超联赛②
	2005年2月25日	中超的品牌价值和商业吸引力不断下降③
	2005年9月7日	中超裸奔，十运足球1500万元④
	2005年3月25日	2005中超勒紧裤腰带过日子⑤
	2005年5月23日	什么中超，还不如甲A，场均观众下降25%⑥
《体坛周报》	2005年10月3日	绝大多数的中国职业俱乐部与中超一样，举步维艰，度日如年⑦

2004年，中超元年的"G7革命"虽然最终被来自行政体制力量的中国足协成功瓦解，但是持续动荡态势的中超联赛从本质上没有发生根本改变，假球、黑哨、赛场暴力非但没有收敛反而愈演愈烈，北京国安"罢赛"引发的"G7革命"最终没能成功。但是中超投资人却争取到了"联赛不降级"的许诺，联赛升降级暂停，动摇了联赛的根本和公信力，导致中超联赛在赞助商方面看来彻底失去了商业市场价值，球市惨淡、足球投资人紧跟紧缩、投资锐减、中超吸引力丧失、市场商业价值跌入谷底，最终使得"赞助商退出赞助中超联赛，从而导致2005赛季中超联赛没有冠名"成为中国足球职业联赛实践中的客观事实，被一直关注"罢赛""G7革命"后续事件意犹未尽的

---

① 姬宇阳，麻小勇.中超取消降级，彻底希望破灭[N].足球，2005-01-31（2）.
② 赵龙.央视决定不转播2005赛季中超联赛[N].足球，2005-02-25（1）.
③ 姬宇阳.转播商自揭烂账[N].足球，2005-02-25（2）.
④ 隋卞.讽刺：中超裸奔，十运足球1500万元[N].足球，2005-09-07（2）.
⑤ 赵龙.2005中超勒紧裤腰带过日子[N].足球，2005-03-25（1）.
⑥ 记者组.什么中超，还不如甲A[N].足球，2005-05-23（1）.
⑦ 周文渊.罢赛一周年，中国足球天不变[N].体坛周报，2005-10-03（1）.

媒介捕获，对相关信息通过媒介平台向社会各界进行报道，并极富时代感和喜感地给"联赛没有冠名权"这一事实情况冠以"裸奔"的话语，以夺取公众的眼球，经过媒介的生产与传播，"中超裸奔"的足球媒介话语被当时社会各界所熟知。

媒介除了向社会各界及时报道"中超冠名赞助商撤资"这一事实之外，还在此基础之上，进一步针对"为什么会撤资"事实背后的原因进行相关的话语生产与传播。比如上述话语案例所示，社会公众可以得知"宣布联赛暂停降级"与"赞助商撤资"是一对因果关系，因为联赛失去吸引力和市场商业价值，在商言商的西门子公司无法保证自身利益回报，故而撤资。在聚焦于此的媒介话语生产与传播过程中，媒介话语借用了赞助商内部人士的观点与话语，借此客观地向社会公众澄清为何赞助商突然要撤资。抛开赞助商撤资行为是否有利于中国足球发展这个足球范畴内的问题不谈，聚焦于此的足球媒介话语对于"中超裸奔"的相关消息报道以及背后的原因分析是及时、准确和客观的，乃至"裸奔"一词的运用也极为贴切，作为中国职业足球顶级联赛居然没有冠名赞助商，说明联赛没有吸引力，在现代足球世界和全中国社会公众面前就像裸奔一样丢人现眼。

此外，媒介话语针对"中超裸奔"背后的成因"暂停降级使联赛失去吸引力"，继续顺藤摸瓜分析其根源。"联赛暂停降级"这一提案就是"罢赛"引发的"G7革命"所倡导的，并认为联赛冠名赞助商撤资只是"多米诺"骨牌的开始；还会有更多的赞助商撤资，最终还预言式提出"联赛会迎来真正的崩盘"。上述这些媒介话语印证了从"国安罢赛"到"G7革命"再到"中超裸奔"其实是在2004中超开幕式"嘘声"后的一连串连锁反应，这些媒介话语也都是针对中国足球职业化改革、职业联赛的管理体制、运行机制弊端所进行的质疑、诟病、抨击，"嘘声""罢赛""G7革命""裸奔"其实都只是媒介生产与传播的表象话语，所诟病与抨击的话语指向都是中国足球陈旧、落后、迂腐的管理体制与运行机制。

媒介话语还基于电视媒介对中超联赛的转播情况来分析"中超裸奔"的原因。作为当时电视媒介龙头老大的央视体育频道没有对中超联赛进行转播，但是转播权却被上海文广集团购买，而在中超元年之后也不得不吞下这颗"苦果"，因为联赛的收视率大幅度下降，球迷和观众用脚来投票了，这再次印证了纸质媒介的观点：中超冠名赞助商撤资是由于中超联赛暂停降级后联赛吸引力下降导致的，而就连在"G7革命"中保持客观中立的上海文广集团也对联赛观赏性和负面机制增大吐槽。

最终，媒介针对"中超裸奔"的话语生产与传播，在传媒界从业人士"以中超目前的吸引力招商确实苦难"的感叹和足协干部"要勒紧裤带过日子"的无奈的话语中画上了句号。从这些话语中可以揣摩出：无论是传媒界人士还是足球界人士，"裸奔"的日子再难过，也成了必须接受的现实，而且这个现实无法改变，"联赛商业价值和公信力跌至谷底"，其话语诟病和抨击的矛头再次指向联赛的管理和联赛的经营机构——中国足球协会，是足协的管理体制和现有联赛运行机制导致联赛乱象丛生。

第二节 媒介话语对中国足球从业人员群体形象的塑造

表 7-11 赌球现象变本加厉媒介话语案例

媒介话语平台	日期	媒介话语议题和具体内容
《足球》报	2005 年 1 月 14 日	离开足球的 8 年里，我看到了球员卖球、裁判黑哨、干部腐败，现在还多了个赌球①
《体坛周报》	2004 年 10 月 6 日	近几年来赌球者的行列似"滚雪球"般不断扩大②

本来中国足协希望通过从"甲A"升级换代到"中超"能够让中国足球职业联赛、中国足球职业化改革彻底洗心革面，在社会公众心目中重新树立起全新的舆论形象，但是事与愿违，自从中超联赛在"嘘声"中拉开帷幕，之后的"罢赛""G7革命""假赌黑""取消降级""中超裸奔"一连串连锁反应使得中国足球职业联赛混乱不堪、濒于崩盘，在甲A时期本就已经不佳的公众形象和舆论口碑在中超时期彻底坍塌、跌入谷底。如上述话语案例所述"球员卖球、裁判黑哨、干部腐败"，这种负面形象和不佳的口碑最终绝不仅仅是指向某一个人，而是对中国足球运动员群体形象、足协干部群体形象、足球裁判员群体形象甚至对整个中国足球行业全体从业人员形象的"标签化"预设，正如"中国足球界已经彻底沦为'赌球界'，侵蚀着所有与中国足球发生关联的认识"话语一样，甚至有学者研究结果显示是一种"污名化"的行业形象预设。

---

① 姬宇阳．高仲勋：离开足球的 8 年里［N］．足球，2005-01-14（6）．
② 魏明．中超的赌球进化史［N］．体坛周报，2004-10-06（4）．

在中国足球职业化改革进程中，足球运动员作为中国足球职业联赛这个"舞台"最主要的"表演者"，作为中国足球行业最不可或缺的从业人员群体，媒介始终聚焦于足球运动员赛场内外的一举一动、一言一行，并且经过传媒的中介引起极大的社会关注度，不但成为社会公众人物，更是成为社会舆论的焦点。

中国作为一个发展中国家，中国足球运动员所获得的高水准的经济利益与自身所展现出来的低下的竞技水平不相匹配，尤其是所表现出来的极为低下的职业素养和道德水准，更是逃不过传媒界和其他社会各界雪亮的眼睛，为社会公众和舆论所唾弃。经过大众传媒平台对中国足球运动员相关消息的报道与传播，引发了极大的社会舆论反响和热议，如上述话语案例概括性描述的运动员形象与"摇头丸、赌球、嫖娼、涉黑、斗殴"产生了联系，本应是健康、阳光的足球运动员群体形象被戴上了"吃喝嫖赌抽，五毒俱全"的标签，最终足球运动员群体被冠以"瘾君子""黑社会""嫖客""赌徒""球霸"这些负面形象的话语标签。

一、对中国足球运动员群体形象的标签化塑造

（一）中国足球运动员是"瘾君子"的话语标签

表7-12 中国足球运动员是"瘾君子"媒介话语案例

媒介话语平台	日期	媒介话语议题和具体内容
《足球》报	2002年8月8日	以摇头丸为代表的毒品也开始慢慢渗透进入甲A球队①
	2005年3月21日	江洪：我服过摇头丸，是王珀下的药②
	2006年2月17日	刘建生被发现其吸食冰毒③
	2004年9月30日	刘健生的尿检呈阳性④
	2007年9月30日	刘建生没有在荣誉面前把持住自己，涉赌、涉毒⑤

---

① 贾岩峰. 摇头丸：毒发甲A [N]. 足球，2002-08-08（5）.
② 白国华. 江洪：我服过摇头丸，是王珀下的药 [N]. 足球，2005-03-21（6）.
③ 付晓海. 刘建生涉毒 [N]. 足球，2006-02-17（3）.
④ 王庆. 辽宁足球运动守门员刘健生尿检呈阳性 [N]. 足球，2004-09-30（5）.
⑤ 程善. 前辽宁中誉足球队守门员刘建生涉毒、涉赌 [N]. 足球，2007-09-30（3）.

续表

媒介话语平台	日期	媒介话语议题和具体内容
《深圳晚报》	2007年12月19日	江洪成为中国足坛第一个承认吸毒的球员①
《河南日报》	2014年12月24日	刘云飞吸毒被抓，已是帽子戏法②

在社会公众的印象中，运动员尤其是从事激烈、同场对抗的足球运动员形象，应该是与身体健壮如牛、形象阳光、清新、健康画等号的，而非人非鬼的"瘾君子"形象无论如何都是与足球运动员"八竿子打不着"的，但是，如上述报纸上呈现与传播的话语所述，无论是经过传媒界探访披露的，还是被公安机关抓捕后公布的，抑或是球员自己通过媒介平台自述的，总而言之，基于媒介平台生产和传播的话语在"中国足球运动员"与"瘾君子"之间画上了等号，甚至其一而再，再而三"吸毒被捕"乃至"吸毒被抓，已是帽子戏法"的消息都被媒介反复报道，一名足球运动员与毒品有沾染，可想而知，这样的消息一经媒介报道传播到社会中会产生多大强度的舆论反响。

不可否认，上述话语案例中所描述的运动员吸毒确有事实存在，但是毕竟只是极个别运动员不自律沾染毒品的行为，中国乃至世界各行各业都有行为不检点违反职业道德操守或法律、公德的个体，"吸毒"这种行为事实毕竟不是数量庞大的中国足球运动员群体所为，但是经过媒介的报道、披露、证实，并传播至社会各界会引发强烈的舆论关注和热议。上述案例中涉及的足球运动员个体在行业群体中毕竟归属于"中国足球运动员"这个群体，并且还属于"球星"级别的著名中国足球运动员，个体案例具有较高的代表性，因此就在社会公众印象中和社会舆论声中扩大为整个中国足球运动员的群体性行为。从媒介"夺眼球"的商业运作逻辑来看，报道话语"中国足球运动员某某某吸毒"比"某某某吸毒"更具有代表性和震撼性，从而在中国足球运动员群体形象与瘾君子之间不自然地画上了等号，并在社会各界持续发酵渲染。

尤其是前国家队守门员刘云飞吸毒被媒介披露的案例，更是由于其持续时间长、影响力大而最为吸引社会舆论的关注，当身披国家队队服比赛的光辉形象照片和作为瘾君子被抓的猥琐、落魄的照片都被媒介呈现和传播的时候，这种带给公众和舆论的震撼力是无可比拟的，而且直接将焦点对准"中国足球"，尤其是"刘云飞吸毒"案例更是被媒介话语形容为"一代国门落

---

① 楷楷. 前国家队守门员江洪在博客公开承认吸毒[N]. 深圳晚报，2007-12-19 (8).
② 关尹. 吸毒被抓，已是帽子戏法[N]. 河南日报，2014-12-24 (8).

魄到如此地步，可见中国足球'毁'人不浅"。

（二）中国足球运动员是好勇斗狠的地痞流氓、"黑社会"

表7-13 中国足球运动员像黑社会媒介话语案例

媒介话语平台	日期	媒介话语议题和具体内容
《足球》报	2001年3月30日	张玉宁勾结黑社会，是有预谋的，要废了曲乐恒①
	2001年4月5日	张玉宁在满场的"黑社会"喊声中进球②
	2004年1月16日	延边"1·06"特大偷渡案始末：涉案组织人员是前延边足球队队员③
	2004年2月13日	原重庆力帆足球队替补守门员因涉嫌迷奸女性被警方刑拘④
	2005年2月26日	刘云飞自曝"袭击空姐"事件⑤
	2005年4月1日	范志毅打架事件调查⑥
	2005年9月28日	杜威卷入黑帮风波⑦
	2005年10月3日	中国女足继"烟酒玫瑰""女球霸"之后，女足又爆出追打裁判的丑闻⑧
	2005年6月27日	陈永强在深圳被三名不明身份的人刀砍⑨
	2006年9月7日	陆博飞深夜在大街上遭不明身份人员持刀袭击⑩
	2006年11月27日	球员被砍在足球圈已经算不上新闻了，但大多数球员不想报警⑪
	2008年12月11日	毛剑卿：莽撞青年的最后转身⑫

---

① 刘晓新．曲乐恒和父亲爆出消息：张玉宁是老七［N］．足球，2001-03-30（2）．
② 张野．张玉宁在满场的"黑社会"喊声中进球［N］．足球，2001-04-05（5）．
③ 袁野．延边"1·06"特大偷渡案始末：涉案组织人员是前延边足球队队员［N］．足球，2004-01-16（1）．
④ 李宝军．原重庆力帆足球队替补守门员因涉嫌迷奸女性被警方刑拘［N］．足球，2004-02-13（1）．
⑤ 记者组．刘云飞自曝"袭击空姐"事件［N］．足球，2005-02-26（1）．
⑥ 申友．"范志毅打架事件"调查［N］．足球，2005-04-01（1）．
⑦ 外媒报道杜威卷入黑帮风波［N］．足球，2005-09-28（2）．
⑧ 王成．连16岁女足队员都敢追打裁判［N］．足球，2005-10-03（4）．
⑨ 智强．陈永强在深圳被三名不明身份的人刀砍［N］．足球，2005-06-27（1）．
⑩ 麻小勇．深圳球员陆博飞遭不明身份人员持刀袭击［N］．足球，2006-09-07（1）．
⑪ 贾志刚．球员马永康被不明身份人砍伤［N］．足球，2006-11-27（3）．
⑫ 申友．毛剑卿：莽撞青年的最后转身［N］．足球，2008-12-11（4）．

众所周知,打架斗殴、好勇斗狠、为非作歹、作奸犯科、违法犯罪……诸如此类形容描述地痞流氓或者"黑社会"的话语还有很多,但是,作为中国足球行业从业群体中最不可或缺的一个群体——中国足球运动员,本应该是与这些形容社会败类的话语没有任何关联的,作为一名职业足球运动员是有集体的,理应服从集体的管理条例,作为足球从业人员应该以提高自身专业技能和竞技水平为己任,时时刻刻努力严格训练,理想状态下传媒对这个群体的话语生产与传播应该充满了"刻苦训练""按时作息""努力拼搏"的关键词,但是,现实中聚焦于中国足球运动员群体的足球媒介话语生产与传播却频繁出现了如上述案例中所描述的"迷奸""有预谋废掉队友""组织偷渡""酒吧群殴""袭击非礼空姐"等关键词,相反,报道描述足球运动员刻苦训练、钻研业务、拼搏比赛、遵纪守法的话语却在媒介话语中难觅踪迹。

如此这般针对中国足球运动员群体的话语生产与传播最终在社会公众心目中塑造出"地痞流氓""黑社会"的形象。姑且不论上述案例中涉事足球运动员是否存在这样的行为,媒介的报道话语即使有所夸张,但也没有完全歪曲事实。曾经在"三集中"下培养出来的足球运动员缺乏文化教育、缺失道德教育,在人格和社会生活教育方面确实有缺陷,运动员本身给社会公众的刻板印象就是鲁莽武夫形象,在解决处理一些纠纷的时候会选择用拳脚相加的方式,充满血腥与暴力的行为太容易与从事同场对抗运动的足球运动员联系在一起了,社会公众和舆论对这类群体本就带着"没文化""缺乏教养""四肢发达、头脑简单"之类的有色眼镜,再加上被公安机关侦破和被媒介报道公之于众的上述案例,经过对这些案例中足球运动员所实施的暴力行为的集中报道,公众一段时间内从媒介话语中接收到的信息都是这些中国足球运动员所代表的职业足球明星们打架斗殴、好勇斗狠甚至违法犯罪的事实。

虽然这种行为在人数众多的中国足球运动员中只是少数人所为,但是这些著名足球运动员对于整个中国足球运动员群体具有代表性,所以基于他们所做出的一些违法、违反道德行为而被媒介话语冠以的"地痞流氓""黑社会"形象标签,自然而然也就被代表到了整个中国足球运动员群体形象上。

"黑社会"话语在社会公众心目中是极为鲜明、充分地体现为中国足球运动员的群体形象的刻板印象,以至于哪怕是媒介捕风捉影报道的一些足球运动员的违法犯罪行为,一旦报道公之于众,都会在社会中广为流传,事实对于舆论来说似乎已经不重要了,公众很大程度上相信确有此事发生,哪怕没有十足的证据,因为这种事情"足球运动员做得出来",公众更愿意、更容易相信,足以印证当时中国足球运动员所背负的污名话语标签的毁灭力。

(三) 中国足球运动员是职业道德缺失的赌徒

表 7-14　中国足球运动员像赌徒媒介话语案例

媒介话语平台	日期	媒介话语议题和具体内容
《足球》报	2004年10月6日	赌球迅速在足球从业者中泛滥开来①
	2004年10月6日	赌球如毒品般迅速泛滥，中国足球界已沦为"赌球界"②
	2004年5月4日	盘口对于中超来说已经是一个越来越熟悉的词汇，随着比赛轮数减少，球员更疯狂参与赌球③
	2004年5月31日	"盘口多少""你下了吗""赢多少"正在取代中国传统的"吃了吗"成为中超问候语④
	2005年3月16日	江洪举报假球：对西南某球队赛前，W挨个找队员谈话要求队员放水⑤
	2005年4月18日	举报假赌黑，可打110⑥
	2005年4月6日	庄家现形，惊爆江湖规矩⑦
	2005年9月9日	力帆集团证实本队3名球员赌球和打假球嫌疑⑧
	2005年9月14日	地下盘口是大清洗导火索⑨

---

① 魏明.我陪甲A慢慢变黑 [N].足球，2004-10-06 (1).
② 刘畅.赌球如毒品般迅速泛滥，中国足球界已沦为"赌球界" [N].足球，2004-10-06 (2).
③ 邝飚.中超收入少了，赌球补？[N].足球，2004-05-04 (3).
④ 付晓海.赌球东南亚化 [N].足球，2005-05-31 (4).
⑤ 赵震.江洪举报假球 [N].足球，2005-03-16 (1).
⑥ 举报假赌黑，可打110 [N].足球，2005-04-18 (2).
⑦ 吴策力.庄家现形，惊爆江湖规矩 [N].足球，2005-04-06 (2).
⑧ 吴策力.超大盘口逼迫力帆下杀手 [N].足球，2005-09-09 (2).
⑨ 伏骏.地下盘口是大清洗导火索 [N].足球，2005-09-14 (3).

续表

媒介话语平台	日期	媒介话语议题和具体内容
《足球》报	2006年7月31日	辽足教练组翻查盘口①
	2004年10月29日	球员最担心庄家不开盘，暂停降级将球员赌球推向高潮②
	2006年8月31日	球员因为欠薪所以打假球，卖球赚钱，因为卖球遭受处罚，造成一种恶性循环③

正如曾经作为辽宁足球队投资人的赵本山在2005年12月公开表示退出并感言"足球这东西太脏太复杂，本来好看的比赛都玩假了"一样④，在上述案例中的媒介话语的报道与描述下，本应该以全力为本队获得比赛胜利、为球迷和观众奉献精彩比赛、为全社会弘扬奋勇拼搏的精神力量为工作己任的职业足球运动员，在中国职业足球联赛中却沦落为熟悉并关注"盘口""水位"的职业赌球人员，不但将本应精彩纷呈的中超联赛变成了已经被庄家提前设计好"剧本"的"假球"，将中国足球界变成"中国赌球界"，更重要的是将本以参加比赛全力争胜来获得应得收入的中国职业足球运动员变成了"依靠赌本队丢球、输掉比赛"来牟取不正当暴利的赌徒。

作为时刻关注中超联赛的大众传播媒介，针对从甲A时就已经开始频繁出现并在中超时期演变为全队、全俱乐部、全中超集体赌球、卖球、让球行为的现象进行话语生产与传播，使得中超时期的足球媒介话语中频繁出现"盘口""水位""让球""卖球""赌球""庄家"等字眼，而这些话语所描述的行为的核心主体就是职业足球运动员群体，作为失去了最基本职业操守的中国职业足球运动员在中超时期成了"为了赌球获利，可以在比赛过程中让本队输球甚至输更多球"的赌徒。

虽然媒介在甲A时期就报道了频繁出现假球、赌球、卖球现象的职业联赛，但只是极个别行为，而非全队、全俱乐部的群体行为，而且媒介话语生产处于捕风捉影阶段，基本上没有拿到绝对的"证据"。但是在中超时期整个球队、整个俱乐部人员参与其中的赌球、卖球、让球现象被媒介报道出来，

---

① 晓凡. 辽足教练组翻查盘口 [N]. 足球, 2006-07-31 (4).
② 贾蕾仕. 球员最担心庄家不开盘，暂停降级将球员赌球推向高潮 [N]. 足球, 2004-10-29 (2).
③ 寒秋. 海利丰教练组集体辞职讨薪 [N]. 足球, 2006-08-31 (4).
④ 李京鸿. 赵本山：足球这东西太脏太复杂 [N]. 足球, 2005-12-07 (01).

而践行这些行为的核心群体就是上场参与比赛的职业足球运动员群体，也就是说，无论是俱乐部投资人、工作人员操控还是庄家幕后操控的假球，最终都要靠球员在场上来完成，而且中超时期的假球被媒介话语报道为"需要多名球员合力完成"，因此，假球、卖球、赌球一经媒介话语生产和报道，传播至社会生活中只会在公众和舆论中形成"中国职业足球运动员集体参与赌球"的刻板印象，哪怕这支球队中还有兢兢业业比赛的球员，也无法在上述媒介话语的生产与传播中独善其身，因为媒介话语已经聚焦于参与赌球、卖球的球员，而他们的身份认证就是"中国职业足球运动员"群体，在社会公众心目中和社会舆论声中形成"中国职业足球运动员集体参与或操控赌球"的负面形象标签。

此外，上述媒介话语所报道的卖球、让球、赌球事件，已经从甲A时期的捕风捉影演变为球员自己、庄家自己、俱乐部投资人或工作人员自己把上述事实透露出去，甚至将让球、卖球、操控赌球的行规、途径、方式描述得一清二楚，将庄家控制球员、威胁球员人身安全的细节都描述得身临其境，加上之前媒介所报道的一些"不正常比赛"，即便最终媒介没有绝对的真凭实据，但是获得媒介话语所报道的信息的公众和舆论会自行联想，最终形成对中国职业足球运动员群体的刻板印象，哪怕这个群体中还有严格遵循职业操守、兢兢业业比赛的球员和球队，也无法逃过媒介话语对这个群体的形象标签塑造。

表7-15 中国足球运动员是"球霸"媒介话语案例

媒介话语平台	日期	媒介话语议题和具体内容
《足球》报	2005年4月18日	队长李玮峰锁喉队友陈永强[1]
	2005年5月20日	杨塞提出"球霸"新概念[2]
	2005年5月20日	迟尚斌告御状，李玮峰被国家队拒绝[3]
	2005年5月30日	中邦铲除大佬：对申思、范志毅、刘全德三人处罚[4]

---

[1] 孙芪青. 队长李玮峰锁喉队友陈永强[N]. 足球，2005-04-18（1）.

[2] 吴涛. 已辞职的原深圳队代理董事长杨塞新提出"球霸"这个概念[N]. 足球，2005-05-20（6）.

[3] 吴涛. 已辞职的原深圳队代理董事长杨塞新提出"球霸"这个概念[N]. 足球，2005-05-20（6）.

[4] 中邦铲除大佬：三人除以停训、停赛、停薪处罚[N]. 足球，2005-05-30.（1）.

续表

媒介话语平台	日期	媒介话语议题和具体内容
《足球》报	2005年6月6日	八一女足翻版"迟李党争"①
	2005年6月6日	白洁自述：不向恶势力低头，辞职②
	2005年5月20日	大佬、球霸、黑社会③
	2005年9月28日	笑话：睡前最想干什么，吃饭、睡觉、骂李毅④
	2005年5月30日	中超没有降级之忧的大背景决定了球队大佬的肆意妄为⑤

在一支职业足球队中，职业足球运动员服从教练员的管理与训练比赛安排是天经地义的事情，也是最起码的职业素养，作为球队的核心主力队员，其"霸气"应该体现在赛场上对对手的震慑和对队友的鼓励上，应该在训练和日常生活中起到率先垂范的榜样作用，但是，上述媒介话语案例中所描述的李毅、李玮峰作为中国最为成功的职业足球运动员，却成了恐吓小队员借此控制比赛结果，最终逼迫教练员"下课"的典型。

媒介针对此类职业足球运动员在球队中做出的"不服从训练和生活管理、耍大牌、恐吓队员、消极训练和比赛、顶撞教练员"的一系列没有职业素养的行为，而且鉴于此类行为又具有"黑社会"欺行霸市的"霸道"行为特征，又是在足球队发生的行为，根据当事人在新闻发布会上的经过描述，故此生产出"球霸"的话语，并通过对当事人的行为描述又对"球霸"进行了界定。上述，针对"球霸"的话语生产通过大众传播媒介平台向全社会传播，在当时一段时间内形成强烈的舆论反响，这种话语和所产生的舆论反响甚至引发了国家体育总局和中国足协的强烈关注，导致李玮峰在较长一段时期内无法正常进入国字号球队。

在媒介针对李毅、李玮峰的"球霸"话语生产与传播后，由于当时所产生的社会舆论氛围，还产生了针对范志毅、申思的"球霸"话语生产与传播，甚至后来连一向与负面新闻绝缘的女足也产生了女足版"球霸"的话语生产

---

① 王伟. 八一女足翻版"迟李党争 [N]. 足球，2005-06-06 (1).
② 张宁. 白洁自述 [N]. 足球，2005-06-06 (2).
③ 尹诗书. 大佬、球霸、黑社会 [N]. 足球，2005-05-20 (2).
④ 麻小勇. 天亮了，大帝登基 [N]. 足球，2005-09-28 (1).
⑤ 郝洪军. "球霸"们漏出狐狸尾巴 [N]. 足球，2005-05-30 (4).

与传播，以至于在当时社会生活中形成了一种"足球队中的核心队员都是球霸"的形象标签塑造。由于"球霸"一词具有黑恶势力意味，而且涉事球员在中国职业足球运动员群体中具有较高的代表性，所以其新闻影响力已经超出了中国公众和舆论的范畴，甚至外媒也在对此事进行报道，已经使"球霸"这个带有黑恶势力意味的词语走出国门，使得本在国际足坛就形象不佳的中超联赛以及中国足球运动员群体形象更是雪上加霜。

因为当时媒介话语及社会舆论一直将"球霸"作为话语焦点，舆论焦点在以李毅、李玮峰、杨晨为代表的球员与主教练迟尚斌之间的关系上，没有人关注当时整个中国足球职业联赛"假赌黑"盛行的大环境和深圳队球员长期被欠薪的生存环境①，这个打击对于"吃青春饭"的足球运动员来说是致命的。在2004赛季深圳队队员被媒介话语形容为"饿着肚子拿冠军"后，新赛季继续被欠薪500多万，但是，作为全国球迷与足球界进行沟通和信息渠道的大众传播媒介，在将"球霸"话语传播向社会的时候有没有考虑到当时深圳队的处境？有没有考虑过当时中国足球的大环境？反而将中国足球职业化改革进程中"假赌黑"盛行的特定环境下，短期内偶发性出现的主教练与主力核心球员关系不睦而导致最终矛盾激化的情况，非大面积、长久性、持续性频发的情况传播开来。因此，让李毅、李玮峰等足球运动员以自己的名誉来为中国足球恶劣的生存环境、深圳队恶劣的资金状况"买单"，从而让自己一辈子都背负着"球霸"这个恶名，这样的群体形象塑造是否公平呢？媒介或者社会各界都可以就球员消极比赛、赌博、对抗主教练的言行进行针对性的批判，但是，没有理由、没有资格把"球霸"这一顶在当时看来"会阻碍中国足球进步"的话语标签扣在普通的中国足球运动员群体形象上。

后来鉴于"球霸"话语所产生的舆论影响力，媒介也开始针对出现"球霸"的原因进行话语生产，最终聚焦于"中超联赛取消降级，所以一些球队没有成绩压力，就开始清洗主力队员，为其扣上'球霸'的帽子"，从而在后来形成"球员群体也是联赛乱象的受害者"这样一种舆论氛围，被扣上"球霸"帽子的球员并非天生球霸，而是在相关机构没有管理好联赛的环境下，被欠薪、取消降级、投资人缩减投资这些行为逼迫出来的非正常行为。

---

① 2004赛季的中超联赛深圳队被欠薪9000多万，2005赛季初仍被拖欠大部分工资奖金。

二、足协干部的"门外汉""官僚"形象

表7-16 足协干部的"门外汉"形象媒介话语案例

媒介话语平台	日期	媒介话语议题和具体内容
《足球》报	2004年10月29日	中国足协的干部们不懂经营却在那指手画脚，这就是足协的镇压和欺骗①
	2005年1月12日	中国足协像太监不伦不类②
	2004年1月12日	非政府组织（NGO）中国足协，能干什么，不能干什么③
《足球之夜》	2004年	十年职业联赛的显著特征之一就是足协的低能毁了这项运动④

将中国足球协会塑造为一个"以世界杯、奥运会预选赛出线权、政绩为工作目标"的"官僚机构"形象的媒介话语，绘声绘色地描绘出中国足球协会有关领导的官僚形象，如下述案例所述：

表7-17 足协干部官僚形象媒介话语案例

媒介话语平台	日期	媒介话语议题和具体内容
《足球》报	2004年1月12日	中国足协利用权力换取表面繁荣，用大量国有资产不计成本地支撑中超虚弱的泡沫⑤
	2004年1月12日	浅薄的弄权者：中国足协办事作风幼稚而又可笑且色厉内荏⑥
	2004年1月16日	中国足协又一次代替了法律⑦
	2004年1月16日	中国足协的做法是一种典型的山头主义，封建官僚残余思想还在大行其道⑧

---

① 吴策力. 这就是足协的镇压和欺骗 [N]. 足球, 2004-10-29 (2).
② 刘晓新. 中国足协就像太监 [N]. 足球, 2005-01-12 (4).
③ 展江. 非政府组织（NGO）中国足协，能干什么，不能干什么 [N]. 足球, 2004-01-12 (4).
④ 中央电视台《足球之夜》节目组. 十年疑似 [M]. 武汉：武汉出版社, 2004：109.
⑤ 刘晓新. 浅薄的弄权者 [N]. 足球, 2004-01-12 (3).
⑥ 刘晓新. 浅薄的弄权者 [N]. 足球, 2004-01-12 (3).
⑦ 陈奇. 中国足协又一次代替了法律，拿起了制裁的屠刀 [N]. 足球, 2004-01-16 (5).
⑧ 贾志刚. 封建官僚残余思想还在大行其道 [N]. 足球, 2004-01-16 (3).

总体来说，从上述媒介话语案例中可以体会到，传媒界以及其他社会各界人士对作为中国足球运动组织领导机构的中国足球协会的印象极差，在中超时期的中国足球协会的社会舆论形象跌入谷底，公众印象与口碑极差。媒介话语针对中国足球协会的整体舆论形象特征塑造如下：

如上述案例中针对中国足协的媒介话语主要聚焦于"不懂联赛的经营管理"、"中心+协会的一套班子、两块牌子"的身份与功能界定、"为所欲为的官僚主义、山头主义""政绩思想下的出线主义"进行话语生产与传播，并进一步塑造出中国足协是"官僚机构""外行、不专业的联赛管理机构""角色、职责定位不清晰的机构"的公众形象。

中国足球协会作为组织领导中国足球运动发展的机构，在职业化改革后还是职业联赛的管理机构，但是媒介话语对这个机构的管理能力与管理效率极为不认可，正如话语所述"他们没有管理好这项运动，反而毁了这项运动"。因为足协干部不懂经营，作为联赛经营与管理的外行却还要指手画脚，最终被媒介话语塑造成不懂联赛经营的外行形象；自甲A时期起就被社会舆论所诟病的"中心+协会""一套班子，两块牌子"的中国足协的角色身份定位一直都很模糊，中超时期的乱象丛生，尤其是"G7革命"更是将角色定位的不清晰无限放大，角色身份的不清晰必然带来职能定位的模糊，如媒介话语所述"该干什么，不该干什么"是焦点，但是足协一直在这一核心问题上没有厘清，最终被媒介话语塑造成一个不伦不类、非驴非马的角色职能定位模糊的机构形象。

除了上述形象之外，"出线、政绩""专制官僚"也是媒介话语对中国足球协会塑造的整体形象特征之一，没有以推动中国足球运动和职业联赛健康持续发展为动力，反而好大喜功地以"获得世界杯出线权"作为该机构的政绩，这种政绩思想被媒介话语在社会舆论中放大。除了突出政绩之外，中国足球协会在处理与投资人群体、传媒界的纠纷和争端的时候，更是凸显出被媒介话语所渲染的"专制、山头主义的官僚"形象特征，把职业联赛当成"足协自家的后花园"，并且"漠视法律与规则，处罚武断、滥用私刑"。

第七章 "中超"时期的中国足球媒介话语

表7-18 有关中国足协副主席媒介话语案例

媒介话语平台	日期	媒介话语议题和具体内容
《足球》报	2005年1月12日	阎世铎根本不懂足球，基本是个足球盲，热情有余，业务不通①
	2004年3月24日	政治足球，问责阎世铎②
	2004年3月24日	不乏政策水平的阎世铎把足球的事情想得过于直接和简单③
	2005年1月7日	足协内部有人叫阎世铎"阎三停"，像出租车司机一样招手就停④
	2005年1月10日	阎世铎就会放空炮。朝令夕改，赛制乱改一通⑤
	2005年2月18日	阎王谢幕，龙王登基⑥
	2008年8月28日	谢亚龙的越位⑦
《人民日报》	2005年1月11日	阎世铎的足球改革证明他病得很重⑧

中国足球协会专职副主席作为中国足球运动、职业化改革、职业联赛的实际最高领导者，自然逃不过媒介话语的聚焦，在历届中国足球协会专职副主席中，阎世铎作为跨越甲A与中超两个职业联赛时代并且亲手缔造了中超联赛的足协主席，在乱象丛生的职业联赛中经常面对媒体的镜头与话筒"语不惊人死不休"，故而媒体曝光率极高，媒介话语中对其称谓也生产了很多种，如"阎王""阎主席""阎政治""阎掌门"等，而这些称谓也恰如其分地代表了媒介话语对于阎世铎的形象塑造。

首先，根据上述媒介话语案例中所述，将作为中国足球协会专职副主席的阎世铎塑造为一个不懂足球业务却偏偏还要不懂装懂、外行领导内行

---

① 贾志刚. 阎世铎根本不懂足球，完全是个外行 [N]. 足球，2005-01-12（3）.
② 谢弈. 政治足球，问责阎世铎 [N]. 足球，2004-03-24（2）.
③ 刘晓新. 残酷的报复会作用于无视规律的人身上 [N]. 足球，2004-03-24（2）.
④ 陈黛. 阎三停，招手就停 [N]. 足球，2005-01-07（3）.
⑤ 麻小勇. 曾雪麟：阎世铎就会放空炮 [N]. 足球，2005-01-10（3）.
⑥ 阎王谢幕，龙王登基 [N]. 足球，2005-02-18（1）.
⑦ 李善皓. 谢亚龙的越位 [N]. 足球，2008-08-28（3）.
⑧ 汪大昭. 足球改革中的失策证明他只是个病人 [N]. 人民日报，2005-01-11（5）.

的干部形象，就连阎世铎喜欢"做报告"、喜欢在面对公众和媒体发言的时候"掉眼泪"这些形象细节都被媒介话语披露出来并且加以放大。比如，2004年5月10日的《足球》报叙述"阎主席把报告做到了亚足联"，以及2004年3月24日的《足球》报中出现了"阎世铎的眼泪"的话语，这些话语都衬托出作为足协主席的阎世铎不熟悉足球业务只会"做报告""掉眼泪博得同情"的外行形象。即便是谢亚龙上任新一届足球专职副主席后，传媒界还是针对他在足球工作中的一些"越位"言行进行了话语生产和传播，使得"叉腰肌""战术家""体能专家""教女足队员跑步时的摆臂"成为社会公众熟知的媒介话语，并且成为老百姓茶余饭后对其调侃、戏谑的谈资，最终在社会公众印象中塑造出一个"不懂装懂"硬要"外行管理内行"，令舆论可笑可叹"足球门外汉"的中国足球协会最高领导的舆论形象，正如媒介话语中所述的一样"谢亚龙除了没有做他应做的管理中国足球的工作，其他战术教练、体能专家等不是他份内的工作都做了""面对媒体侃侃而谈足球战术的时候，教练员殷铁生俯首聆听，仿佛谢亚龙才是这支国奥队的主教练"。

其次，媒介话语还将阎世铎塑造成"看重政绩、无视足球发展规律"的形象，"豪赌世界杯""为了出线权，朝令夕改地暂停联赛升降级、休克联赛"这些媒介话语揭示出：阎世铎身为足协主席可以为了世界杯出线权这个最大的政绩，不惜违反足球运动发展规律、不惜牺牲联赛的稳定和秩序，从而塑造了一个典型形象。甚至2005年2月21日的《足球》报在阎世铎离任后报道：阎世铎由于在任期间表现出的政治立场坚定，所以在离任后的下一岗位调任获得国家体育总局的关照，"阎政治"的形象深入人心。

直至最后阎世铎调离中国足协，谢亚龙接任，媒介针对这一客观事实的报道也是生产出"阎王谢幕，龙王登基"这样的话语。中国封建帝制时期的皇帝自认为"龙"是自己的象征图腾，皇帝正式成为一国之君的时候被称为"登基"，因此，媒介将这样的话语传播给社会各界，从客观事实上报道了足协领导的重要人事变更，从主观上潜意识还是先入为主地将新一任足协领导塑造为中国足球界"专制的统治者""土皇帝"。

三、足球裁判员的黑哨、官哨、赌哨形象

表7-19　足球裁判员的黑哨、官哨、赌哨媒介话语案例

媒介话语平台	日期	媒介话语议题和具体内容
《足球》报	2004年10月6日	问责裁判，要加强裁判员职业道德素养，提防黑哨、官哨、赌哨①
	2004年10月6日	裁判收入微薄导致大量的黑哨、官哨②
	2004年5月10日	假如龚建平换个死法③
	2004年5月10日	裁判的职业化用丰厚的薪水来培养廉洁且高素质的裁判员队伍④

如果说甲A时期出现的裁判员不公平执法问题只是裁判员与俱乐部之间私下的权钱交易问题，是一种俱乐部采用不同手段和方式向裁判员送钱，进而希望在赛场上通过裁判员不公平执法，使本队在比赛成绩上获得不正当利益的行径，违背了体育道德和公平竞赛原则，即媒介话语和公众口语所描述的足球裁判员"黑哨"形象，那么到了中超时期，足球裁判员群体的形象塑造又出现了如上述媒介话语中所述的"官哨""赌哨"。

中超时期媒介话语对于足球裁判员群体的形象塑造是基于对执法工具"哨"的前缀词"赌"的描述，而且这种话语描述非常贴切和准确。在中超时期参与赌球行为的群体已经扩展至裁判员群体，无论是庄家寻求裁判员协助"做球"，还是俱乐部寻求裁判员帮助"做球"，抑或是裁判员自行下注赌球，总之裁判员的判罚不是基于公平地执行竞赛规则，也不是因为收受某队贿赂刻意地帮助该队获得比赛的胜利，而是要有利于之前赌球所下注的比赛结果的产生，其实这时候裁判员已经不再是公平执行竞赛规则的"哨"了，而是利欲熏心的"赌徒"，裁判员吹出的哨声已经被"赌"的欲望所支配了，因此媒介话语针对裁判员群体塑造出了"赌哨"的形象。

此外，足球裁判员在足协干部的授意和指示下进行有针对性、有目的的

---

① 吴策力.问责裁判，要提防赌哨[N].足球，2004-10-06（3）.
② 魏明.赌球、赌哨与裁判[N].足球，2004-10-06（4）.
③ 郝洪军.假如龚建平换个死法[N].足球，2004-05-10（5）.
④ 肖涛.裁判的职业化[N].足球，2004-05-10（3）.

赛场执法，以使比赛结果向着中国足协希望的方向发展，这种行径和现象虽然在甲A时期就已经显露出苗头，比如1997年甲A联赛广州松日最终成功升入甲A联赛后，被媒介所报道的主教练徐根宝的赛后感言"谢天谢地谢人"就是典型的案例，但毕竟是极个别现象。到了中超时期，中国足协在为个别场次比赛选派裁判员的时候就有一定的针对性，并让裁判员在赛前领会中国足协对于该场比赛结果的预期，最终裁判员在该场次执法的时候按照这种结果预期进行比赛吹罚，并达到符合足协预期比赛结果的目的。虽然足球裁判员的这种行径不是出于自己赌球和做球的目的而做出，却是在足协有关部门领导的直接授意或暗示下做出的。这时候裁判员也已经不再是象征公平竞赛的"哨"了，而是一味盲目服从上级指示"只唯上"的"官"，而且这种哨声是在"官"的指示与授意下吹出的，故而媒介话语针对裁判员群体塑造出了"官哨"的形象。在2010年开展的足坛"反赌扫黑风暴"中，媒介披露出的事实也证实了之前媒介声讨、质疑的中超联赛的"官哨"确实存在：2004年，中超上海德比之战的主裁判陆俊就是受到中国足协领导张健强的刻意选派，并且陆俊也收到了上级指示"照顾申花"，并且事成后与该领导共同分赃；同样是裁判员的黄俊杰在监狱内面对电视镜头涕泪交加地抱怨："我对不起球迷，对不起父母，对不起我自己，唯一对得起的就是中国足协这帮干部"，其意不言而喻，其"官哨"身份昭告天下。

值得一提的是，在塑造裁判员群体形象的媒介话语案例中，针对"黑哨、赌哨、官哨"进行反思的话语也提出了裁判员群体"薪水微薄，同时又深处高收入群体的职业足球圈内"，所以心理失衡收受俱乐部贿赂、参与赌球、接受领导指派，这也是导致形成裁判员群体"黑哨、官哨、赌哨"形象的原因之一，话语案例中还针对中超联赛裁判员群体的问题，提出了"裁判员职业化，高薪养廉"的对策。

四、国奥队在北京奥运"输球输人"的形象

媒介话语平台：2008年6月16日《足球》报

媒介话语议题和具体内容：奥运背景下的中国足球，总局早已放弃世界杯。去年12月25日总局领导否决了中国足协"先保证世界杯预选赛小组出线，结束预选赛后再专心备战奥运会"的计划，要求"一切为了

2008，确保奥运队的备战工作，从 2008 年初就要围绕奥运会积极备战"。①

2008 年对于中国竞技体育运动是不平凡的一年，因为这一年是北京奥运年，是实现中华民族百年奥运梦想的一年，所以正如上述话语案例所述，"一切为了 2008 奥运"指导思想下的中国足球，早已战略性放弃了中超联赛的稳定性、连续性以及争取世界杯出线权，但是，这些被战略性放弃掉或者说忽视掉的"中超联赛"和"世界杯"却没有逃过敏感的传媒界的"法眼"，彼时的足球媒介话语敏感、及时而又准确地聚焦于"国奥队备战 2008 奥运会背景下中国足球相关行动布局"，向全社会报道"提议国奥队征战亚洲杯""中超联赛南北分区""中国男足在世界杯预选赛小组赛上 5 战 3 平 2 负，以史上最差战绩出局，无缘 2010 年南非世界杯""建立大国家队""国家队集训备战让路国奥队"这一系列为了国奥队备战 2008 奥运会而不惜违反足球规律的行动。由于这些行动布局对于本已屡弱不堪的中超联赛和中国足球而言无异于雪上加霜，所以当时这些新闻报道在全社会引发极大的社会舆论反响，同时也使得上述这些话语成为 2008 年北京奥运会开幕前中国足球媒介话语的关键词。

那个时期媒介聚焦于"国奥队备战 2008 奥运会背景下中国足球相关行动布局"的话语生产与传播，最终在全社会中渲染出一种悲观、消极、失望的舆论氛围。因为当时媒介平台上社会各界的舆论观点普遍认为：阎世铎时代有"豪赌世界杯出线权"，谢亚龙时代则是"豪赌 2008 奥运会"。"豪赌 2008 奥运"这个话语生产得恰如其分，从媒介话语"赌"字上就可以看出包括传媒界乃至足球界在内的社会各界，对于"一切为了 2008 奥运"战略背景下违反足球运动发展规律而进行的行动布局和策略是持反对意见的，甚至极为反感，因为"赌"这个词语本身就带有"碰运气"的机会主义的意蕴在里面，所以这场"赌博"成功了是运气好，如同阎世铎时代足球获得世界杯出线权是"抽出亚洲"一样；"赌"输了是必然的，因为根本就是不看实际情况、不顾长远未来和违反规律的做法。但是这场"豪气"的"赌博"所押上的赌注是整个中国足球，一旦输掉这场豪气冲天的"赌博"，那么赔掉的是中国足球职业化改革、中国足球职业联赛乃至整个中国足球的现在和未来。

---

① 贾蕾仕. 奥运背景下的中国足球，总局早已放弃世界杯 [N]. 足球，2008-06-16（1）.

167

表 7-20　中国足球 2008 奥运会失利媒介话语案例

媒介话语平台	日期	媒介话语议题和具体内容
《足球》报	2008 年 8 月 14 日	中国男足成为 2008 奥运中国军团中最早被淘汰的队伍①
	2008 年 8 月 14 日	男足在 2008 年北京奥运会上的表现可以说是：又输球又输人，两张红牌成为中国球迷心中最大的耻辱②
	2008 年 8 月 28 日	2008 奥运会最难忘的当属"刘翔退赛"事件和"谢亚龙下课"赛场口号了③
	2008 年 8 月 28 日	国足 0：3 负于巴西，但还有队员外出嫖娼④
	2008 年 12 月 4 日	国奥队在英国热身赛中与对手发生群殴事件⑤
央视春晚小品《奥运火炬手》	2008 年	讽刺中国国奥队在北京奥运会上的表现

国奥队在媒介话语所营造出的悲观、消极的社会舆论氛围中开始了北京奥运会足球比赛的征程，中华民族的百年奥运梦想一旦成为现实，无论是传媒界还是其他社会各界都对北京奥运会投去了炙热的关注度，尤其是足球媒介话语在该时期的话语生产与传播更是聚焦于作为东道主的国奥男女足球队的参赛情况，向全社会及时报道国奥队征战奥运会足球赛的赛程安排、赛场内的赛况、小组积分排名情况、赛场外的日常训练与生活情况，可以说，在彼时的中国足球媒介话语完全就是奥运足球话语，牵动着亿万球迷和公众的神经。

但是，众所周知，由于中国国奥队在 2008 奥运会足球赛场上的表现乏善可陈，丝毫没有展现出值得肯定的技战术水平和竞技状态，更没有体现出振奋人心的精神风貌，最终竞赛成绩更是惨不忍睹，如上述媒介话语所描述的一样，"小组赛 2 负 1 平遭淘汰，成为状态爆棚的中国奥运军团最早遭淘汰的

---

① 吴策力. 黑色幽默 [N]. 足球，2008-08-14（1）.
② 赵震. 纵容，让他们骄横成性 [N]. 足球，2008-08-14（3）.
③ 姬宇阳. "谢亚龙下课"成为北京奥运会最红口号 [N]. 足球，2008-08-28（4）.
④ 李善皓. 国奥队内总结会 [N]. 足球，2008-08-28（3）.
⑤ 记者组. 这支国奥队的命运早已注定 [N]. 足球，2008-12-04（3）.

运动队"。当时无论是传媒界还是其他社会各界针对"国奥队征战奥运会足球比赛"这个议题所生产的媒介话语都没有聚焦于竞技范畴内的足球技战术,至多只是对比赛阵容、赛况、赛果和积分排名情况进行及时、简单的新闻报道,在传媒界看来,国奥队征战此次北京奥运会足球赛之所以成绩惨淡,其根源症结已经不仅仅局限于足球技战术业务范畴。最终也正是由于国奥足球队在征战北京奥运会足球比赛过程中不但"成绩惨淡——输球",更是在赛前、赛中、赛后"频繁爆出丑闻——丢人现眼",与当时整体状态火热的中国奥运军团和北京奥运会的成功盛大召开形成鲜明的反差对比,相比较于对于赛况赛果的简单新闻报道性话语,那个时期针对"国奥队征战奥运会足球比赛"这个议题所生产和传播的媒介话语主要聚焦于"中国足球2008奥运'输球输人'"上。

聚焦于"中国足球2008奥运'输球输人'"的媒介话语生产主要呈现并体现在以下关键词的叙述上:"谢亚龙下课""国奥队队员骄横成性"。

奥运会足球赛场上球迷的呐喊声"谢亚龙下课!"在国奥队三场小组赛的电视转播信号中都能清晰地听到"谢亚龙下课"的喊声,如上述足球媒介话语案例中所述,"球迷观众在奥运会足球赛场上270分钟不间断的呐喊声'谢亚龙下课'成为北京奥运会最红口号"。尤其是不分场合回响在奥运赛场的"谢亚龙下课"声,其他与中国国奥队无关的奥运会足球比赛中也能听到这个喊声,在奥运会篮球赛场上也能听到这个喊声,甚至北京残奥会的足球赛场上都响起了"谢亚龙下课"的口号[1],都通过电视转播媒介以及报纸媒介传播到社会各个角落。

虽然中国国奥队在参加奥运会足球比赛小组赛即遭淘汰,但是,国奥队队员在比赛中依然给对手和球迷观众"留下了深刻的印象",其中就包括被媒介话语形容为"国奥队队员用'断子绝孙脚'、恶意肘击"换来的"红牌",以及国奥队队员和不明身份女性在赛事期间"外出开房"的丑闻,媒介话语在报道描述这些丑闻的时候甚至用了"猥琐的红牌"和"晚9:50开房,10:20退房"的字眼,再加上此前国奥队集训备战过程中队员频繁地违反球队纪律规定、打架斗殴,因此,北京奥运期间的足球媒介话语在形容这批参加北京奥运会足球比赛的国奥队队员们更是运用了"骄横成性"的话语,以此话语凸显这批国奥队队员"足球业务范畴内的技战术竞技能力低下,踢不到球就踢人",最终既输球又输人的耻辱感。

---

[1] 姬宇阳. "谢亚龙下课"成为北京奥运会最红口号[N]. 足球, 2008-08-28 (4).

在国奥队作为东道主征战北京奥运会足球比赛小组赛未能出线之际，社会各界公众在媒介平台上对谢亚龙及其领导下的中国足协和国奥足球队展开了刻薄的话语调侃、戏谑甚至冷嘲热讽，虽然中国足球在2008年北京奥运会上跌入谷底，但是关于中国足球很多新的黑色幽默和冷笑话从社会各界所生产的媒介话语中喷涌而出，波及范围广、经典频出、舆论影响力大、公众形象破坏力大，成为那个时期中国足球媒介话语的典型特征。

尤其是话语开放度和自由度较大的互联网媒介成了恶搞中国足球的主要媒介平台，无论是电视主持人、解说员的经典评论话语，还是报纸媒介的标题话语，抑或是来自民间的恶搞之作，所有关于中国足球的笑话都成为网络点击量最大和传播速度最快的案例。其中网友自编自演的MTV《国足欢迎你》成为2008年中国足坛最具影响力的笑话。除了唱歌以外，还免不了"说"，除了民间议论纷纷，这次北京奥运会国奥队的"输球输人"，让一向严谨的央视主持人也按捺不住。著名电视主持人白岩松毫不掩饰地率先开炮，在电视直播中直接调侃国奥队的表现：今天中国奥运军团又夺得了4枚金牌，一片喜庆与笑脸，为了不影响人们看奥运的心情，中国国奥队决定更迅速地退出此次奥运之旅……同时，我相信，没人想对他们说再见吧。而"自家人"也在拿国足开涮，女足主帅商瑞华在接受记者采访时说："我们两个前锋在3场比赛中的表现非常好，我甚至跟她们开玩笑说今天打完比赛，明天可以把她们借给男足继续打。"①

北京奥运会上，国奥队在成绩上惨淡，反倒在比赛中两名主力队员因恶意侵犯对手被出示红牌罚下，坊间迅速妙语生花：中国男足今晚的目标是——今夜把巴西队留在北京，参加不久后即将在北京召开的残奥会；更有网友将电影海报修成国足讽刺图片：一幅"臭脚总动员"的海报上，网友将足协主席谢亚龙，奥运赛场上染红的郑智、谭望嵩等修成剧中人物。

---

① 中国新闻网. 中国女足完胜阿根廷 可把前锋借给男足 [EB/OL]. [2008-08-13] https://www.chinanews.com.cn/olympic/news/2008/08-13/1345955.shtml.

第八章

后奥运时期的中国足球媒介话语

第一节 有关中国足球议题的媒介话语生产与传播

一、聚焦于国字号球队战绩的媒介话语

表 8-1 国字号球队战绩的媒介话语案例

媒介话语平台	日期	媒介话语议题和具体内容
《足球》报	2006年8月20日	中国足球没有最低，只有更低，中国足球世界排名屡创新低①
	2008年6月16日	国足比赛成绩，龙王时代屡创新低，男足与女足均取得最差成绩②
《人民日报》	2008年8月14日	"铿锵玫瑰"成了一块"烫手山芋"③
	2011年7月19日	曾经引以为傲的女足，现在也失去了夸耀的资本④

虽然中国足球国字号队伍的表现和战绩历来都不尽如人意，但是，从中超时期开始，各级国字号队伍的战绩和排名开始进入一个令人难以置信的断崖式下滑的状态，各级各类国字号球队的战绩和世界排名、亚洲排名一降再降。不但男子国字号球队战绩和排名一跌再跌，就连昔日横扫亚洲的世界强

---

① 中国足球没有最低，只有更低 [N]. 足球，2006-08-20（3）.
② 国足比赛成绩，龙王时代屡创新低 [N]. 足球，2008-06-16（2）.
③ 曹红涛. "铿锵玫瑰"成了一块"烫手山芋" [N]. 人民日报，2008-08-14（5）.
④ 张伟. 微博热议：小蜓 Grace：为中国铿锵玫瑰的逝去而唏嘘 [N]. 人民日报，2011-07-19（5）.

171

队，以往中国足球国字号球队的战绩"遮羞布"，被媒介话语描述为"铿锵玫瑰"的中国女足的战绩和排名也不复往日的辉煌。

从上述足球媒介话语案例我们得知，《足球》报早在2008年北京奥运会之前的2006年就公布了国际足联的最新排名，当时用了"跌入谷底"来形容中国足球的国字号战绩，甚至还与2004年时国家队获得亚洲杯亚军时的国际足联排名相对比，以排名的大幅度迅速下滑凸显这种"断崖式跌落"的突然性，从传媒的商业运作逻辑上来看，也更为凸显"触目惊心"这种营销的效果。此外，从媒介话语"跌落谷底"的"底"也可以咀嚼出公众舆论以及业界在潜意识里的观点："中国国家队的战绩已经跌到'底'了"，也就是说认为目前的战绩和排名已经是最差的了。就连昔日较为温和的《人民日报》也对中国女足战绩和排名的严重下滑态势进行了批评，生产出从"铿锵玫瑰"蜕变为"烫手山芋"的话语。

但是，如果传媒界对于中国足球未卜先知的话，可能就不会在2006年用"跌入谷底"这个词语了，因为媒介在2008奥运年所生产的形容"国足比赛成绩"的话语是"没有最差、只有更差""屡创新低"，尤其是"屡创新低"这种批评国字号球队战绩和排名无下限、无止境滑坡趋势的话语更具有一定社会舆论震撼力。因为在2008年北京奥运会开幕前的亚运会、亚洲杯、世界杯预选赛一系列赛事中，男女国家队的一系列战绩屡屡突破媒介话语所描述的"历史最差战绩""史上最差战绩"。本来社会舆论开始逐渐适应媒介话语所描述的"谷底"战绩，哪知道一步步突破成绩底线、一再刷新排名的下降幅度、一再降低公众对国足成绩的期盼值，以至于后来社会公众和舆论对于国字号球队的任何战绩都觉得不足为奇，因为一直在下降，底线无法预测，很有可能会更低。

表8-2 中国足球屡屡突破底线媒介话语案例

媒介话语平台	日期	媒介话语议题和具体内容
《足球》报	2008年8月14日	中国男足成为2008奥运会中国军团中最早被淘汰的队伍①
	2017年9月7日	中国男足最终无缘俄罗斯世界杯只能望"2022船票"止渴了②
	2019年6月4日	自由落体！谁能想到国足2004亚洲杯已是巅峰，国足战绩再次创造最差历史③

---

① 吴策力.中国男足成为2008奥运中国军团中最早被淘汰的队伍[N].足球，2008-08-14（1）.
② 白国华.名列小组第五，最终无缘俄罗斯世界杯[N].足球，2017-09-07（4）.
③ 王伟.自由落体！谁能想到国足04亚洲杯已是巅峰[N].足球，2019-06-04（4）.

媒介话语平台	日期	媒介话语议题和具体内容
《人民日报》	2014年1月22日	从2004年到2014年的十年间，中国足球屡屡"突破"底线①
	2017年9月6日	国足魂断俄罗斯无缘世界杯②

2008年奥运会期间，作为东道主球队的国奥队征战奥运会足球比赛的赛况赛果自然吸引媒介的关注，该时期内中国足球媒介话语的关键词是"中国奥运军团最早遭淘汰的队伍""屡屡突破底线""历史最低""史上最差""自由落体"，以前国家队征战世界杯预选赛会在"十强赛"阶段最终遗憾失利，但是，那个时期的国家队征战世界杯预选赛是根本毫无悬念地被"十强赛"或者"十二强赛"拒之门外，连遗憾都谈不上，这些话语传播到社会生活中刷新了公众对于中国国字号足球队战绩和排名的认知，在社会舆论中塑造了一支成绩和表现"没有最差、只有更差"的国字号足球队形象，以至于公众和舆论对于未来的国字号球队根本没有任何期盼和希望，体现出一种麻木的心态，特别是"自由落体"话语更是形象地描述出了中国足球国字号球队整体成绩和排名的剧烈下滑状态，也凸显出公众和舆论对此态势的无奈与疑惑。

此外，如上述媒介话语所描述的一样，"中国奥运军团最早遭淘汰的队伍"以及"两张红牌""输球输人"的赛况赛果，使得媒介和社会公众实在是没有一丝一毫的兴趣去关注、探讨国奥队在技战术和竞技水平方面的话题，在传媒界和社会舆论看来，作为国字号队伍如此这般的表现已经无法从球队战术安排、竞技能力、竞技水平和表现层面来解释，所以，媒介话语将国奥队组队、备战、选帅、球队管理等方面作为话语焦点，进而往深处质疑、针砭作为中国足球的管理机构——中国足球协会存在的体制、机制弊端进行话语生产与传播。

在国字号屡屡刷新而无下限的战绩和媒介话语营造出的社会舆论氛围下，社会各界公众渐渐对国字号队伍的赛况、赛程和战绩排名失去了炙热的关注度，转而冷眼视之。国字号球队征战各级各类赛事从这时期起已经不再是媒介生产和传播足球话语的焦点议题了，至多只是新闻报道性的话语生产与传播，但是，对于成绩和战绩的分析已经不再局限于赛况和球队技战术层面的探讨了，而是对产生如此这般国字号战绩的中国足球职业化体制、机制弊端

---

① 薛原，刘硕阳.中国足球屡屡"突破"底线[N].人民日报，2014-01-22（4）.
② 季芳.国足魂断俄罗斯 无缘世界杯[N].人民日报，2017-09-06（4）.

和国字号球队管理弊端进行超越足球专业范畴的探讨。

表8-3　舆论对于国字号球队战绩的调侃媒介话语案例

媒介话语平台	日期	媒介话语议题和具体内容
《体坛周报》	2020年1月17日	中国国字号球队征战国际赛事规律：首战揭幕战，次战生死战，最后一场小组赛荣誉战，完事后火车站①
优酷②	2018年6月15日	俄罗斯世界杯，中国除了足球队没去，其他都去了
网络新媒体和手机自媒体平台		中国足球和中国乒乓球一样，都是"谁都打不过"

当社会公众对于中国各级各类国字号足球队征战国际比赛的战绩以及媒介所生产和传播的相关话语逐渐趋于麻木，鉴于21世纪的中国网络新媒体逐渐普及，并且基于网络平台的手机自媒体技术渐趋成熟，所以，社会公众就开始自行演绎、编排着代表中国足球最高水平的国字号球队的战绩和竞技表现，用夸张、另类、类比的话语生产方式，来讽刺、揶揄、调侃、戏谑代表中国足球最高水平的国字号球队，以排解对于中国足球现状失望、愤慨而又无可奈何的情愫。

这种足球话语通过媒介平台在社会生活中传播，收到极大的舆论反响，虽然话语表达方式较为极端和偏激，甚至另类，但是，已然能够得到广大社会公众的认可和接受，甚至通过公众手中的电脑互联网媒体和手机自媒体的转发进行二次传播，呈现出一种点对面式的爆炸性传播。虽然这类话语上不得"台面"、登不得大雅之堂，但是能够快速产生更大的社会舆论反响。之所以会这样，是因为这类足球话语的生产是在符合事实情况的基础之上来进行符合公众"胃口"的夸张与加工的，既具备了真实性又不失夸张和戏谑的艺术加工效果，其话语生产的方式和效果能够非常顺利地被公众认知和接受。

比如上述案例中的"揭幕战、生死战、荣誉战"的话语，试想一下近年来国字号球队征战各级各类赛事的结果确实如此，最终媒介话语再生产"火车站"来表达"最终遭到淘汰，回家"的艺术加工效果，不但总结出公众都认可的规律，还可以调侃、戏谑"不争气"的国足；包括"中国除了足球队，

---

① 傅亚雨．中国国字号球队征战国际赛事规律［N］．体坛周报，2020-01-17（2）．
② 参见网址 https：//v.youku.com/v_ show/id_ XMzY2NTQ4NzUyMA==.html．

都去俄罗斯世界杯"话语,也是基于中国轻工业制造业、商业发达的一个事实,还有国足没进俄罗斯世界杯决赛圈的事实,所生产出的"黑色幽默"话语;至于"国足和中国乒乓球,都是'谁都打不过'"的话语生产,更是凸显了中华汉字的博大精深,媒介也正是利用了汉字多重意思的这种特征,来揶揄调侃中国足球。

二、聚焦于中国足坛"反赌扫黑"的媒介话语

正是由于中国足球在北京奥运会上足球比赛中"输球输人"的表现,中国竞技体育的辉煌成就与中国足球形成巨大反差、相形见绌,导致党和国家领导人以及社会各界公众对于中国足球的现状极为不满,公众舆论对于中国足球管理机构——中国足协及其干部的信任度跌至冰点,包括足球界在内的社会各界舆论呼吁"改革足球管理体制""管办分离"的声音日渐高涨,希望中国足球职业联赛通过改革来解决联赛中"假赌黑"不公平竞赛现象盛行的境况,健康有序地提高中国足球整体水平。而且此时的媒介话语针对国字号战绩的生产与传播不再拘泥聚焦于球队技战术层面和竞技能力层面,转而聚焦于中国足球现有的管理体制、机制弊端,这就为日后中国足坛的"反赌扫黑"媒介话语的生产与传播奠定了背景。

中国足坛"反赌扫黑"事件背景:中国足球职业联赛中的"假赌黑"赛场不公平竞赛现象由来已久、积重难返,虽然2001年中国足坛开展过一次针对"黑哨"的"足坛扫黑"行动,但是最终由于足协"亦官亦民"的特殊身份而使得司法难以介入展开调查,虽然公开审判了一名"黑哨"龚建平,但除此之外,"榜上有名"的黑哨全部"胜利大逃亡,回家过年",最终此次行动不了了之。

中国足坛第二次"反赌扫黑"的"震源"始于2009年9月中国公安机关查获了一起赌球案件。随着调查的深入,警方发现涉案人员利用赌球操作国内联赛,随后,全国公安机关系统联合,在各地展开调查,从2009年10月16日开始,共有4名广药俱乐部人士被警方带走协助调查,其中包括前广东雄鹰俱乐部总经理钟国健,以及曾在2006年出任广药俱乐部代理总经理兼领队的广州足协领导杨旭,标志足坛"反赌扫黑"行动正式开始,一直到中国足协纪律委员会于2013年2月18日开出38张罚单才算最终结束。该章所述"反赌扫黑"风暴正是始于2009年10月份的第二次中国足坛"反赌扫黑"风暴。

媒介话语平台：2010 年 2 月 1 日《足球》报

媒介话语议题和具体内容：第一条线：由国际刑警通缉令引出王鑫赌球案；第二条线：由王鑫引出王珀、尤可为、许宏涛等人的操控比赛案；第三条线：南勇、杨一民被控制代表着足协管理人员在足坛腐败中扮演一号角色。①

2008 年北京奥运会后，媒介自 2009 年 10 月起至 2011 年 12 月期间针对足坛"反赌扫黑"风暴持续进行了高强度的追踪式报道，此后 2012 年和 2013 年还有零星的关于案件审判和处罚结果的报道，一直到 2013 年 2 月份媒介报道"中国足协纪律委员会开出 38 张罚单"并进行相应评论，针对中国足坛"反赌扫黑"风暴的媒介话语生产与传播才算正式结束。

此次足坛"反赌扫黑"整个案件所涉时间跨度长，是中国足球从业人员的窝案，案件线索复杂，既涉及"赌球""假球"，又涉及"黑哨""官哨"，还从这些事件中牵涉出足协干部的"贪腐"案件，所以整个过程中每个阶段的侦办、审理侧重点不一样。正如上述案例中媒介话语析出的此次"反赌扫黑"风暴的线索："王鑫赌球案、操控比赛案、足协干部腐败案"，媒介针对"反赌扫黑"的话语生产与传播也分为以下四个阶段，每个阶段分别聚焦的话语议题是不同的，但相互之间又是有联系的。第一阶段聚焦于"赌球"议题，围绕与"赌球"有关的假球、做球、卖球操控比赛行为展开话语生产与传播；第二阶段聚焦于"裁判"问题，围绕"黑哨""官哨"操控比赛行为展开话语生产与传播；第三阶段聚焦于"所牵涉出的足协干部集体腐败"议题，虽然由足坛"反赌扫黑"所引发，但是媒介话语的具体内容已经超出了"赌球、黑哨、假球"的关键词范畴；第四阶段聚焦于对"反赌扫黑"的"大审判、大反思"，对涉案人员的审判和刑罚情况进行及时准确的报道，并在此基础上展开超出"反赌扫黑"范畴的对中国足球职业联赛现有管理体制、运行机制弊端的大反思与批判。

简言之，足坛"反赌扫黑"议题下的媒介话语生产与传播的历程："反赌、打假"→"扫除黑哨、官哨"→"足坛反腐"→"大审判、大反思"。

---

① 一帆. 反赌案的线索 [N]. 足球, 2010-02-01 (2).

(一) 第一阶段:"反赌、打假"话语

表 8-4　中国足坛"反赌、打假"媒介话语案例

媒介话语平台	日期	媒介话语议题和具体内容
《足球》报	2009 年 11 月 5 日	反赌风暴:由司法机关强行介入,针对足坛赌球的大风暴已经展开①
	2009 年 11 月 9 日	由公安部督办、辽宁警方侦办的中国足球"反赌风暴"已经进入收网阶段②
	2009 年 11 月 19 日	中国足协发布公告支持反赌打假,净化足坛空气③
《人民日报》	2009 年 12 月 30 日	中国足球打假行动引起社会高度关注,打击赌球、假球的风暴波及国内部分省市④
中央广播电视总台	2024 年 1 月 9 日	央视专题纪录片《持续发力纵深推进》第 4 集"一体推进'三不腐'"内容: 1. 解说词:中国足球"假赌黑"丑闻频发,行业乱象丛生。中国足球领域出现了系统性、塌方式腐败。2022 年 11 月,原中国国家男子足球队主教练李铁被监察机关立案调查,足坛反腐由此拉开大幕。随后,中国足球协会陆陆续续有十多名高层和中层干部接受审查调查,其中包括国家体育总局原副局长、中国足球协会原党委书记杜兆才,中国足球协会原主席陈戌源,涵盖教练、球员、裁判、俱乐部高管、经纪人等方方面面。

---

① 李善皓. 反赌风暴由司法机关强行介入 [N]. 足球, 2009-11-05 (1).
② 董路. 风暴中心:打击操控比赛,突破口 [N]. 足球, 2009-11-09 (2).
③ 董路. 反赌风暴:操盘手牵出案中案 [N]. 足球, 2009-11-19 (1).
④ 中国足球打假行动引起社会高度关注 [N]. 人民日报, 2009-12-30 (15).

续表

媒介话语平台	日期	媒介话语议题和具体内容
中央广播电视总台	2024年1月9日	2. 杜兆才自述：经常通过送钱送物来疏通办事，在这方面好像形成了惯例一样。靠足球吃足球，收受财物数千万元。 3. 陈戌源自述：中国足球的腐败不是在一个方面，而是全方位的。当选前一晚，两名地方足协负责人相继各送上30万元"拜码头"，请托多多关照。任职以来，收受多家俱乐部贿赂。 4. 解说词：李铁两次带队升入中超，背后都是大量的假球。李铁一上任，俱乐部就直白地提出希望他动用人脉收买对手。最后一场比赛，俱乐部不惜砸下重金，深圳俱乐部收受华夏俱乐部巨款，同意比赛放水。李铁团队还从个人层面直接重金收买对方球员黎斐①

该阶段时期内，媒介围绕与"赌球、假球"有关的做球、卖球一系列操控比赛行为展开话语生产与传播。

上述媒介话语案例出现在整个"反赌扫黑"过程的初始阶段，主要向全社会报道爆发此次足坛"反赌扫黑"行动的"突破口"，"新加坡联赛查处'广原操控比赛案'"以及"青岛海利丰吊射事件"。媒介话语关键词在于以赌球获利为目的"操控比赛"，所以此次"'反赌扫黑'是向中国足坛赌球所挥出的一记重拳"。

通过上述话语得知：此次足坛"反赌扫黑"的起始点和突破口就是"赌球"案件。甚至在2009年的时候专门在媒介平台上出现过"反赌风暴"的话语，2009年十大体育新闻中就有"打击赌球、假球"，可见当时的"反赌扫黑"媒介话语还暂未波及其他议题。

此外，此次"反赌"之所以能够深入从而避免了第一次"扫黑风暴"的虎头蛇尾，就是因为媒介话语中频繁出现的"司法强行介入""公安机关"

---

① 中央广播电视总台.《持续发力 纵深推进》第4集：一体推进"三不腐"[EB/OL]. CCTV官网，2024-01-09.

"案件"等关键词,媒介及时向全社会报道了司法介入和公安机关立案侦破的消息。

表8-5 司法强行介入查处中国足坛媒介话语案例

媒介话语平台	日期	媒介话语议题和具体内容
《足球》报	2009年11月26日	公安部首次披露反赌案具体细节在央视播出①
	2009年12月14日	球员涉赌成打击重点:中国足坛发生的大部分血案都和球员涉赌有关②
	2010年10月18日	沪上惊雷:1200万的传闻惊天动地③
	2009年12月14日	三标准解密打假案④
	2010年3月1日	反赌收官,排查,欢迎自首和揭发⑤
《人民日报》	2009年11月27日	足坛打假不能手软:公安部首次介绍中国足球赌球案件进程⑥
	2010年1月23日	国家体育总局再次表明态度:非法操纵比赛和赌球必须铲除⑦
	2010年9月28日	国家体育总局局长刘鹏表示:坚决铲除足坛"假赌黑"毒瘤⑧

---

① 董璐.公安部首次披露反赌案[N].足球,2009-11-26(1).
② 刘晓新.球员涉赌成打击重点[N].足球,2009-12-14(1).
③ 董璐.沪上惊雷:悬疑之战浮出水面[N].足球,2010-10-18(1).
④ 贾蕾仕.三标准解密打假案[N].足球,2009-12-14(4).
⑤ 贾蕾仕.反赌收官,排查,欢迎自首和揭发[N].足球,2010-03-01(4).
⑥ 陈昭剑.反赌风暴由司法机关强行介入[N].人民日报,2009-11-27(1).
⑦ 汪大昭.国家体育总局再次表明态度:非法操纵比赛和赌球必须铲除[N].人民日报,2010-01-23(6).
⑧ 季芳.坚决铲除足坛"假赌黑"毒瘤[N].人民日报,2010-09-28(8).

续表

媒介话语平台	日期	媒介话语议题和具体内容
中央广播电视总台	2024年1月9日	央视专题纪录片《持续发力纵深推进》第4集"一体推进'三不腐'"内容：中央纪委国家监委机关，会同驻国家体育总局纪检监察组、湖北省纪委监委，采用"室组地"联合办案工作机制，彻查足球领域系列腐败案件。纪检检察机关重拳出击，"不敢、不能、不想"一体推进，惩治力度前所未有①

上述媒介话语案例中，针对"反赌、打假"议题的话语生产与传播主要聚焦于职业联赛中与赌球、假球有关的操控比赛的细节，由公安机关专案组权威人士、办案民警、涉案人员通过媒介平台向全社会公布正在查处的中国足球赌球案件进程，而且在这个过程中中国足球管理机构、国家体育管理机构都权威地发布"支持反赌"的声音。

2009年11月25日，当时媒介针对"反赌、打假"议题的报道进入瓶颈阶段没有突破的时候，公安部扫赌专案组接受央视、新华社等中央媒体采访，首次披露了扫除足坛赌球案件的侦破进程，央视的拳头栏目《新闻联播》《焦点访谈》《东方时空》以及各档新闻栏目滚动播放。尤其是通过媒介话语将中国足球职业联赛中赌球、假球操控比赛行为的"利益链"整理出来，将足坛"反赌、打假"案内幕层层揭开，在社会生活中引发了极大的舆论震撼。此外，媒介话语还披露了足坛"赌球"案件的三个标准：操控比赛倾向、金钱交易、定性为商业贿赂。言简意赅，非常清晰、准确地向社会公众首次披露了赌球、假球案件的审理定性标准。值得一提的是，虽然末代甲A的"假球"案件一经媒介报道披露，公众从媒介话语中了解到该案件没有涉及"赌球"，但也是一场与金钱有关的牵涉到球员个人利益和俱乐部利益的"假球"比赛行为，也是一种操控比赛而达到假球目的的行为。

从上述媒介话语案例可以得知，针对足坛"反赌"议题的媒介话语已经由最初的"介绍性""报道性"生产与传播，逐渐过渡到更深层次揭批"假球、赌球"操控比赛行为的具体过程、利益链和认定标准了，媒介话语生产

---

① 中央广播电视总台.《持续发力 纵深推进》第4集：一体推进"三不腐"[EB/OL]. CCTV官网，2024-01-09.

与传播更为深入了。

这种针对"赌球"议题的深入的话语生产与传播直至2013年2月宣布"反赌收官"而暂时告一段落。

（二）第二阶段：扫除"黑哨、官哨"话语

表8-6 扫除足坛"黑哨、官哨"媒介话语案例

媒介话语平台	日期	媒介话语议题和具体内容
《足球》报	2010年3月15日	足坛黑哨终于现形，令人震惊咋舌①
	2011年3月31日	三大黑哨交代黑金路线图②
《人民日报》	2011年12月22日	热点解读：金哨被控"黑哨" 多支球队涉假③
	2011年12月20日	"裁判王"的堕落之路④
央视焦点访谈《黑哨的代价》	2011年3月30日	披露足球裁判员收受贿赂黑金以及在赛场上控制比赛的"黑哨"行径

"反赌扫黑"风暴第二阶段聚焦于"裁判"问题，围绕"黑哨""官哨"操控比赛行为展开话语生产与传播。上述针对足球裁判员"黑哨、官哨"行径的媒介话语，首次披露了陆俊、黄俊杰、周伟新三大"黑哨"收受贿赂、控制比赛的具体细节，尤其针对从一名优秀的足球裁判员蜕变为"黑哨"或者"官哨"的堕落过程进行揭批，更是引发了社会舆论的一片哗然，因为在社会公众看来，他们之前都是精通业务的精英裁判员，甚至是家喻户晓的社会名流，虽然之前一直有关于"黑哨""官哨"的传言，但是任何媒体和机构个人都拿不出真凭实据，所以公众对"黑哨"都是半信半疑，但是这次媒介话语通过报纸媒介的文字描述和电视媒介的动态音像将"黑哨"和"官哨"的卑劣行径进行了深刻而透彻的揭批，甚至还专门将裁判员陆俊是如何炉火纯青地在赛场上"吹黑哨"控制比赛的"经验总结"通过报纸媒介和电视媒介进行报道，使得精英裁判员"跌落神坛"，坠入"黑哨"名声的深渊，话语反差感之强大令全社会公众唏嘘不已。

---

① 贾蕾仕. 黑哨现形 [N]. 足球，2010-03-15（1）.
② 贾蕾仕. 反赌：下月丹东开庭 [N]. 足球，2010-03-31（1）.
③ 白龙，何勇，蒋跃新. 金哨被控"黑哨" 多支球队涉假 [N]. 人民日报，2011-12-22（9）.
④ 何勇，白龙. "裁判王"的堕落之路 [N]. 人民日报，2011-12-20（9）.

三大"黑哨"陆俊、黄俊杰、周伟新以及前足协领导张建强面对媒体拷问，在狱中的一番"揭秘"，使那段不堪回首的往事真相大白，球迷们被愚弄的感情得以宣泄。公众不禁要问，当年舆论和球迷的无数次质疑，为何在足协"证据说"的强词夺理前无功而返？"不畏浮云遮望眼"，在日益健全的法治社会里，我们期盼着中国足球彻底扫除阴霾，迎来一片澄澈的蓝天。

"黑哨"确实不是个别现象，但这也只是印证了之前公众的猜想。而让媒介感到有些意外的是，有的俱乐部贿赂裁判，仅仅是出于花钱买个心里踏实，担心自己不做工作，如果别人做了，自己就吃亏了。这种心理，相信大家并不陌生，说它是一种社会心态，也许不为过。送来送去，送坏了风气，也葬送了一些人的前程。

（三）第三阶段："足协干部反腐"话语

公安机关在对中国足坛"反赌、打假"和"扫除黑哨、官哨"案件的侦破过程中，不断地牵扯出与中国足协千丝万缕的联系，操控比赛结果帮助球队保级、升降级"官哨"的出场，与足协相关领导的授意、关照密不可分，所以，当著名裁判员陆俊面对媒体的采访时坦言"缺少一种监督机制"，以及裁判员黄俊杰涕泪交加地忏悔："我对不起父母，对不起我自己，我唯一对得起的就是中国足协这帮干部。"这些话语通过报纸媒介和电视媒介甚至网络媒介平台传播至社会各个角落后，有关"反赌扫黑"风暴的媒介话语生产与传播势必将议题焦点聚焦于牵涉中国足协干部的"足坛反腐"。

第三阶段聚焦于"所牵涉出的足协干部集体腐败"议题，虽然由足坛"反赌扫黑"所引发，但是媒介话语的具体内容已经超出了"赌球、黑哨、假球"的关键词范畴。

表 8-7　足协干部反腐媒介话语案例

媒介话语平台	日期	媒介话语议题和具体内容
《足球》报	2009 年 11 月 12 日	扫赌系列评论：抓住贪官，不抓皇帝？[1]
	2009 年 12 月 31 日	我们等待大鱼入网，反赌是开始还是结束？[2]
《人民日报》	2009 年 11 月 18 日	足坛"假赌黑"当严查到底[3]

---

[1] 白国华. "裁判王"的堕落之路 [N]. 足球, 2009-11-22 (2).
[2] 白国华. 我们等待大鱼入网，反赌是开始还是结束 [N]. 足球, 2009-12-31 (2).
[3] 李靖，徐岳. 足坛"假赌黑"当严查到底 [N]. 人民日报, 2009-11-18 (15).

其实从2009年10月份"反赌扫黑"风暴第一阶段和第二阶段的时候，也就是当媒介话语聚焦于"反赌、打假""扫除黑哨、官哨"议题的过程中，就已经开始在生产和传播"足坛反腐"的媒介话语了。上述话语案例中一系列"抓住贪官、不抓皇帝?""大鱼""严查到底"的关键词，就是在向社会各界公众进行暗示与呼吁，担心这次"反赌扫黑"又陷入第一次"反黑风暴"的虎头蛇尾的结局，提醒社会舆论要抓住"假球""黑哨""赌球""官哨"这一系列案件审理的线索，进一步深入审理，争取把"假赌黑"赛场不公平竞赛的真正幕后元凶和"保护伞"揪出，反映出公众和舆论希望彻底涤荡中国足坛竞赛环境的愿望。

表8-8 足坛幕后元凶现行媒介话语案例

媒介话语平台	日期	媒介话语议题和具体内容
《足球》报	2010年1月25日	南勇、杨一民失联。中国足坛上下一片震惊①
	2010年1月28日	南勇证实被刑拘，足球圈人人自危；对于足球行业未来方向不确定性的恐慌②
	2010年1月28日	足坛反赌变成了足协官场反腐③
	2010年9月9日	蔚少辉、李东升被协查④
	2010年9月13日	谢亚龙落网记；谢亚龙黑金链⑤
	2010年9月20日	龙王升迁史，官场现形记，他撬动中国体育原罪⑥
	2011年12月22日	职业联赛经营受贿全记录⑦

① 贾蕾仕. 大转折，21日，地震来了 [N]. 足球，2010-01-25 (1).
② 贾蕾仕. 惊恐：南勇证实被刑拘 [N]. 足球，2010-01-28 (3).
③ 傅岳强，贾志刚. 说好的足坛反赌，眨眼变成了足协官场反腐 [N]. 足球，2010-01-28 (1).
④ 刘晓新. 蔚少辉、李东升被协查，预示可能出事 [N]. 足球，2010-09-09 (1).
⑤ 刘晓新. 谢亚龙落网记；谢亚龙黑金链 [N]. 足球，2010-09-13 (3).
⑥ 贾蕾仕. 谢亚龙启示录 [N]. 足球，2010-09-20 (4).
⑦ 刘晓新. 足协贪腐敛财途径 [N]. 足球，2011-12-22 (6).

续表

媒介话语平台	日期	媒介话语议题和具体内容
《人民日报》	2010年1月29日	内外勾结贪腐造成的后果，足坛乱局谁之过①
	2010年1月26日	热词：南勇牵涉反腐窝案②
	2010年12月29日	足坛腐败分子纷纷落马③
	2012年4月25日	专家指出：体制培育了足协贪官④

如上述案例中所述话语"说好的足坛反赌，眨眼变成了足协官场反腐"，当中国足坛"反赌扫黑"风暴开始进入足协干部反腐阶段，南勇、杨一民、张健强、李东升、谢亚龙等一系列足协中高层领导都被带走协查进而被立案的时候，这种媒介话语的信息报道带给全社会的舆论震撼力是极强的，因为就媒介话语所报道的信息来看，这次足协干部反腐是一个"窝案"，时任中国足协的中高层领导悉数被羁押立案，当时《足球》报甚至就此刊登了一幅漫画《三缺一》，描述的是谢亚龙、南勇、杨一民三位足协领导凑在一桌打麻将，但是三缺一，都在观望还有谁会来，所以当时媒介话语形容此次中国足协干部集体腐败案件是"大地震"，"整个足球行业人人自危"。此外，如同公众对中国足球精英裁判员最终堕落成"黑哨"一样，媒介话语也描述了中国足协领导与俱乐部干部、足球裁判员、球员相互勾结获取利益的行径，这些之前在公众印象中"年富力强""学识渊博""专业背景强"的中国足协干部，在媒介话语如此这般的揭露下彻底沦落为"贪官""中国足球的蛀虫"，这种媒介话语的实践给公众带来的印象反差极大，强烈地刺激着社会公众精神和灵魂，进而在社会舆论中产生一种"中国足协是一个大染缸，谁去都会变成贪官，足协没有一个干部是没问题的"认知，这都是当时的舆论氛围所渲染的。

另外，虽然公安机关针对中国足协的"反腐"案件是由足坛"反赌、打假""扫除黑哨"中析出的案件线索，但是，最终媒介话语围绕"足坛反腐"的话语生产与传播的关键词却不仅仅局限于"官哨""黑哨黑金"等"反赌扫黑"话语范畴内，在此基础上深度报道公安机关对足协干部超越"假赌黑"

---

① 陈昭. 足坛乱局谁之过[N]. 人民日报, 2010-01-29 (16).
② 人民网舆情监测室. 南勇牵涉反腐窝案[N]. 人民日报, 2010-01-26 (15).
③ 王比学，张烁. 足协腐败敛财途径[N]. 人民日报, 2010-12-29 (9).
④ 白龙，李铮，公兵，等. 中国足球腐败系列案件再次开审[N]. 人民日报, 2012-04-25 (15).

的贪腐行为的侦破，如上述媒介话语所描述的一样，除了"黑哨黑金、操纵假球、花钱买保级、夺冠奖金"这一系列与"假赌黑"不公平竞赛有关的关键词以外，媒介还针对"国脚献金、体测猫腻、洋帅红包、全运会黑哨、中超公司经营受贿"等一系列与假球、黑哨无关的足球领域其他贪腐行为进行深度揭批。始于2009年的中国足坛"反赌扫黑"风暴在第三个阶段完全就转移焦点成为"足坛反腐"风暴了。

在聚焦于"足坛反腐"的深层次成因进行的话语生产与传播中，媒介发出了"是内外勾结贪腐造成的后果，足坛乱局谁之过"的呼声，意图引领全社会舆论针对中国足坛贪腐的成因进行探讨，如报纸媒介就刊登了关心中国足球的社会科学学者金汕教授直截了当的话语："体制培育了足协贪官。"引领全社会公众探究中国足球腐败的问题，形成一种"如果不解决中国足球的体制问题，新的贪官还会涌现"的社会舆论氛围，"与其研究中国足球的技术，不如研究中国足球的体制；与其指责球员教练的水平，不如拿腐朽的足球体制开刀"，中国足协的这些干部之所以走到今天，是多年积弊酿成的。中国足协和国家体育总局足管中心这样两块牌子一套人马、管办不分，既当裁判员又当运动员，猫和老鼠合二为一的体制与功能，使职业足球这个巨大的名利场失去了监督，使中国足协一批又一批人最终失足。也正是在这一时期，"一套人马，两块牌子""管办不分、政社不分、政企不分""中心+协会""既当裁判员、又当运动员"的中国足坛管理体制弊端，在媒介话语的持续、深度、追踪式揭批下彻底暴露在公众的认知概念中，为公众像社会生活流行语一样所熟知和"琅琅上口"，进而形成社会舆论氛围。

在该时期完成了从揭批"赌球、假球、黑哨"影响联赛公平、健康发展的表面问题，到分析、探讨如何改革现有足球管理体制的转换，以避免再次开出"假赌黑"和"贪腐"的罪恶之花。

(四) 第四阶段：中国足球"大审判、大反思"话语

表8-9　中国足坛大审判媒介话语案例

媒介话语平台	日期	媒介话语议题和具体内容
《足球》报	2011年12月22日	中国足球罪与罚，中国足球大审判①
	2011年12月19日	铁岭开审，告别黑哨，中国足球和过去的黑暗告别②

---

① 中国足球罪与罚，中国足球大审判［N］.足球，2011-12-22 (1).
② 铁岭开审，告别黑哨，2011年中国足球和过去的黑暗告别［N］.足球，2011-12-19 (1).

续表

媒介话语平台	日期	媒介话语议题和具体内容
《足球》报	2011年11月21日	反赌案开审①
	2013年1月3日	处罚稳为先②
《人民日报》	2010年3月20日	反赌扫黑这把大火只有越烧越猛，中国足球的重生才能真正到来③
	2012年12月25日	经过一系列审判，中国足球腐败案件落下帷幕④
	2013年2月19日	足协轻罚涉赌涉假俱乐部，警示还是纵容？⑤

主要聚焦于"大审判、大反思"的议题展开，媒介话语中的关键词也正是"审判"和"反思"，"反赌扫黑"的收尾阶段主要任务就是对涉案人员的审判和判刑，如上述案例所示，这一阶段的足球媒介话语除了对涉案人员的审判和刑罚情况进行及时准确的报道，还要在此基础上展开超出"假赌黑"现象范畴的对中国足球职业联赛现有管理体制、运行机制弊端的大反思。

在"大审判"之后，足坛"反赌扫黑"风暴中的"罪与罚"都已经在司法强行介入下梳理清楚，足坛"反赌扫黑"风暴收官落幕，但是，这场在严寒冬日里的大审判，如果要成为中国足球重生途中的新起点，就必须对这场足坛乱象进行深度的"大反思"。该阶段的媒介话语不再纠结于揭批"赌假黑"表象性的问题根源，在此基础上对中国足球职业联赛现有管理体制、运行机制弊端的大反思，寻找"制度之恶"的根源：既有管理的"长官意志"，更有足球管理体制的滞后，从而导致职业联赛乱象丛生。媒介话语基于案件审判细节的逐渐披露，对于制度问题的症结也越发清晰地揭示出来：中国足球从计划经济体制转型到市场经济体制的过程中，缺乏市场经济必备的法治精神，缺乏行之有效的制度约束、监管，从而使足球大环境变得极不健康。

最后媒介话语也在反思之余清晰表达出了对未来中国足球事业的憧憬，

---

① 反赌案开审 [N]. 足球，2011-12-21 (1).
② 刘宇翔. 处罚稳为先 [N]. 足球，2013-01-03 (1).
③ 陈昭. 中国足球该如何"重生"，重生须涅槃 [N]. 人民日报，2010-03-20 (9).
④ 人民网舆情检测室. 2012年度国内国际十大体育新闻评选：足球反赌扫黑案宣判 [N]. 人民日报，2012-12-25 (15).
⑤ 陈晨曦. 足协轻罚涉赌涉假俱乐部，警示还是纵容？ [N]. 人民日报，2013-02-19 (9).

规划了中国足球在"反赌扫黑"之后未来的事业发展方向:足球事业作为一个系统工程,在人才培养、竞赛管理和训练体制方面,尤其在制度建设和法律法规方面,都远落后于足球事业发展的要求,更远远落后于世界足球发展的趋势,这是一种悲剧,更是要让足球工作者的警醒。从20世纪90年代中期到2009年,"假赌黑"的泛滥周期虽然漫长了点,但应该能成为过去,健康规范、市场和法治才是中国足球发展的方向和趋势。

三、有关"金元足球"的媒介话语

表8-10 金元中超媒介话语案例

媒介话语平台	日期	媒介话语议题和具体内容
《人民日报》	2014年1月3日	中超"不差钱":新赛季竞争将以令人咋舌的巨额投入开始①
	2014年1月3日	众多中超"豪门"终于按捺不住在新赛季加大投入,军备竞赛将在中超上演②
《人民日报》	2013年11月30日	经过调查本赛季多支球队投入超过亿元,有4支球队投入超过10亿③
	2012年6月4日	中超联赛正不可阻挡地进入"金元时代"④
	2013年11月13日	"金元足球"是否扰乱中国足球生态尚存在争论⑤
	2011年7月4日	足球有钱仍有忧,金钱不是万能的⑥
	2011年3月19日	要真正提升中国足球水平仅仅靠金钱恐怕是不够的⑦
	2011年4月20日	金钱难买人气⑧

---

① 薛原. 中超"不差钱"[N]. 人民日报, 2014-01-03 (15).
② 陈晨曦. 恒大的鲶鱼效应[N]. 人民日报, 2014-01-03 (15).
③ 陈晨曦,宋嵩.《2013中超价值报告》和《中国足球职业化指数报告》[N]. 人民日报, 2013-11-30 (15).
④ 陈晨曦. 中超进入"金元时代"[N]. 人民日报, 2012-06-04 (15).
⑤ 程聚新."金元足球"是否扰乱中国足球生态?[N]. 人民日报, 2013-11-13 (15).
⑥ 汪大昭. 足球有钱仍有忧(大昭评论)[N]. 人民日报, 2011-07-04 (8).
⑦ 李长云. 仅仅靠金钱恐怕是不够的[N]. 人民日报, 2011-03-19 (15).
⑧ 汪大昭,薛原,陈晨曦,等. 俱乐部,高投入能获高回报吗?(体坛圆桌)[N]. 人民日报, 2011-04-20 (8).

续表

媒介话语平台	日期	媒介话语议题和具体内容
《足球》报	2010年3月4日	六成中超俱乐部加大投入①
	2011年7月7日	中超转会进入大跃进时代②
	2011年2月10日	中超大手笔，克莱奥的转会费和年薪成为中超历史上第一③
	2011年6月27日	许家印：职业足球没有大投入不行④
	2011年5月2日	恒大前5轮奖金，首发人均近百万⑤

由于当时个别中超足球俱乐部持续性高投入使得整个中超联赛的整体投入水涨船高，迫使其他足球俱乐部也不得不加大投资力度，这种高投入的做法甚至扩展到整个中国足球职业联赛，最终在该时期形成媒介话语所描述的"金元足球"局面。

首先，媒介提出"金元足球"或者"金元中超"的话语概念，是针对一些中超俱乐部带动下的中超足球俱乐部集体高投入行为生产和传播的。最初舆论将恒大刚刚介入中国足球职业联赛时的这种行为称为"烧钱""不差钱""纷纷加大投入""中超军备竞赛"，在成为中国足球职业联赛一种尽人皆知的普遍现象后，媒介开始将其生产为"金元足球"的话语。这类"金元足球"或者"金元中超"的关键词多见于媒介所生产的新闻报道性话语中，尤其是媒介对于中超足球俱乐部对于外援引进费和内援引进费的新闻报道，比如，"克莱奥数百万欧元的加盟创造了外援身价的第一名""孔卡的加盟宣布中超外援进入千万美元时代""德罗巴等身价不菲的欧洲五大联赛明星级球员加盟"。此外，2013年网易还在中国足协的指导支持下，公布了《2013中超价值报告》和《中国足球职业化指数报告》，用中超球队一系列资金投入、收入、亏损数据，来客观地佐证"金元足球""金元中超"已经到来且无法逆转。

---

① 本报讯.六成中超俱乐部加大投入［N］.足球，2010-03-04（15）.
② 陈永.1000万美元签来孔卡，中超转会进入大跃进时代［N］.足球，2011-07-07（1）.
③ NO.1中超大手笔，克莱奥的转会费和年薪成为中超历史上第一［N］.足球，2011-02-10（1）.
④ 白国华.许家印：职业足球没有大投入不行［N］.足球，2011-06-27（2）.
⑤ 刘晓新.恒大前5轮奖金，首发人均近百万［N］.足球，2011-05-02（5）.

其次，如对于个别俱乐部持续性高投入的态度与观点褒贬不一样，对于"金元足球"的态度与观点，足球俱乐部投资人、足球队教练员、传媒界认为加大投入力度理所应当，是搞职业足球的市场必然需要，甚至认为是敦促足球运动员刻苦训练的目标和动力；此外，《人民日报》作为权威的党报党刊，针对"金元足球"现象生产出"短期投资行为，长远来看仅靠金钱投入是不够的""投入产出失衡、造血能力有限、金钱难买人气"这一些话语，运用足球媒介话语来阐述和传播"金钱不是万能的"这个道理。

最后，也有对于"金元中超""金元足球"现象持模棱两可、拭目以待的观点和态度的媒介话语，主要还是权威媒介《人民日报》负责人告诉社会公众"金元足球是否扰乱中国足球生态尚存在争论"，没有武断地赞扬或者贬低，而是将其作为一个舆论焦点提交给整个社会去讨论、争鸣，希望舆论争鸣出真知，也希望能够在争论中提醒社会公众、联赛管理机构、职业足球投资人对于足球投资行为保持清醒的头脑，更希望能够通过社会舆论的理性声音正确地引导职业足球投资行为。

四、有关"中国足球改革"的媒介话语

（一）有关足球管理体制改革的"管办分离"话语

表8-11 足协实施体制改革媒介话语案例

媒介话语平台	日期	媒介话语议题和具体内容
《足球》报	2008年12月4日	国家体育总局酝酿足球二次改革：地方足协和体工队恢复专业队建制和培训体制，职业联赛与全国联赛并行①
	2010年1月25日	足球重新纳入举国体制轨道是振兴中国足球的关键②
	2010年3月22日	足球从"韦十条"开始，又要举国了③
	2010年5月3日	20年前，举国体制称霸亚洲④
	2010年3月25日	"韦十条"首先造福了庄家⑤

---

① 程善. 国家体育总局酝酿足球二次改革，体工大队重出江湖[N]. 足球, 2008-12-04 (1).
② 邓丰. 韦时代的潜藏信号：崔举国+韦平安=举国平安[N]. 足球, 2010-01-25 (4).
③ 李善昊. "举国足球"再解读[N]. 足球, 2010-03-22 (1).
④ 赵震. 20年前，举国体制称霸亚洲[N]. 足球, 2010-05-03 (4).
⑤ 白国华. "韦十条"首先造福了庄家[N]. 足球, 2010-03-25 (6).

后奥运时期的中国足球媒介话语，尤其是在中国足坛爆发"反赌扫黑"风暴后，频繁出现"举国体制"这个话语关键词，如 2010 年 1 月 25 日在《足球》报上以漫画形式表现的崔大林站在足球上高举"举国体制"大旗的形象。根据上述媒介话语案例所述，国家体育总局分管足球运动的干部以及中国足球协会专职副主席曾经公开观点："将足球重新纳入举国体制轨道是振兴中国足球的关键。"之所以会生产和传播"中国足球重回举国体制"的媒介话语，这是由于职业化改革之前的辽宁足球队曾经获得过亚洲俱乐部联赛冠军，也就是媒介话语所描述的"举国体制曾经称霸过亚洲"，但是相形见绌的是职业化改革之后的中国足球却在奥运赛场上"输球输人"，并且从 2009 年开始在各类媒介平台持续公开披露中国足球职业联赛"假赌黑"内幕以及足协干部腐败案件，而与此同时"举国体制"支撑下的中国竞技体育却在北京奥运会取得了空前成就。这一系列客观存在的事实辅以媒介话语的运作实践自然而然地将批判的矛头直接指向"中国足球职业化改革"，直接将中国足球一切污点和问题全部归咎于足球职业化惹的祸，所以才会在职业化改革十多年的中国足球的话语空间内对"举国体制"老调重提，生产和传播"足球重回举国体制"的话语。无论当时这种话语观点在社会生活中有多大的认同度，无论是否可行，无论反对声、质疑声有多响亮，"举国体制"话语关键词都频繁地出现在各种媒介平台上，吸引社会各界公众和管理机构的关注度，甚至在社会生活中引发街头巷尾的热议，其本身就已经在当时的社会中形成了一定的舆论氛围，成为舆论热词。

此外，根据上述媒介话语案例所述，由于时任国家体育总局分管足球工作的干部崔大林是极力推崇"足球重回举国体制"的，其直接领导下的时任中国足球协会专职副主席韦迪也提出了举国体制的"韦十条"意见，所以传媒界才据此颇具调侃意味地生产出"崔举国""韦平安""韦举国""举国平安"这一类话语，而且此类话语开始在媒介平台上发散，认为"举国足球"与之前的"出线足球""政绩足球"别无二样，又将"阎出线""谢奥运"这类话语重新搬出来与"崔举国""韦举国"并列，也借此反映出媒介自身的观点："中国足球重回举国体制"只是中国竞技体育行政体制内的干部的一厢情愿，这是急功近利出于政绩需求而罔顾足球运动发展规律的一种行政指令，而且诸如此前足协领导阎世铎为了获得世界杯出线权"阎出线"而暂停联赛升降级制度，谢亚龙为了备战北京奥运会"谢奥运"而造成的管理上的混乱，最终都没有达到推动中国足球运动持续健康发展，反而造成中国足球运动乱象丛生、根基腐烂，借此引导全社会舆论热议和深思：究竟是不是职业化阻碍和戕害了中国足球运动？中国足球职业联赛和职业化改革的乱象与动荡究竟是什么原因造成的？

表8-12 足球"重回举国体制"媒介话语案例

媒介话语平台	日期	媒介话语议题和具体内容
《足球》报	2010年3月15日	国奥打中甲①
	2010年3月18日	足球领域新时期的发令枪，举国足球大解读②
	2010年3月18日	"举国"与"市场"的首次碰撞，博弈三方力量已经失衡③
	2010年3月22日	法律禁止国奥打中甲；国奥要智慧地被举国包养④
	2010年3月29日	用《国务院办公厅关于加快发展体育产业的指导意见》来反对国奥入超⑤
	2010年5月13日	国奥打中超终于落到实处⑥

表8-13 2010年3月18日《足球》报与新浪网的联合调查结果

问题	选项	比例	票数
如何看待国奥可能征战中甲？	历史倒退，违背足球市场规律	63.8%	23008
	愚蠢决定，俱乐部利益受损害	19.4%	7006
	有利有弊，关键看具体政策	8.2%	2946
	正确决定，年轻球员有球可踢	7.2%	2588
	说不清	1.4%	512

---

① 白国华.崔大林、韦迪确认：国奥打中甲[N].足球，2010-03-15（1）.
② 刘晓新."国奥打中甲"：足球领域国进民退新时期的发令枪[N].足球，2010-03-18（3）.
③ 曹爽."反赌扫黑"风暴后，"举国"与"市场"的首次碰撞[N].足球，2010-03-18（5）.
④ 法律禁止国奥打中甲，国奥入超的法律和经济纠纷；国奥要智慧地被举国包养[N].足球，2010-03-22（4）.
⑤ 曹爽.用《国务院办公厅关于加快发展体育产业的指导意见》来反对国奥入超[N].足球，2010-03-29（3）.
⑥ 刘晓新.6·12，国奥开打中超，韦迪钦定的国奥打中超终于落到实处[N].足球，2010-05-13（2）.

续表

问题	选项	比例	票数
您是否支持国奥打中甲？	坚决反对	79.7%	28734
	非常支持	10.5%	3788
	无所谓	9.8%	3538

在"足球重回举国体制轨道是振兴中国足球的关键"媒介话语所引导的社会舆论热潮下，作为后奥运时期"举国"与"市场"最直接、最具体的交锋，作为中国足球"重回举国体制"、重回"出线足球""政绩足球"的代表性举措和行动，"国奥整队组队踢联赛""国奥踢中甲"一时间成了媒介话语平台上与"举国足球"密切相关并且频繁出现的媒介话语热词。

但是，当时这一举措除了国家体育总局崔大林以及中国足球协会韦迪，其他社会各界几乎没有赞同意见，尤其以传媒界的反对声最大。如上述媒介话语案例所述，言辞非常激烈地指出是"足球领域新时期的发令枪"，认为这是中国足球运动整体的一种倒退，无独有偶，足球行业资深的教练员、运动员也针对此举措发表观点："这是职业化的倒退，又一场豪赌"，而且还提出"所造成的经济损失谁来负责。"还有记者从法律角度和经济角度提出"这种举措很容易引发纠纷"，设身处地为职业足球的投资回报着想。甚至有记者适时地"拉虎皮做大旗"，借刚刚颁布的《国务院办公厅关于加快发展体育产业的指导意见》，借助其中的相关条款有理有据地"反对国奥组队打联赛"。值得一提的是，该时期内传统纸质媒介《足球》报联合网络新媒介平台新浪网针对"国奥组队参加职业联赛是何种观点""是否支持国奥参加职业联赛"做了一个调查统计，结果和数据呈现出一边倒，即"坚决反对""历史倒退，违背足球市场规律"，最终得出一个结论，"国奥参加职业联赛，不被看好的结合"。该案例运用实证的调查数据来表达观点，完全可以代表当时社会舆论的倾向性，也是传统媒介与新媒介一次成功的结合。

上述媒介话语的分析、批驳的依据与论点虽然不尽相同，但是有一点，都代表着当时社会舆论的主流观点：反对国奥组队参加职业联赛，这是在搅乱现有职业联赛秩序，是"举国体制"在足球领域的复辟。

最终虽然社会舆论、职业足球投资人以及其他社会各界公众的反对声一浪高过一浪，但是由国家体育总局和中国足球协会官方钦定的"国奥组队参加中超联赛"还是成了现实，媒介平台也对该决定进行了及时准确的报道，同时还在新闻报道中通过"钦定""纯友谊赛性质"的媒介话语生产，来向社会公众表述：这一决定是没有社会舆论根基的，是不得业界和公众民心的，完全是一种"只唯上不唯实"而由上至下由领导定夺的行政指令，而最终组队参加的联赛只是友谊赛性质的比赛，这种不伦不类的友谊赛对于国奥队的锻炼价值能有几何？可见这种举措的不伦不类在足球界内也是没有市场的，使得该举措变成了一个让全社会哭笑不得的笑柄。

表 8-14　管理体制混乱导致职业联赛乱象丛生媒介话语案例

媒介话语平台	日期	媒介话语议题和具体内容
《足球》报	2009 年 10 月 22 日	中国足球的深层次原因是足球管理体制、竞赛机制有问题①
	2010 年 3 月 18 日	某些干部要重温小平同志南方谈话②
《人民日报》	2013 年 3 月 28 日	中国职业联赛最受人诟病的，就是管理者用行政的手段和力量干预职业联赛③

上述媒介话语非常清晰地陈述出职业联赛乱象丛生、足球运动整体水平不进反退的症结——"管理体制问题"，不是足球职业化带来的，反而是职业化改革不彻底遗留带来的管理体制、运行机制问题，媒介话语特别聚焦于"足球运动管理中心集决策与执行机构于一身"的管理体制弊端，凸显"管办不分的足球管理体制"，使得"管办不分""亦官亦民""一套班子，两块牌子""事业单位+民间社团"这些成为当时社会舆论中耳熟能详的话语关键词，直接明了地为接下来"管办分离"的媒介话语生产和传播奠定理论基础并渲染舆论氛围。

正是 20 世纪 90 年代初邓小平同志的南方谈话奠定了中国足球职业化改革的基调，使得职业联赛成为可能，因此，传媒界此时又发出了要求中国足球管理机构重新学习邓小平同志南方谈话精神的声音，再次为深化中国足球的职业化改革寻找理论依据，通过这种话语生产和传播来号召中国足球界乃至中国体育界要把足球职业化改革进行到底，不能半途而废甚至开历史倒车，以防"再次将中国足球重新拖回专业时代"，体现出舆论监督职能，同时对中国足球管理机构——中国足球协会乃至国家体育总局形成社会舆论压力，督

---

① 文海. 中国足球的深层次原因是足球管理体制、竞赛机制有问题［N］. 足球，2009-10-22（6）.
② 赵震. 某些干部要重温小平同志南方谈话［N］. 足球，2010-03-18（4）.
③ 陈晨曦，刘硕阳，范佳元. 中国足球的体制原罪［N］. 人民日报，2013-03-28（15）.

促、鼓励并监督中国足球管理体制的"管办分离"。

表8-15 足球管理"管办分离"媒介话语案例

媒介话语平台	日期	媒介话语议题和具体内容
《人民日报》	2013年7月12日	"管办分离"一直是围绕中国足协改革的话题①
	2011年2月21日	"管办分离"成了热门词汇②
	2013年7月12日	体育总局积极稳妥地推进足球联赛管办分离的改革③
	2011年2月21日	管办分离是一个渐进的过程④
	2014年1月22日	管办分离是足球改革的大趋势，协会实体化也将逐步落实⑤
《足球》报	2011年12月12日	管办分离不输红山口会议⑥
	2010年6月28日	坚决执行管办分离⑦

由于中国足球"管办不分"管理体制弊端的顽存，所以在媒介看来"管办分离"一直是围绕中国足协改革的热门话题，尤其是在后奥运时期"管办不分"的弊端更是被无限制地呈现在公众和舆论面前，于是，如媒介话语所描述"炒得火热的'管办分离'成了热门词汇"，其热度"甚至不输当年的红山口会议"。"管办分离"成为后奥运时期中国足球媒介话语关键词之一，话语热度甚至堪比当年奠定中国足球改革基调的"红山口会议"。

正是在媒介话语所营造出的社会舆论压力下，国家体育总局、中国足球协会的相关领导刘鹏、韦迪、蔡振华纷纷表示"必须推动管办分离的管理体制改革"，只不过从媒介话语的细节上来分析，刘鹏作为时任国家体育总局局

---

① 公兵，郑道锦."管办分离"一直是围绕中国足协改革的话题［N］.人民日报，2013-07-12（15）.
② 陈晨曦.近日来被炒得火热的"管办分离"成了热门词汇［N］.人民日报，2011-02-21（15）.
③ 公兵，郑道锦.积极稳妥地推进足球联赛管办分离的改革［N］.人民日报，2013-07-12（10）.
④ 陈晨曦.韦迪表示：管办分离是一个渐进的过程［N］.人民日报，2011-02-21（15）.
⑤ 薛原，刘硕阳.管办分离是足球改革大趋势［N］.人民日报，2014-01-22（15）.
⑥ 贾蕾仕.管办分离不输红山口会议［N］.足球，2011-12-12（4）.
⑦ 赵震.韦迪：坚决执行管办分离［N］.足球，2010-06-28（1）.

长发出"积极稳妥地推进"的声音;时任中国足协专职副主席韦迪作为总局下属的机构首先做出"坚决执行管办分离",时隔一年后马上又自圆其说"管办分离是一个渐进的过程";韦迪的继任者蔡振华感言"管办分离是一个大趋势,我们必须赶路了"。从这些话语中我们可以捕获一个重要的信息:中国足球的领导者们已经达成了共识——必须推行管办分离改革,这一点是毋庸置疑的,尤其是"反赌扫黑"风暴的深度揭批,否则就是与整个社会舆论相对抗了。此外还品味出一个细节:关于推进管办分离的节奏与进度上,国家体育总局与中国足球协会之间存在着不同的看法,上述领导者们所表达出的话语"渐进""稳妥""坚决""赶路"之间本来就存在意义上的矛盾与冲突,对于"管办分离"的紧迫感和难度尚未形成共识。

表 8-16 管办分离的具体举措媒介话语案例

媒介话语平台	日期	媒介话语议题和具体内容
《足球》报	2011 年 12 月 8 日	联赛将由联赛理事会来负责具体运营,司法介入体育的常态化机制也正在一步步完善①
	2011 年 12 月 15 日	管办分离背景下,成立"职业联赛管理委员会",足协收紧联赛管理权②
《人民日报》	2013 年 7 月 12 日	《中国足球职业联赛管办分离改革方案(试行)》推出③
	2012 年 2 月 11 日	足协推出职业联赛管办分离方案,成立职业联赛理事会负责实施联赛办赛职能④
	2013 年 3 月 28 日	中国足球的改革不深入,管办不分开,职业联赛不是洪水猛兽⑤

既然是职业联赛,就要有相应的组织机构,成员应是参与联赛的俱乐部加中国足协,媒介话语在确定"管办分离"这个大方向的共识后,就开始聚焦于足协和总局逐渐推出的一系列有关"管办分离"的具体举措,其中以

---

① 贾蕾仕. 再见足管中心[N]. 足球,2011-12-08(1).
② 贾蕾仕. 足协收紧联赛管理权[N]. 足球,2011-12-15(2).
③ 公兵,郑道锦. "管办分离"迈出的一小步[N]. 人民日报,2013-07-12(1).
④ 陈晨曦,汪大昭. 足协推出职业联赛管办分离方案[N]. 人民日报,2012-02-11(1).
⑤ 陈晨曦,刘硕阳,范佳元. 职业联赛不是洪水猛兽[N]. 人民日报,2013-03-28(15).

"职业联赛理事会""职业联赛管理委员会""职业联盟""中国足球职业联赛管办分离改革方案""协会与足管中心脱钩"为足球媒介话语中出现频率最高的关键词,尤其"职业联赛理事会"和"职业联盟"更是引发了强烈的社会舆论反响。

"职业联赛理事会"在"恒大引援"的实践案例中成为传媒界、足球投资人群体的众矢之的,被贴上了"改革不彻底产物"的话语标签;"职业联盟"则是当年"G7革命"实践案例中投资人群体的主要利益诉求,也是被中国足球协会认为投资人要"分权"的标志,所以当"职业联盟"在后奥运时期的"管办分离"实践中再度被提起时,这个话语关键词就显得极其敏感,被媒介形容为"职业联盟不是洪水猛兽",道出了社会舆论对国家体育总局和中国足球协会的劝诫。"管办分离不是洪水猛兽",直接点明了中国足球"管办分离"进展缓慢、难言彻底的张力所在:洪水与猛兽带给人类的是灾难、毁灭与掠夺,中国足球的管理机构惧怕既得利益受到掠夺,担忧所具有的权威性受到毁灭,所以才会出现如媒介话语所述"迈出难言彻底的一小步",以这种媒介话语来表达出社会舆论对于"管办分离"艰难推进及其过程中多种力量角逐"掣肘"现状的无奈。

(二)有关青少年足球改革的"校园足球"话语

职业化改革前的举国体制下中国青少年足球人才培养是遵循"市少体—省体校—省体工队—国家队"的体制,青少年足球运动员人才输送渠道如同千军万马过独木桥,在这个培养过程中青少年足球运动员缺失文化教育、缺乏亲情关爱、造成人格不健全,最终进入省市专业队的寥寥无几,而被淘汰掉的青少年也欠缺社会生存、社会交往能力,甚至由于缺乏文化素养和道德教育而误入歧途的案例不在少数,举国体制下青少年足球人才培养是典型的"只要一棵苗,不惜毁一片林"精英尖子培养模式。

青少年足球后备人才培养所消耗的时间周期长,与"十年树木,百年树人"的教育理念一样,非一日之功,而是久久为功。职业化改革后,市场运作逻辑下的职业足球在"青少年后备人才培养"这个问题上却凸显了急功近利的做法,等不及长时间的培养周期,就在各级后备梯队建设上弄虚作假、冒名顶替甚至直接用大量资金直接购买球员,而不愿意在青少年足球人才培养上投入资源,最终造成青少年足球根基薄弱,青少年后备人才极度匮乏。国家体育总局、中国足球协会出于改善中国青少年足球后备人才匮乏的考虑,于2009年6月份联合教育部启动了中国青少年校园足球工程。

此外,2010年第六次全国学生体质健康调查的结果显示:全国青少年学生的体质和健康状况仍然令人担忧，7—22岁青少年的肥胖检出率继续增加，视力不良检出率继续上升，并愈加呈现出低龄化倾向，由于在18岁以前没有经常参与体育锻炼，所以其爆发力、力量、耐力等身体素质水平继续呈现缓慢下降趋势。上述这种体质健康状况使得本应朝气蓬勃的青少年学生成了"手无缚鸡之力"的"文弱书生"，甚至短短的1000米跑或者800米跑就可能成为一个生命的终点，毫无旺盛的"精、气、神"可言。

党和国家鉴于此现状，在2013年11月15日正式公布的《中共中央关于全面深化改革若干重大问题的决定》中指出，"强化体育课和课外锻炼，促进青少年身心健康、体魄强健"，为足球运动在学校的普及开展奠定了政策基础；2014年11月26日召开全国青少年校园足球工作电视电话会议，要求把足球纳入学校体育课程教学体系，作为体育课必修内容，为学生提供学习足球的机会，此次会议正式将校园足球纳入教育体系；2015年2月27日，原中央全面深化改革领导小组第十次会议审议通过了《中国足球改革发展总体方案》，要求足球从娃娃抓起，狠抓校园足球，久久为功。上述一系列会议将青少年校园足球工作提升到一个前所未有的高度，成为中国足球、中国教育乃至整个中国社会舆论中的一个热点议题。

媒介话语平台：1999年11月25日《足球》报

媒介话语议题和具体内容：教育部来抓娃娃足球，1999—2000年华晨杯全国中学生足球联赛在即，这是我国首次举办全国性的中学生足球联赛，赛事由教育部和中体协主办，向社会呼吁：中国足球如果少一些急功近利的行为，从娃娃抓起，从基层抓起，中国足球也不至于落到如此田地……希望越来越多的人关注关心这种普及性的学生联赛，也希望未来这种中学生联赛能够一年一年继续办下去。①

如上述媒介话语案例所述关键词"中学生足球联赛""教育部来抓娃娃足球"，话语的字里行间也描述了"校园足球"的相关理念和"体教结合"的思路，这说明早在20世纪90年代中国足球媒介话语就出现过"校园足球"的相关话语，只是由于当时中国足球行业内对于青少年足球人才培养的"急功近利"，所以，在当时的社会实践背景下和中国足球实践背景下，这类有关"校园足球"的媒介话语生产和传播并未成为各界关注的社会舆论焦点议题，

---

① 贾志刚. 教育部来抓娃娃足球[N]. 足球, 1999-11-25 (2).

也没有形成一定的社会舆论氛围。众所周知，上述话语中所表述的"一年一年继续办下去"的全国中学生联赛最终也只办了这么一届，之后也就无疾而终了，用当今网络流行语形容就是"然后就没有然后了"。

表8-17 开展校园足球活动媒介话语案例

媒介话语平台	日期	媒介话语议题和具体内容
《人民日报》	2009年6月11日	国家体育总局和教育部联合下发《关于开展全国青少年校园足球活动的通知》①
	2011年7月6日	体育界、教育界200多名代表对校园足球展开研讨②
	2012年2月21日	到2012年，校园足球开展初现规模，青少年梯队的比赛制度逐渐成形③
	2010年12月29日	从校园足球开展的情况看，实现孩子享受足球的愿望并非易事④
	2011年1月29日	以校园足球为突破口，加强青少年足球兴趣，培养后备足球人才⑤
	2011年7月4日	要坚持体教结合，大力发展校园足球进而夯实足球发展的社会基础⑥
	2010年12月28日	校园足球是为了培养高素质的公民，不单是为了培养球星⑦

---

① 汪大昭. 全国青少年校园足球活动启动 [N]. 人民日报, 2009-06-11 (10).
② 薛原. 足球该怎样"从娃娃抓起"（体坛观澜）[N]. 人民日报, 2011-07-06 (9).
③ 陈晨曦, 杨世尧. 国家体育总局公布校园足球数据 [N]. 人民日报, 2012-02-21 (15).
④ 汪大昭, 陈晨曦, 季芳. 校园足球一时成为中国足球的热门词汇 [N]. 人民日报, 2010-12-29 (15).
⑤ 薛原. 刘延东强调以校园足球为突破口 [N]. 人民日报, 2011-01-29 (15).
⑥ 薛原. 刘延东强调：要坚持体教结合 [N]. 人民日报, 2011-07-04 (15).
⑦ 汪大昭. 校园足球不是为了培养球星 [N]. 人民日报, 2010-12-28 (10).

续表

媒介话语平台	日期	媒介话语议题和具体内容
《人民日报》	2013年12月18日	对于中国足球而言，唯有强化青训，才是根本之计①
	2010年12月28日	校园足球的开展或许可以使我国足球事业重回一条正确的轨道②
	2014年1月22日	国字号队伍糟糕成绩的表象背后暴露出我国足球基础落后③
	2014年12月8日	"发展足球一定要从青少年抓起"之思④
	2013年1月10日	校园足球现在的核心不在"选拔"而在"普及"，是为了加强我国的足球基础⑤
《足球》报	2009年10月15日	国家大力支持校园足球的开展⑥
	2009年10月15日	青少年足球的红山口会议：全力开展校园足球⑦

如上述媒介话语案例所示，"校园足球"议题在2009年之后才逐渐成为中国足球媒介话语生产和传播的一个焦点，而针对"青少年校园足球"议题的媒介话语案例可以分为两种，其中一种是媒介对于青少年校园足球相关会议与活动的启动、开展的新闻报道话语，传媒界运用及时、客观、准确的描述性话语，将校园足球相关活动的启动情况、有关数据、相关领导以及活动的进展现状通过媒介平台及时准确地向社会各界进行报道，完全是一种客观写实的话语风格。

此外，在这类新闻报道性的媒介话语案例中，还包含着最重要的一部分媒介话语：负责校园足球工作的领导者的发言与讲话，话语内容涉及"提高广大学生的体质和体能、培养拼搏意识和团队精神、夯实后备人才根基、扩

---

① 白皓元．对于中国足球而言，唯有强化青训，才是根本之计［N］．人民日报，2013-12-18（15）．
② 汪大昭．校园足球让足球回归教育［N］．人民日报，2010-12-28（15）．
③ 薛原，刘硕阳．国字号队伍糟糕成绩的表象背后［N］．人民日报，2014-01-22（15）．
④ 薛原．人才短缺，难成大事［N］．人民日报，2014-12-08（15）．
⑤ 刘硕阳．体育与教育本该兼容（体坛观澜）［N］．人民日报，2013-01-10（15）．
⑥ 陈永．校园足球从娃娃抓起［N］．足球，2009-10-15（1）．
⑦ 陈永．青少年足球的红山口会议［N］．足球，2009-10-15（2）．

大社会普及面"等一系列校园足球功能。其中主管教育体育工作的前国务委员刘延东同志在媒介话语中出现词频最高,在中国现实的社会生活中,领导人的讲话历来被视为一种"导向"意义的存在,具有较高的引领作用,也是媒介话语生产与传播的风向标,因此,是作为一种具有关键性引领作用的媒介话语而存在。前国际足联主席约瑟夫·布拉特(Joseph S. Blatter)作为足球运动的专业领导者也曾经对中国的青少年校园足球公开发表过讲话,他的话语"有的人可以成为足球明星,而其他人将在未来成长为优秀的中国人"几乎成为中国校园足球的标志性口号,非常完美地体现出中国开展校园足球的意义所在。

这类"校园足球"媒介话语都是客观的描述性新闻报道语言,很少有深度的分析,甚至很少抛出评价、判断"校园足球"的观点,尤其以《足球》报作为一个专业报刊,在针对该议题的话语生产上表现得尤为典型,对于"校园足球"议题的媒介话语生产与传播较为冷淡,众多"名记"笔杆子从未对校园足球发出过声音,似乎从主观上认为"校园足球"不是一个值得深入探讨的议题,而失去了往深处挖掘"校园足球"新闻价值和话语生产的冲动与积极性。即使后来2011—2013年随着全社会校园足球热度的升温,《足球》报对于"校园足球"议题的话语生产与传播有所改善,每一期都会设有报道"校园足球"的一个小专栏,但依然是新闻报道性的话语生产,与《人民日报》一起聚焦于各个校园足球开展较好的省市地区,比如,"大连校园足球、郑州校园足球、广州校园足球、江苏校园足球、北京理工大学足球队"等,进行一种"先进典型经验介绍"性的话语生产,希望能够达到经验推广的话语传播效果,但是相比较于该报纸以前对于联赛相关议题的话语生产,在深度挖掘和话语生产量上也相去甚远。作为党报党刊的《人民日报》从一开始就嗅到了"校园足球"工程的政治意义,因此在有限的体育版块中都会挤出一定的版面空间留给关于校园足球的相关报道和评论。

媒介话语的生产和传播所呈现出的这些特点,其实可以反映出2009—2012年期间"校园足球"活动实践的开展情况其实并不是太理想,社会的认可度、公众的认知度、评价都不太尽如人意,这种心态也必然反馈在媒介有关议题的话语生产与传播上。作为党和国家推出的足球运动新举措,专业报刊、党报党刊肯定是要进行报道的,完成媒介应尽的信息报道功能,但是,这样一个远离职业化、市场化运作的项目,远离商业利益纷争和权力斗争的领域,在媒介看来必然是缺少新闻炒作的"噱头"的,尤其是在市场化运营程度较高的报刊看来,更是没有兴趣去深度挖掘其内在的话语生产价值。

《人民日报》自从 2014 年 12 月份陆续推出针对"青少年校园足球"议题的"筑梦足球 2014"系列评论报道，在《人民日报》针对"校园足球"议题为数不多的评论性话语生产中，主要围绕两个焦点展开：一是持肯定的态度，积极地分析评论校园足球工程是如何"推动青少年足球后备人才培养重回健康之路""夯实足球运动社会根基"的；二是客观冷静地在承认校园足球现有问题"未能形成合力""壁垒仍未能完全突破"的基础上，探讨并指出校园足球未来深化改革的方向与着力点——"体育与教育本该是兼容的"。

无论是对于校园足球功能的分析阐述，还是对于现有问题的深度挖掘，《人民日报》作为党报党刊，能够准确把握党和国家开展校园足球工程的出发点，并在此框架之下进行话语生产和传播，让全社会都能够深入了解、认识校园足球，尤其是"提高青少年体质健康水平"这一目标，更是让全社会了解到校园足球在"青少年足球后备人才培养"之外，还有更深一层的教育功能：校园足球不仅具有健身和竞技功能，还是学校教育的组成部分；不仅是一个运动项目，还是校园文化不可或缺的组成部分；不仅是一门课程，还是学校素质教育创新。引领社会舆论正确、全面、深刻地认识校园足球功能。此外，对于当时乃至当今校园足球存在的桎梏"体教之间的壁垒、冲突"，媒介能够敏锐地察觉，准确地把握，及时地有针对性地进行话语生产和传播，希望能够通过社会舆论压力来提醒甚至告诫校园足球有关管理机构和领导部门，履行媒介的社会舆论监督职能。在聚焦于此的话语生产与传播过程中，在社会生活中产生了一个舆论热词——"体教结合"，至今仍被校园足球活动实践所证明是核心关键点。

（三）"足球梦与中国梦"的媒介话语

在后奥运时期"反赌扫黑"之后，虽然中国足球运动总体水平依然没有体现出社会公众所期待的强势反弹的态势，但是，国家和政府层面对中国足球运动的重视程度却提升到了一个前所未有的高度，足球运动在社会生活层面也逐渐升温，成为社会各界公众热议并积极关注、参与的运动项目。尤其是在 2015 年《中国足球改革发展总体方案》正式颁布后，党中央、国务院甚至将"改革和发展中国足球运动"纳入未来国家总体改革与发展的战略轨道，将中国"足球梦"提升到与实现中华民族伟大复兴的"中国梦"息息相关的战略高度，与此同时，大众传媒敏锐地察觉到了足球运动在中国政府层面和社会层面、教育层面的急剧升温，并针对"足球梦，中国梦"这一热点议题积极地进行相关的话语生产和传播，将"足球梦，中国梦"这一热点议题迅速营造成该时期的社会舆论焦点议题。

"足球梦，中国梦"议题的媒介话语主要从两个层面进行生产和传播：一是"党和国家对于提高中国足球运动整体水平的高度期望与愿景"，二是"党和国家为什么会对中国足球运动有着如此这般的期盼与愿景"。

表 8-18 "足球梦，中国梦"媒介话语案例

媒介话语平台	日期	媒介话语议题和具体内容
《足球》报	2009 年 10 月 15 日	中央领导高度关注中国足球事业的发展，要求加快完善符合国情的足球改革方案①
	2009 年 10 月 19 日	习近平表态喜欢足球，希望足球也要搞上去②
	2011 年 7 月 7 日	习近平的足球愿望：世界杯出线、举办世界杯、获得世界杯冠军③
	2009 年 12 月 14 日	外媒：中国政府振兴足球④
	2013 年 4 月 29 日	足球在国宴晚会上被提起，主席希望中国能够举办世界杯⑤

媒介在表述党和国家对于提高中国足球运动整体水平的高度期望与愿景的过程中，会非常敏锐及时地对党和国家领导人比如胡锦涛、习近平、刘延东在会议、外事活动上公开发表的"足球期望与愿景"进行报道和记录，聚焦于重量级话语主体的发言表态和观点表达，因此，在上述媒介话语案例中频频出现"中央领导""中央高层领导""党的三代领导集体和以胡锦涛同志为核心的党中央""中国政府""习近平""刘延东"。此外，上述话语主体不但在党和国家的高层会议上公开阐述"足球期望与愿景"，甚至在"欢迎法国总统奥朗德的晚宴""赴德国参观拜耳集团公司""在北京会见了韩国民主党党首、国会议员"这些重要的外事活动场合也毫不掩饰对于中国足球运动的期盼与愿景。

如此这般的话语生产与传播使得"习近平对于中国足球运动的三大愿望：中国世界杯出线、举办世界杯比赛及获得世界杯冠军"成为舆论热点话语，

---

① 陈永. 刘延东在校园足球工作启动会议上的重要讲话 [N]. 足球，2009-10-15 (2).
② 程善. 必须要将中央领导对足球的工作部署落到实处 [N]. 足球，2009-10-19 (4).
③ 王伟. 习近平的足球愿望 [N]. 足球，2011-07-07 (4).
④ 外媒. 中国政府振兴足球 [N]. 足球，2009-12-14 (5).
⑤ 王伟. 习近平同贵州主帅宫磊聊中超 [N]. 足球，2013-04-29 (2).

使习近平的"三大足球愿望"都家喻户晓,而中国体育界、足球界、教育界校园足球更是将"三大足球愿望"作为座右铭,成为中国足球奋起直追世界先进足球强国的动力。在这一方面的"足球梦,中国梦"议题的媒介话语生产与传播,"习近平三大足球愿望"最终成了舆论热点关键词。比如《足球》报曾将网络新媒介上的话语呈现在传统的报纸媒介平台上:"领导一重视足球就好办了""国家重视足球有盼头""中国足球发展的最好机会来了""中国足球即将出头",这一系列新媒介与传统媒介融合生产的话语重拾了社会公众对于中国足球改革与发展的信心,而这一信心的来源就是"领导重视""国家重视"。此外,由于后奥运时期中国国家和政府对于改革与发展中国足球的持续高度重视,连外媒都感受到了这种温度的急剧上升,所以也出现了"中国政府振兴足球"的话语。

表8-19 足球复兴成为中国梦重要组成部分的原因媒介话语案例

媒介话语平台	日期	媒介话语议题和具体内容
《足球》报	2009年10月22日	足球水平发展对提升国家的软实力有重大帮助[1]
《人民日报》	2013年10月3日	习近平被足球的团队配合精神所吸引,因而热爱足球[2]
	2015年3月17日	《中国足球改革发展总体方案》:振兴中国足球与复兴"中国梦"息息相关[3]

中国是竞技体育大国,2008年奥运会获得51枚金牌名列第一,有许多优势体育运动项目,也有许多和足球一样落后的劣势体育运动项目,但是,为什么党和国家却在后奥运时期唯独将中国足球运动提升到一个前所未有的高度,党和国家领导人偏偏对中国足球运动公开提出"三大愿景"进行鞭策?该时期媒介针对这个议题进行了话语生产与传播,从上述媒介话语案例的叙述中可以得到答案:足球运动具有广泛的社会影响,深受广大群众喜爱。发展和振兴足球,对提高国民身体素质、丰富文化生活、弘扬爱国主义集体主义精神、培育体育文化、发展体育产业、实现体育强国梦具有重要意义,对

---

[1] 文海.中国足球的深层次原因是足球管理体制、竞赛机制有问题[N].足球,2009-10-22(6).
[2] 刘洪超.总书记爱足球[N].人民日报,2013-10-03(15).
[3] 程聚新.国办印发《中国足球改革发展总体方案》[N].人民日报,2015-03-17(8).

经济、社会、文化建设也具有积极促进作用，要把发展足球运动纳入经济社会发展规划。

固然有国家领导人个人爱好足球运动"团队配合精神"的因素存在，但根本上还是在于"倾听人民心声，满足人民群众的精神文化生活需要"，因为"足球运动是最受人民群众欢迎的运动项目之一"。改革开放后，中国的社会与经济快速发展，广大人民群众已经解决了基本的物质生活需求和温饱问题，于是就对精神文化生活提出了更高的要求，而中国足球作为人民群众最喜最关注的运动项目，偏偏无法满足人民群众日益高涨的"足球需求"，因此，从对中国足球运动提出发展和改革愿景出发，体现了党和国家政府对于民生的重视，凸显了中国共产党"为人民服务""共同奔向小康社会"的执政理念。"满足人民群众的精神文化生活需要"成为该时期"足球梦，中国梦"媒介话语的关键词之一。

1840年鸦片战争以来，中国人就在世界上因为身体孱弱不堪被侮辱性地称呼为"东亚病夫"，一直到人民生活水平得到极大改善的今天，身体素质尤其是青少年体质健康水平仍然令人担忧。进入21世纪以来，全球范围内的综合国力竞争日趋激烈，各国都纷纷把全面提高国民素质、增强人才竞争力作为国家级战略，而青少年的身心健康状况是衡量一个民族旺盛生命力的重要标志，是一个国家现有及潜在综合实力的重要体现，是迈向人力资源强国的重要基础。"少年强则国强"意味着需要从国家强盛和民族振兴的全局视角来考虑青少年身心健康、体魄强健的重大意义，而青少年甚至是成年人积极参与同场对抗性运动的足球运动可以发展耐力、力量、速度等身体素质，极大地提高体质健康水平，有效地发展"国民身体素质"，使得发展中国足球运动成为建设人力资源强国的一种辅助手段，为中华民族未来屹立于世界民族之林奠定人力基石。"有效提升国民整体身体素质水平"成为该时期"足球梦，中国梦"媒介话语的又一关键词。

"足球梦，中国梦"的媒介话语生产与传播把发展足球运动纳入了经济社会发展规划，上升到与中华民族伟大复兴息息相关的国家战略的高度，而不单单是一个弱势竞技体育项目的改革与发展问题。成就中国足球梦想是提升国家软实力的基础工程，肩负着国家强盛和民族复兴的历史重任，也就是说"足球梦，中国梦"的媒介话语已经基于足球而又超越足球，成为一个关涉党和国家命运与前途的社会公共事务议题。虽然足球运动只是目前中国竞技体育的一个弱势项目，但是正在受到党中央、国务院的高度重视和全国人民的热切期盼，并史无前例地将"振兴中国足球"提升为国家的发展战略，成为中国全面深化改革工作中的一个重要组成部分,这显然已经不是足球运动的竞技属性所能够单独承载和诠释的了,我们必须跳出体育看体育、超越足球看足球,深入解读足球运动的内涵。1992年,在当时中国全面改革开放的社会大背景下,中国足球就曾经作为中国体育领域改革的"急先锋",积累了宝贵的经验,这在整个中国体育领域的改革都具有典型性。22年后的今天,在实现中华民族伟大复兴的"中国梦"背景下,中国足球再一次被历史性地选择为中国全面深化改革工作的一个聚焦点,而中国足球改革与发展的重要举措在许多方面对于国家与社会的转型改革也都具有启发与借鉴价值。也正是由于党和国家把中国足球改革与发展纳入了经济社会发展规划,进而"足球梦,中国梦"的媒介话语生产出"全面深化改革的重要组成部分"这一关键论断。

"足球梦"上升到与实现中华民族伟大复兴的"中国梦"息息相关的战略高度,还体现在"振兴中国足球是实现体育强国梦、振奋民族精神的必然要求",借助足球媒介话语来振奋民族精神,充分表达民族自信心。1840年以来,近代的中国历史是一部屈辱的血泪史,即使1949年新中国获得了民族独立与解放,仍旧处于贫穷与落后的境地,因此,实现中华民族伟大复兴的"中国梦"的提出是基于振奋民族精神、充分表达中华民族繁荣昌盛的自信心的渴望。新中国改革开放30多年的成果已经给予中华民族自信心充分的表达,中国各行各业深化改革、飞速发展,北京奥运会所获得的空前成功代表中国竞技体育的巨大改革成就,但是唯独足球运动水平不进反退,因此,如果中国人通过不断改革与发展中国足球让积重难返的中国足球运动获得成功与自信,"足球梦,中国梦"媒介话语就可以自信满满地向世界表达:中国能让病入膏肓的足球运动浴火重生,还有什么可以阻碍中华民族伟大复兴的"中国梦"的实现呢!"足球梦,中国梦"的媒介话语生产出"振奋民族精神的必然要求"这一关键论断。

上述媒介话语案例中有"青少年学生家长认为中国足球口碑不好",中国足球成了"假赌黑"的代言词,足球从业人员成了"赌徒""黑社会""贪官""黑哨"的代言词,这将直接导致中国足球改革与发展的一系列远景规划缺乏社会生存土壤,从而影响中国足球的可持续健康发展,除此之外,还在国际上对中国的国家形象抹黑,因此,推动中国足球运动的改革与发展,也是向世人展示中国足球励精图治、积极向上、深化改革决心的绝佳"窗口";重塑中国足球新形象,进而在国际上提升国家形象、提升国家软实力,营造加快发展中国足球的良好舆论氛围,使国人重拾对中国足球的信心与期待。

此外，足球运动不仅是身体运动，更是一种自信心的修炼，足球运动还可以塑造青少年勇武、自信的国民性。中国运动员在个人技巧类项目总会有惊艳表现，但在对抗项目、集体项目难有作为，这也反映出勇武精神与直接对抗下自信心的缺失，而青少年通过长期参与足球运动的磨砺，能够更加勇武、自信、光明磊落。"足球梦，中国梦"的媒介话语生产出"提升国家形象和软实力"这一关键论断。

第二节　媒介话语生产与传播过程中的沟通与对话

一、社会公众与足球界之间的对立

媒介话语平台：2010年12月31日《人民日报》

媒介话语议题和具体内容：相比于金牌战略自身的困惑，来自社会舆论的对立情绪更令中国体育界忧心忡忡：调侃、谩骂中国足球已成为公众宣泄不满情绪的渠道，而且，这种现象正由单一的足球项目向整个体育领域蔓延。①

2008年北京奥运会结束后，中国足球的形象和社会口碑完全坍塌，曾担任国家体育总局领导职务的崔大林在2008年北京奥运会结束后公开表示："目前中国足球事业发展过程中最大的问题，就是落后的中国足球运动现状无法满足人民群众日益增长的对于中国足球的需求之间的矛盾。"② 由此可见，社会公众对于中国足球的发展现状是极为不满意的，如上述案例所述，社会公众不认可中国足球，与足球界是对立情绪，那么社会公众舆论对中国足球的对立情绪，调侃、讥讽、谩骂之声，在后奥运时期主要是通过什么途径和平台来进行宣泄的呢？

---

① 钟文. 来自社会舆论的对立情绪更令中国体育界忧心忡忡 [N]. 人民日报，2010-12-31 (15).
② 央视网. 形象丢失殆尽成绩跌至谷底 中国足球得从头开始 [EB/OL]. [2008-09-02] https://sports.cctv.com/20080902/104324.shtml.

表 8-20 后奥运时期球迷对足球的失望之情宣泄媒介话语案例

媒介话语平台	日期	媒介话语议题和具体内容
《足球》报	2010年11月11日	球迷与球员在微博上进行"骂战"[1]
	2008年9月10日	网络话题周排行榜:"足协封杀央视记者引发网络热议"排名第4位[2]
	2008年9月10日	"凤凰男儿"的博文:博主亲历的国家队训练不对央视记者开放的经历[3]

后奥运时期,越来越发达的互联网媒介和移动手机自媒体成为普通社会公众宣泄对中国足球失望、不满和对立情绪的主要渠道,其中"微博"这个空间平台更是被《足球》报所持续注意,其博文经常被《足球》报所转载。其实这种传统媒介转载网络媒介话语的源头是 1997 年《大连金州不相信眼泪》案例,但是从 2004 年开始,传统纸质媒介和网络新媒介结合来生产和传播话语的趋势变得明显,在 2008 年北京奥运会后更是成为普通公众自主生产和传播中国足球话语的主要平台与渠道。由于手机自媒体和互联网媒介的话语审查制度不像报纸媒介那样严格,所以讥讽、谩骂甚至人身攻击的足球话语比比皆是,比如套用中国古语、成语、俗语的"犹抱琵琶半遮腔""迅雷不及掩耳盗铃""最佳门将,醉驾门将"这类话语,甚至直接在网络微博媒介平台上与足球运动员隔空展开骂战。

从微博媒介平台和如"球迷论坛"一类的其他互联网媒介平台上,我们可以很明显地感觉到社会公众与中国足球界之间由于不满情绪和鄙视情绪而引发的隔阂与对立,正是由于网络媒介话语平台尤其是自媒体话语平台,那种人人触手可及的便利性和无障碍性,才更加能够让普通社会公众畅所欲言,无障碍无删减地表达观点、立场。曾经对中国足球"胜也爱,败也爱"的痴心不改的忠实拥护者,在北京奥运会之后的一段时期内对中国足球彻底心灰意冷,网络媒介和手机自媒体只是向中国足球界转达和传播这种不满和对立情绪。

---

[1] 曾爽. 当微博与中国足球碰撞 [N]. 足球, 2010-11-11 (5).
[2] 《足球》报刊登网络话题周排行榜 [N]. 足球, 2008-09-10 (6).
[3] 程善.《足球》报摘选新浪博客上名为"凤凰男儿"的博文 [N]. 足球, 2008-09-10 (6).

二、传媒界与足球界之间的对立：央视对中超的"封杀"禁播

表 8-21 央视对中超的"封杀"禁播媒介话语案例

媒介话语平台	日期	媒介话语议题和具体内容
《足球》报	2008年12月22日	2008赛季的中超联赛收尾阶段的6轮比赛被央视屏蔽①
	2009年2月16日	2009赛季中超联赛喜迎小暖春——央视解禁②
	2009年7月23日	中超不再占用央视的黄金时间③
	2011年3月7日	央视体育频道决定暂不转播中超联赛④

如上述话语案例所述，在2008北京奥运会之后，不但社会公众与中国足球界"决裂"，就连曾经在职业化改革初期捧红甲A联赛的央视媒体，也一度对2008赛季中超联赛禁播，虽然在2009赛季央视短暂地恢复了对中超的转播，但是随之而来的2011赛季又陷入全面的禁播，禁播让中国足球被彻底屏蔽在主流价值观之外。

央视曾经在转播十年甲A时期创下了收视率纪录，平均收视率为1.78%，这是个巨大的数字，那是一段传媒界和中国足球界相伴相生的"蜜月期"，1994—1998年央视每转播一场甲A联赛，就要免费给中国足协2分钟的广告时段以作为转播补偿。虽然在1997年之后"蜜月期"不复往日，但是央视也没有停止过对中国足球职业联赛的转播和报道，而且在1999年央视甚至拿出1100万元才买到了甲A联赛的转播权。从2008年11月12日开始，中超后6轮的比赛被央视全面封杀禁播，同时新闻以及其他节目中也没有出现中超相关的文字和消息，与中国足球界坚决地"划清界限"，考虑到同时期内中国足协对央视记者的"封杀"和"禁止采访"，就此体现出以央视为代表的传媒界与中国足球界之间相互"封杀"的对立关系。

---

① 陈永.2008赛季的中超联赛收尾阶段的6轮比赛被央视屏蔽[N].足球，2008-12-22(1).
② 2009赛季中超联赛喜迎小暖春——央视解禁[N].足球，2009-02-16(1).
③ 贾岩峰.央视让中超联赛惨变替补[N].足球，2009-07-23(1).
④ 贾蕾仕.央视体育频道用传真正式通知中国足协暂不转播中超[N].足球，2011-03-07(1).

从上述话语案例得知，虽然在2009赛季央视短暂地恢复了对中超联赛的转播，但随之而来的中国足坛"反赌扫黑"风暴再度让央视下定决心，并正式通知中国足协"不再转播中超"。央视这次决心下得决绝，哪怕足球投资人在2011年3月份的两会中以代表的身份专程提交提案呼吁"央视恢复对中超的转播""人大议案反击拒播《关于吁请中央电视台恢复转播中超联赛的建议》"①，甚至一度上升到央视媒体的社会责任感②，央视都不为所动，与中国足球界对立态度的坚决性可见一斑。央视这次与足球界的决绝直到2012赛季才宣布恢复对中超联赛的转播。

值得一提的是，中超联赛除了依托传统的电视媒介平台来进行中超联赛的转播，虽然央视主流电视媒体禁播中超联赛，但是，鉴于该时期内已经在中国千家万户极为普遍的互联网新媒介，中国足协眼看与央视再续前缘无望，果断与网络新媒介平台进行密切合作，2009赛季新浪与新传两家网络媒体都推出了转播中超联赛的服务，根据2009赛季中超联赛的半程转播统计，这两家网络新媒介的直播、点播、进球集锦的点击率已达3200万人次。虽然当时2009年网络新媒体的影响力暂时还不如央视为代表的电视媒介，但是网络新媒介对于转播中超联赛的前景持乐观态度。除了互联网媒介转播，作为自媒体的移动手机3G技术也给中超的赛事直播带来了新的媒介平台，但是，鉴于该时期手机3G技术下的网速较慢，公众没有选择手机网络转播，因为网速慢会引起画面定格、卡顿、不流畅等转播现象。

---

① 贾蕾仕. 足球两会 [N]. 足球, 2011-03-07 (3).
② 陈永. 足球两会 [N]. 足球, 2011-03-07 (3).

第九章

各个时期中国足球媒介话语的发展与嬗变

第一节　中国足球媒介话语总体的发展与嬗变态势

在新中国成立初期，以《人民日报》为代表的纸质传播媒介对新中国足球运动的各项启动工作和对外交流活动进行平铺直叙的报道，由传媒代表党和国家向全国人民乃至世界各国冷静、客观、理性地宣传和介绍新中国足球运动的发展情况。

虽然这种态势在"文革"期间被打破，但是随着"文革"结束后中国重返国际足联，以《人民日报》《体育报》以及一系列报告文学作品为代表的纸质传播媒介开始将笔尖和聚光灯聚焦于中国足球数次冲击世界杯和奥运会决赛圈的历程，并在这个过程中，传媒根据社会公众心目中对中国足球界的口碑和印象，塑造出一系列专业技能、道德风貌、敬业精神极佳的中国足球运动员和教练员行业群体典范形象，这一切都印证了中国足球媒介话语不但恢复了足球专业宣传的功能，并且还借助足球媒介话语这个平台进行爱国主义宣传。

在中国足球屡次冲击世界杯未果的背景下，传媒响应社会公众希望中国足球励精图治、改革变通的呼声，先后聚焦于"足球职业化是否适用于中国社会土壤""足球职业化改革的核心内容和本质"议题，主要依托以《足球》报和《人民日报》为代表的报纸媒介平台，在职业联赛正式拉开帷幕之前展开社会各界之间的大讨论。

自从1994年中国足球职业联赛正式拉开帷幕之后，以《足球》报、《体坛周报》为代表的专业报刊和中国社会生活中逐渐普及的电视媒介开始聚焦于中国足球职业联赛——"甲A联赛、甲B联赛"，在这个过程中崭露头角并逐渐成长为中国足球媒介话语的主要生产与传播平台。此外，"中国队征战'十强赛'"成为互联网新媒介参与中国足球媒介话语生产与传播的开端与发韧。上述这些与包括《人民日报》在内的各种大众传播媒介平台共同开创了中国足球传媒的黄金期，向全国社会各界宣传描绘出中国足球职业联赛初期一派欣欣向荣的图景。也正是在对职业联赛初期的"甲A盛世图景"进行宣传和报道的过程中，中国传媒界与足球界之间形成良性的互动与合作关系。

以1997年"十强赛"新闻发布会的召开为"分水岭"，标志着中国足球职业联赛开始步入"深水区"。该时期内以新浪网为代表的互联网新媒介逐渐成长为报道职业联赛以及中国足球其他相关信息的一个窗口，而以《足球》报、《体坛周报》等为代表的专业报刊和以央视《足球之夜》节目为代表的电视媒介开始逐渐形成一个产业化功能倾向日趋明显的中国足球媒介利益集团。在一个已然成熟的中国足球媒介话语空间内，报纸、电视媒介开始针对中国足球职业联赛进行议程设置的转换：超越联赛球市和赛况赛果的专业报道，通过对联赛不公平竞赛现象的深度报道，逐渐触及足球职业化改革最为核心、本质的议题，引导社会各界反思、揭批中国足球职业化改革与联赛发展过程中存在的体制、机制弊端。也正是在这个过程中，中国传媒界与足球界开始暴露观点上的分歧，并逐渐演变为矛盾冲突甚至相互封杀、对簿公堂，这种传媒界和足球界之间的对立关系甚至一直保持到现在都未曾发生根本性改变。

中国足球职业联赛从2004年开始进入"中超"时期，与上一时期相比，除了报纸媒介、电视媒介以外，在21世纪中国社会生活中越来越普及的互联网媒介开始成熟并真正占据中国足球媒介话语生产和传播的主要媒介平台。此外，基于手机移动网络技术的自媒体平台开始崭露头角。形态日趋丰富多样化的大众传播媒介在该时期的足球媒介话语生产与传播过程中继续保持议程设置的转换，从对于中超元年开始出现的"嘘声"→"罢赛"→"G7革命"→"联赛裸奔"这一系列连锁反应的报道，开始由表及里地深度聚焦于导致联赛出现这一系列连锁反应的"管办不分""政社不分"的体制、机制弊端进行针砭和抨击，并对现有体制、机制弊端是如何阻碍职业联赛的进一步深化改革，进而导致职业联赛市场商业价值急剧贬值和缩水的现状进行评析和诟病。该时期中国传媒界和足球界之间的关系持续恶化，传媒基于商业运作逻辑运用更具震撼力、爆炸性、"吸睛"的媒介话语塑造出中国足球行业的一系列负面群体形象，并被社会公众广为熟知和引发社会舆论热议，使得媒介话语塑造的这种负面形象成为中国足球运动员群体形象、足协干部群体形象、足球裁判员群体形象甚至整个中国足球行业形象的刻板"标签化"预设。

2008年北京奥运会结束后，由于中国的手机移动网络技术越来越普及和成熟，连续实现从3G网络到4G网络直至今日5G网络的更新换代，加上中国寻常百姓家庭早已极为普及的互联网，故而手机自媒体和互联网媒介成为该时期中国足球媒介话语的生产和传播的重要媒介平台，并且逐渐成熟和普及化；与此同时，传统的以《足球》报和《体坛周报》《人民日报》为代表的纸质媒介和电视媒介并没有在网络新媒介的冲击下销声匿迹，反而积极主动地与网络新媒介寻求合作，主动将《足球》报和《体坛周报》报刊资源呈现于互联网平台，甚至通过开通官方微博、创建APP、开设微信公众号的形式将报刊资源呈现于手机自媒体平台，多种形态的大众传播媒介融合的趋势已经日渐显著。

媒介融合趋势下的后奥运时期，中国足球媒介话语生产和传播依旧保持着议程设置转换，不再止步于国字号球队技战术层面和竞技能力层面的报道，转而聚焦于中国足坛"反赌、打假"→"扫黑"→"反腐"→"大审判、大反思"这一系列紧密联系的"反赌扫黑"议题，并往深处对造成联赛乱象和足协干部贪腐的现有中国足球管理体制、机制的弊端进行揭批，该时期在话语生产上极为鲜明地体现出借用中国俗语、成语来讽刺甚至人身攻击的风格，有的话语尖酸刻薄、登不得大雅之堂。

此外，中国足坛在"反赌扫黑"过后进入一个全新的时期，多样化的大众传播媒介形态开始聚焦于"恒大现象"及其所引发的连锁反应议题"金元中超""中超回暖"，进行爱恨交加的话语生产和传播；并在《中国足球改革发展总体方案》颁布实施后，引导大众传播媒介聚焦于"校园足球""管办分离+脱钩""足球梦，中国梦"一系列中国足球改革发展议题，生产与传播国家足球话语，将中国足球事业提升到与中华民族伟大复兴息息相关的国家战略高度。

第二节 中国足球媒介话语各个维度的发展与嬗变态势

一、媒介话语平台的发展与嬗变

表9-1 中国足球媒介话语平台的发展与嬗变流程表

	报纸	书籍	电视	互联网	自媒体
启动时期	《人民日报》《体育报》				
"文革"时期	《人民日报》				

续表

	报纸	书籍	电视	互联网	自媒体
"文革"结束	《人民日报》《体育报》	报告纪实文学	电影《球迷心窍》		
改革筹备期	《人民日报》《足球》《体坛周报》		春晚相声小品		
职业联赛初期	《足球》《体坛周报》《人民日报》		赛事报道、《足球之夜》、春晚相声小品		
"十强赛"期间	《足球》《体坛周报》《人民日报》		赛事报道、《足球之夜》、春晚相声小品	十强赛报道 BLOG《大连金州不相信眼泪》	
"深水区"时期	《足球》《体坛周报》《人民日报》	自传	赛事报道、《足球之夜》、《在路上——中国足球这几年》、春晚相声小品	新浪网对联赛的报道	
中超时期	《足球》《体坛周报》《人民日报》	自传	上海文广转播中超、《足球之夜》、春晚相声小品	各大网站体育版、网络论坛、《国足欢迎你》	
后奥运时期	《足球》《体坛周报》《人民日报》		央视转播中超、《足球之夜》、春晚相声小品	各大网站体育版	微博、微信
新时期	《足球》《人民日报》《体坛周报》		央视转播中超、《足球之夜》	"内容+平台+终端"的新型传播体系	
	媒 介 融 合				

根据前几个章节对各个时期内中国足球媒介话语平台发展与嬗变具体情况的详细阐述，生成表9-1对中国足球媒介话语平台发展与嬗变总体态势的简明呈现，在中国足球媒介话语生产与传播过程中描绘出一幅动态的媒介话语平台发展与嬗变图景。

（一）纸质媒介的发展与嬗变

从表9-1可以得知，报刊作为传统的纸质媒介平台，在中国足球媒介话语发展与嬗变的整个漫长历程中是从未缺席过任何一个历史时期的重要主力军！以"文革"结束为界限，"文革"结束前，有关中国足球议题的媒介话语的生产和传播的主要媒介平台是以《人民日报》为代表的报刊；"文革"结束后，纸质媒介平台开始更为丰富、多样化，不仅有《人民日报》《中国体育报》这类党报党刊和机关报，以《足球》报和《体坛周报》为代表的专业报刊也开始在中国足球媒介话语的生产与传播过程中闪亮登场，并在职业联赛初期的中国足球媒介话语生产与传播实践中逐渐发展成熟，直至挑起大梁，成为造就中国足球传媒"黄金期"的主力军。以报纸为代表的纸质媒介在后北京奥运时期面对互联网和手机移动网络技术的冲击，主动积极地寻求与网络新媒介的融合与合作，开通报刊微博账号、注册报刊APP、开通报刊微信公众号，以保留报刊这一重要的中国足球媒介话语平台不被历史和科技所淘汰。

作为传统纸媒的另一种媒介形态——书籍，曾经在"文革"结束后短暂时期内集中涌现出一大批"中国足球"题材的报告纪实文学作品，并在21世纪初期集中出版过一批足球界人士的人物自传，比如徐根宝的《风雨六载》、王俊生的《我知道的中国足球》、马克坚的《我离中国足球最近》。但无论是报告文学作品还是人物自传，都是在一段特定的短暂时期内集中涌现，并且与同时期中国社会出现的"报告纪实文学热潮""名人出书热"趋势相吻合，而且最重要的一点是：短暂的昙花一现，不具备与报纸媒介一样对于媒介话语生产与传播的持续性，比如足球界人物自传热在2004年就"退烧"了。所以，以报告文学作品和人物自传为代表的书籍这种纸质媒介平台，在漫长的中国足球媒介话语生产与传播过程中只能算是临时客串的"票友"和"赞助"，不能成为重要的媒介话语平台。

（二）电视媒介的发展与嬗变

除传统的纸质媒介形态之外，在"文革"结束以后，开始出现中国足球媒介话语平台的一股新生力量——电视媒介，尤其是从职业联赛初期开始，中国足球媒介话语的生产与传播主要平台开始进入"纸媒+电视媒介"时代，携手与纸质传媒共同造就了中国足球传媒的"黄金期"。

从职业联赛初期开始至今,在中国社会生活中已然普及的电视媒介开始了对中国足球职业联赛以及各级国字号球队赛事的高密度报道和转播,以央视体育频道创作开办的《足球之夜》栏目和《在路上——中国足球这几年》纪录片为代表的精品电视专题节目,是电视媒介生产和传播中国足球媒介话语的重要平台,尤其是央视《足球之夜》栏目陪伴了中国足球职业化改革的整个历程,从未缺席。值得一提的是,在职业联赛进入中超时代后,央视曾经在2005年不对中超联赛进行转播,此后甚至几度对中超联赛进行屏蔽,这时候来自上海的文广传媒集团展开对中超联赛的转播和报道。由此可见,电视传媒对于职业联赛的话语生产和传播从未间断过。

此外,"文革"结束以后,以电影《球迷心窍》和央视春晚的相声、小品为代表的电视媒介,尤其是在万众瞩目的央视春晚舞台上登台表演的相声、小品,更是拓展了电视媒介生产和传播中国足球媒介话语的平台与形式,虽然只是一年一度的间歇性登台亮相,但是在中国市井百姓心中一直存在"春晚"情结,因此春晚作为电视媒介的影响力巨大。此先例一开,在往后的数十年间的央视春晚舞台上从未缺席,虽然中国足球成绩不咋样,但是话题年年有。

(三) 网络新媒介的发展与嬗变

20世纪90年代,随着时代的发展、科技的进步和中国社会经济的快速发展,1994年4月20日,中国通过一条64K的国际专线,全功能接入国际互联网,这成为中国互联网时代的起始点,而这一年也正是中国足球职业联赛的开篇之年。1997年不但是中国互联网元年,也是网络新媒介生产和传播中国足球媒介话语的开端与发轫之年。新浪网前身"四通利方"网站首次采用网上视频、音频直播的技术,对1997世界杯预选赛"十强赛"的情况进行了详细的直播与报道,与此同时一名普通球迷还在该网站论坛上发布博文《大连金州不相信眼泪》,这一切都彰显着网络新媒体在足球媒介话语的生产与传播过程中悄然破土而出,自此以后,网络新媒介不但没有缺席过任何一个时期的足球媒介话语生产与传播,而且逐渐地发展壮大。

自1997年以后,以新浪网为代表的网络新媒介开始逐渐展开对中国足球职业联赛的报道,新浪网与中国足球协会还成立了中国足球职业联赛网站,成为报道和传播中国足球协会和中国足球职业联赛信息的窗口,并且成为有关中国足球职业联赛最早的网络新闻发布地之一。尤其是进入21世纪后,互联网在中国迅猛发展,在中国社会生活中越来越普及的互联网媒介开始成熟并真正占据中国足球媒介话语生产和传播的主要媒介平台，以新浪网、网易、搜狐为代表的各大网站都纷纷开设体育专版区域对中国足球和职业联赛相关信息进行报道，并且在职业联赛进入中超时代后，以央视为代表的电视媒介禁播中超联赛，新浪与新传两家网络媒介在2009年都推出了转播中超联赛的相关服务，及时"顶上"填补了联赛转播空缺。也正是在这个过程中，生产和传播中国足球媒介话语的网络新媒介开始真正发展壮大、成形，成为中国足球媒介话语生产和传播过程之中不可或缺的一支重要力量，甚至从后奥运时期的2009年开始，逐渐有取代电视媒介平台的发展趋势。

之所以说网络新媒介在后奥运时期开始逐渐发展壮大的过程中，对报纸、电视等传统媒介有"彼可取而代之"之势，就是由于手机移动互联网技术的成熟和普及提供了支撑，连续实现从3G网络到4G网络直至今日5G网络的更新换代，互联网从台式电脑的固定链接端口升级转化为基于手机平台的移动网络，与此同时，积极地、开放性地与以《足球》报和《体坛周报》《人民日报》为代表的传统纸质媒介和电视媒介合作与融合，主动将《足球》报、《体坛周报》报刊资源呈现于互联网平台，与央视合作开通央视互联网直播网站平台，甚至通过开通官方微博、创建APP、开设微信公众号的形式将报刊资源呈现于手机自媒体平台，受众依托于手机和移动电脑随时随地畅览报纸、电视、微博、微信上的中国足球相关信息，多种形态的大众传播媒介融合的趋势已经日渐显著，建设"内容+平台+终端"的新型媒介传播平台体系。

（四）小结

从表9-1的内容和上述分析中可以得知：

1. 在动态的中国足球媒介话语平台发展与嬗变过程中，报纸作为传统纸质媒介的代表，从未缺席过任何一个时期的中国足球媒介话语的生产与传播。这说明科技的发达进步、公众工作和生活节奏的加快，并没有抹杀报纸媒介的主流地位和引领社会舆论导向的功能，尤其像《人民日报》这样的主流报刊，更是见证了新中国足球运动漫长曲折的发展历程中全部的喜怒哀乐和所有的是是非非，这一点就连专业报刊《足球》报、《体坛周报》和国家体育总局机关报《中国体育报》都无法企及。但是，由于作为党报的《人民日报》在生产和传播中国足球媒介话语的过程中受到版面的限制，只能有选择性地对中国足球重大议题和最新信息进行重点报道，而且报道深度有限，没有条件针对所有的中国足球议题和相关信息进行全面的、追踪性的深度报道，故而只能作为舆论导向的媒介平台而存在。这就需要在传媒市场化、商业化浪潮中成长起来的以《足球》报、《体坛周报》为代表的专业报刊作为《人民日报》强有力的辅助与补充，特别是这些专业报刊非常注重大篇幅、大版面地开辟出足球界、传媒界和其他社会各界几乎参与互动和对话的空间，使得报纸成为名副其实的大众传播媒介。表9-1中所呈现的事实情况也确实证明了《足球》报与《人民日报》《体坛周报》在中国足球媒介话语平台的"三驾马车"地位；这也符合《中华人民共和国国民经济和社会发展第十三个五年规划纲要》中提出的建设现代传媒体系的战略要求："加强主流媒体建设，提高舆论引导水平，增强传播力公信力影响力。"[1]

2. 此外，作为媒介平台"一哥"的报纸并没有故步自封，而是伴随着现代科技的进步，社会与经济的发展，人民工作、生活、娱乐方式的改变，积极主动地逐步取代电视媒介成为"二哥"的网络新媒介寻求合作，呈现出报纸媒介与互联网媒介、报纸媒介与手机移动网络自媒体的媒介融合趋势，并且带动电视媒介与网络新媒介的融合发展。报纸、互联网、电视多种媒介形态的融合发展也符合《中华人民共和国国民经济和社会发展第十三个五年规划纲要》中提出的建设现代传媒体系的另一项战略要求："以先进技术为支撑、内容建设为根本，推动传统媒体和新兴媒体在内容、渠道、平台、经营、管理等方面深度融合，建设'内容+平台+终端'的新型传播体系，打造一批新型主流媒体和传播载体[2]。"基于互联网技术的报纸媒介和电视媒介构成一个开放度较大的中国足球媒介话语生产与传播空间。

二、媒介话语议题和内容的发展与嬗变

表9-2 中国足球媒介话语议题和内容的发展与嬗变流程表

	主要论题	内容	关键词或流行语
启动时期	新中国足球运动各项启动工作和对外交流活动	全国足球比赛大会；首次参加世界杯预选赛；中国队出访；国外足球队来访；赴匈牙利留学	今天输给你们，明天输给你们，但13年之后赢你们；三大球上不去，我死不瞑目

---

[1] 国民经济和社会发展第十三个五年规划纲要（2016—2020年）[EB/OL]. 共产党员网站，2016-03-16.

[2] 国民经济和社会发展第十三个五年规划纲要（2016—2020年）[EB/OL]. 共产党员网站，2016-03-16.

续表

	主要论题	内容	关键词或流行语
"文革"结束	中国足球冲击世界杯	恢复国际足联合法席位；足球界人物典范报道；屡败屡战的冲击历程	冲出亚洲，走向世界；"志行风格"；"5·19"
改革筹备期	中国足球路在何方	未来改革方向与发展道路；职业化改革意识形态争论；职业化改革的本质和具体内容	足球职业化"姓资姓社"；红山口会议；职业俱乐部；中国足球脚太臭，不如回家卖土豆；施大爷
职业联赛初期	甲A联赛的盛世图景	球市的火爆；联赛的激烈；职业足球明星；转会	甲A；城市英雄；成都保卫战；工体不败
"十强赛"期间	"十强赛"征战历程	集训；备战；赛况赛果，积分变动；总结反思；"十强赛"新闻发布会	梦断金州；亚洲二流定位；国家干部
"深水区"时期	联赛水平与质量的重新评估；对联赛不公平竞赛现象的揭批；对中国足协的揭批；对行业规定和决策的揭批；中国足球资本；国字号球队冲出亚洲，走向世界	场均进球数反映联赛水平；假球操控比赛、裁判不公正执法；整改态度和措施、效率；现行管理体制、机制；体能测试；转会制度；联赛升降级制度；俱乐部投资人撤资；关联派系球队；世界杯预选赛；韩日世界杯；女足世界杯	三谢；中国足球没戏了；3号隋波；龚建平；黑哨、红哨；反黑风暴；拒绝沉默；一套班子，两块牌子；官民二层皮；12分钟跑；YOYO；摘牌制；只升不降、只降不升、不升不降；资本；退出；实德系；抽出亚洲；出线了；圆梦；米卢；态度决定一切；铿锵玫瑰
中超时期	中超元年引发的一系列连锁反应	嘘声；罢赛；G7投资人与足协的对峙；联赛赞助商撤资	中超"裸奔"；职业联盟；管办不分、政社不分；老七；球霸；阎掌门；谢亚龙下课

续表

	主要论题	内容	关键词或流行语
后奥运时期	国字号排名；"反赌扫黑"风暴	国字号排名屡创新低；扫赌，反黑，反腐，大审判、大反思	揭幕战、生死战、荣誉战、火车站；我唯一对得起的就是中国足协这帮干部
新时期	金元足球及其所引发的系列连锁反应；中国足球总体改革与发展	中超加大投资力度；中超球市复苏；校园足球；管办分离；《中国足球改革发展总体方案》	金元中超；中超回暖；体教结合；脱钩；足球梦，中国梦

1998年，上海《新民晚报》记者钮也仿接受《在路上——中国足球这几年》电视纪录片栏目组专访时曾经感慨："足球的热点太多、太频繁了！"[1] 通过前几个章节的阐述以及表9-2所呈现的事实，发现传媒在生产和传播中国足球媒介话语的过程中所聚焦的议题和内容确实是太繁杂了，包罗万象，囊括了新中国足球运动发展过程中所经历过的所有风风雨雨、沟沟坎坎、大事小事、喜怒哀乐，传媒对中国足球可谓知无不言、言无不尽。但是，透过纷繁复杂的中国足球议题，也能够探寻出一定的规律性，并析出一条中国足球议题的主线——对"足球职业化改革"议题的高强度聚焦与深度研讨，是贯穿整个中国足球媒介话语生产与传播过程始终的主议题，对这个主议题进行持续性的深入研讨！

之所以对"足球职业化改革"这个主议题进行贯穿始终的深入研讨，是基于中国足球为了能够冲出亚洲参加世界杯决赛阶段，向世界展示中国的"强国"风范和"复兴"梦想，故而寄希望于进行中国并不熟悉甚至很陌生的足球职业化改革并开展职业联赛，也就是说，"足球职业化改革"是主议题，但是"冲出亚洲，走向世界"是主议题产生并提出的背景和落脚点。故而也就不难理解为什么每次中国足球冲击世界杯失利后，总是要聚焦于"职业化改革"这个议题进行深入的研讨：

1. "文革"结束后，中国足球进行了3次均以失败告终的世界杯冲击历程，随后传媒就开始了针对"中国足球职业化、市场化改革"议题的论证，

---

[1] 中央电视台体育节目中心. 在路上——中国足球这几年：98年 [M/CD]. 北京：中国国际电视总公司，1999.

具体议题内容涉及"职业足球姓资姓社"的本质属性和"职业联赛学问真不少、什么是职业化改革"实质内容。

2. 职业联赛初期的盛世图景让所有人都以为稳操世界杯入场券之时,"十强赛"却铩羽而归,传媒界敏感地意识到中国足球职业化改革还不完善,存在一些问题,随后马上就由传媒组织社会各界公众围绕中国足球职业化改革和职业联赛现有的体制、机制弊端进行研讨和针砭,这股舆论热潮直至1998年伴随而来的联赛"假球""黑哨"达到高潮,并将深入揭批的矛头直指导致这一系列赛场不公平竞赛现象的足球职业化改革管理体制、机制弊端。

3. 虽然2001年世界杯预选赛最终获得出线权,但是与此同时在联赛中出现大面积的假球、黑哨现象,完全扫了"圆梦世界杯"的兴,甚至传媒界和社会公众认为联赛乱象就是由"豪赌世界杯出线权"所导致的,进而再度聚焦于并不成功且乱象丛生的"职业化改革和职业联赛的管理体制、机制"议题,主要内容涉及对"一套班子,两块牌子""管办不分、政社不分""不专业、不科学的管理""不懂市场、不懂经营却大权独揽的管理模式"的深度揭批。

4. 自从联赛升级进入中超时代,中国足球再也未踏入过世界杯的门槛,中国足球水平未见"搞上去"的同时,由职业化改革不彻底、联赛管理体制、机制弊端所导致的"罢赛""G7投资人与足协的对峙""联赛撤资裸奔"一系列连锁反应爆发,吸引传媒界和社会各界仍旧聚焦于"中国足球职业化改革和职业联赛管理体制、机制"进行深入的揭批。

5. 2008年北京奥运会使得中国足球凭借东道主质变跻身世界型足球舞台,但是"输球输人"的表现与依托举国体制成功办奥运、专业体制下竞技体育大丰收相形见绌,自然而然引导传媒和全社会将目光聚焦于"中国足球职业化改革的道路是否正确",甚至在该时期产生"中国足球重回举国体制"的舆论波动,无论是"职业化"还是"举国专业化",传媒和全社会聚焦于"足球职业化管理体制改革"议题是不争的事实。

6. 后北京奥运时期,中国足球依然无法摆脱成绩和水平的持续下滑,与此同时爆发了针对中国足球职业联赛的"反赌扫黑"风暴,传媒引导社会舆论认为正是联赛中存在的这些丑恶现象导致了中国足球无法通过开展职业联赛获得竞技水平的真正提高,故而传媒和社会各界聚焦于引发这些"假赌黑"现象和"足协干部贪腐"现象的以"管办不分"为代表的"职业足球体制、机制弊端",认为职业化改革不彻底所产生的管理体制、机制弊端才是中国足球罪恶元凶。

7. 后奥运时期"反赌扫黑"过后，中国足球总体水平仍旧持续下滑不见反弹，甚至连世界杯亚洲区预选赛都难以跻身，故而直接由原中央全面深化改革领导小组审议通过并颁布《中国足球改革发展总体方案》，传媒引导全社会公众全神贯注地聚焦于"改革青少年足球人才培养体制""推动联赛管办分离、脱钩"一系列改革措施，寄希望于此来实现中国足球参加世界杯、举办世界杯乃至更高目标的"足球梦，中国梦"。

三、媒介话语风格和特色的嬗变

```
┌─────────────────────────────────────────┐
│ 启动时期：冷静、客观、理性、             │
│ 平铺直叙的新闻报道风格。                 │
└─────────────────────────────────────────┘
                    ↓
┌─────────────────────────────────────────┐
│ 改革筹备期：在专业、写实的新闻报道基础之上，饱含爱国主义感情色 │
│ 彩，积极正面讴歌、颂扬的风格与特色，喜剧幽默。 │
└─────────────────────────────────────────┘
                    ↓
┌─────────────────────────────────────────┐
│ 职业联赛初期：不稳定的风格特色：①对联赛初期乐观、积极正面的 │
│ 报道宣传风格；②"十强"赛期间，焦虑、幻想与幻灭交织，失望和 │
│ 绝望不断更替的风格；③十强赛结束后，公开尖锐批评，后来甚至转 │
│ 变为嬉笑怒骂的人身攻击。                 │
└─────────────────────────────────────────┘
                    ↓
┌─────────────────────────────────────────┐
│ 职业化改革步入"深水区"：过度、过热、尖锐、偏激的揭批与针砭风 │
│ 格；以借喻的方法创造话语标签；借足球说社会的话语风格。 │
└─────────────────────────────────────────┘
                    ↓
┌─────────────────────────────────────────┐
│ 中超时期：①善于借喻中国古代历史典故的风格，来生产群体负面形 │
│ 象的话语标签；②诸如"嘘声""谢亚龙下课"这类来自赛场内的没 │
│ 有进行任何加工的原始声音；③调侃、戏谑、恶搞的黑色幽默和冷笑 │
│ 话；④更具有震撼力、爆炸性、夺眼球的媒介话语风格。 │
└─────────────────────────────────────────┘
                    ↓
┌─────────────────────────────────────────┐
│ 后奥运时期：偏激、另类夸张、触目惊心、尖酸刻薄、登不得大雅之堂甚至 │
│ 人身攻击的风格，借喻中国古语、成语来讽刺、揶揄、调侃、戏谑的风格。 │
└─────────────────────────────────────────┘
                    ↓
┌─────────────────────────────────────────┐
│ 新时期：与实现中华民族伟大复兴的中国梦息息相关的爱国主义话语风格。 │
└─────────────────────────────────────────┘
```

图 9-1　中国足球媒介话语风格和特色的嬗变流程图

通过前几个章节的阐述以及图9-1所呈现出的态势，说明中国足球媒介话语的风格和特色也处于一种动态的嬗变过程：从"文革"前新中国足球运动启动初始阶段冷静、客观、理性的新闻报道风格与平铺直叙的特色，到"文革"结束后开始在媒介话语生产与传播过程中加入丰富的对于中国足球爱恨交加的复杂情感和积极正面讴歌、颂扬、塑造中国足球界人士典范形象。自此以后数十年间的中国足球媒介话语生产与传播过程中都是包含丰富的感情色彩的，并且无论何种媒介平台都不再仅限于对中国足球相关信息进行客观写实的通信报道，而是在此基础之上饱含丰富感情色彩地展开带有某种观点的先入为主的评论，或是带有某种倾向性的形象塑造。这也符合现代大众传播媒介舆论监督的社会公器职能，并满足社会公众知情权与话语表达权的欲望。

如果说"文革"结束后一段时期内的中国足球媒介话语是饱含爱国主义感情色彩正面讴歌、颂扬、形象塑造，面对屡战屡败的中国足球至多也只是希望中国足球屡败屡战的爱恨交加的复杂情感色彩，那么自从职业联赛拉开帷幕之后，除了联赛初期短暂几年正面、乐观甚至惊喜的宣传和报道以外，此后20多年的职业联赛过程中，传媒在生产足球媒介话语的过程中几乎没有过"好声好气"和"好脸色"，更多的是极端、刻薄甚至带有人身攻击的揭露、针砭与批判，而且这种风格的批判有些过度、过热，塑造足球行业群体形象也是负面话语标签，哪怕是对中国足球的功臣米卢，从头到尾也是负面批评居多。这种媒介话语风格在中超时期愈演愈烈，直至后北京奥运时期达到顶峰，不再完全基于舆论监督和知情权来进行报道和评论，是一种发泄式的情感宣泄，而且谁都可以骂两句、吐口痰，将中国足球议题调侃、戏谑、恶搞为黑色幽默和无情的冷笑话。

首先，必须承认中国足球自身实践表现确实太令国人失望，并且联赛丑闻频现，既输球又输人，所以传媒界和社会各界才会针对中国足球议题进行偏激、刻薄的批判和抨击，甚至进行负面的群体形象塑造，而且这种趋势与中国足球运动整体水平在进入职业化改革以来如自由落体一般直线持续下降的趋势相吻合，正如传媒界对待阎世铎的态度就是"怎么着，自己做不好，还不让别人说了，牛什么？"但是，必要也要理性地认识到以下三点：①随着大众传播媒介的产业化改革，为了获得可观的经济利益回报，传媒需要遵循"语不惊人死不休""狗咬人不是新闻，人咬狗才是新闻"的话语生产和传播逻辑，中国足球媒介话语必要足够震撼、爆炸性、吸睛夺目，这样才能有效提高发行量和收视率、点击率，故而才会出现上述媒介话语风格发展趋势；

<<< 第九章 各个时期中国足球媒介话语的发展与嬗变

②随着网络技术的发展和普及,互联网走进千家万户后,又开始升级为手机移动网络,公众随时随地都可以方便地使用互联网,且互联网对于话语主体的门槛较低,甚至不设限制,互联网的话语管控较之报纸、电视要宽松很多,话语主体鱼龙混杂,话语质量良莠不齐,所以,互联网成为无限制极端批判中国足球,对中国足球行业人士进行人身攻击的平台,这也就是为什么《中华人民共和国国民经济和社会发展第十三个五年规划纲要》会针对建设现代传媒体系提出"实施网络内容建设工程,发展积极向上的网络文化,推进文明办网、文明上网,净化网络环境"的发展要求①;③中国足球的职业化改革进程中出现的问题,其实也映衬着中国社会转型和经济结构改革过程中出现的社会阵痛,而足球运动作为一项体育运动又远离政治,所以才会使中国足球议题成为社会公众发泄不满情绪、指桑骂槐的"社会公共痰盂"。

其次,传媒对于社会公众知情权的尊重和保障,以及传媒的舆论监督职能,最终对于社会公共事务议题进行监督、批判的落脚点是什么?是要一棍子彻底把中国足球打死,用吐沫星子彻底把中国足球淹死,还是像我党批评教育方针"惩前毖后,治病救人"一样,对中国足球的批判和针砭是要提供一种建设性的意见,希望中国足球能够得到改善?答案是显而易见的,但是之所以中国足球媒介在生产与传播过程中会形成这种极端、偏激的"只批评不指正"的话语舆论风格,就是因为一些话语主体不负责任"借足球说事"的话语生产逻辑,任何有理性真正热爱中国足球的球迷都不会在发泄完情绪后像对待痰盂一样,将中国足球踢回床下不理不问,正如我们每个人不会对自己犯了错误的子女打骂后任其自生自灭弃之不理。

以《足球》报为代表的报纸媒介生产和传播中国足球媒介话语的过程中,以足球记者为代表的话语主体非常善于套用中国成语或俗语的创作风格,一语双关地来进行批判和针砭;此外,春晚舞台上涉及中国足球议题的相声、小品,常以夸张讽刺和略带人身攻击、嬉笑怒骂的风格来进行创作。

在职业化初期,是报纸、电视为代表的大众传播媒介齐心协力把联赛"炒热",渲染出一幅"甲A盛世"图景;到了职业联赛丑闻频现的时候,还是这些大众传播媒介又一起把联赛炒作成"假B"、"假A"、一无是处的大染缸。无论是正面宣传和塑造,还是负面批判和针砭,传媒始终没有把握住一种理性、冷静、适度的话语生产和传播尺度,反而是过度、过热地对中国足

---

① 国民经济和社会发展第十三个五年规划纲要(2016—2020年) [EB/OL]. 共产党员网站,2016-03-16.

球和职业联赛进行炒作，联赛初期刚有点起色就大喜过望，欣喜若狂地描绘出一幅名过其实的"甲A盛世"图景；当联赛出现问题的时候，就又一片绝望哀嚎之声把联赛和足坛渲染成没有一丝一毫正义和公平存在的地方。如同2001年《体坛周报》记者马德兴将"81"年龄段国青队盛赞为"超白金一代"，意为比葡萄牙国青"黄金一代"球员还要出色，之后"超白金一代"的国青队在世青赛上铩羽而归后，又被媒介批判、讥讽为"糙白金一代"[1]；2015年国家队主教练佩兰率队征战亚洲杯，获得了小组全胜出线的成绩，回国后之前名不见经传的佩兰几乎被媒介话语炒作为"劳模"，就连平时没事去足协办公桌坐一会儿也被炒作为"接中国地气"的做法[2]，随后佩兰率队征战世界杯预选赛成绩不佳黯然下课后，又被媒介口诛笔伐贬为罪人[3]，传媒总是在不断地"捧杀"和"棒杀"之间过度、过热地进行话语生产和传播。

四、媒介话语传播功能的发展与嬗变

（一）信息传播功能的弱化和舆论监督、话语表达传播功能的强化

新中国足球媒介话语从启动初始时期所具备的单一的信息传播功能和足球专业宣传功能，直至后来在中国足球媒介话语漫长的发展与嬗变过程中，向全社会传播中国足球相关信息的功能逐渐弱化，并且逐渐在媒介议程设置转换下实现了基于足球而又超越足球专业范畴的宣传功能，在保障公众知情权的基础之上实现并强化了舆论监督和话语表达的功能，使得中国足球媒介话语的传播功能更丰富了，实现了中国足球媒介话语从单一机械的"喉舌""传声筒"到"啦啦队""扩音器""显微镜"的传播功能的升级和换代。

中国足球媒介话语的信息传播功能逐渐弱化和舆论监督、话语表达传播功能的逐渐强化是通过相互作用实现的：

1. 现代社会公众获取中国足球相关资讯的媒介平台有很多，而且随着社会的进步和开放度的增加，公众的知情权"胃口"和资讯"食欲"也逐渐增大，已经不能满足于仅仅是中国足球基本信息的"知情"，而是要进一步深入了解中国足球相关信息的实践背景、过程细节、人物心理动态甚至结局和未来的发展趋势。这就驱使传媒不能只是进行简单的新闻报道，而是要对中国

---

[1] 马德兴. 同样的错误又一伙技术糙意识差的人［N］. 体坛周报，2001-06-25（2）.
[2] 徐显强. 国足洋帅食堂吃午饭不忘工作 佩兰只做普通员工［N］. 北京青年报，2014-03-12（8）.
[3] 程善. 足协力挺佩兰背后的原因［N］. 足球，2015-10-12（4）.

```
┌─────────────────────────────────────────┐
│ 启动时期：足球运动的专业宣传              │
│ 和信息传播功能。                          │
└─────────────────────────────────────────┘
                    ↓
┌─────────────────────────────────────────┐
│ 改革筹备期：①足球运动的专业宣传和信息传播功能；②爱国主义 │
│ 宣传功能；③中国足球行业群体形象塑造功能。              │
└─────────────────────────────────────────┘
                    ↓
┌─────────────────────────────────────────┐
│ 职业联赛初期：①职业联赛的"宣传工具"和"显微镜"功能；②"十 │
│ 强赛"的"显微镜"和"情感宣泄"功能；③满足社会公众对于无障碍 │
│ 的话语表达权和知情权。                                │
└─────────────────────────────────────────┘
                    ↓
┌─────────────────────────────────────────┐
│ 职业化改革步入"深水区"：通过议程设置转换强化舆论监督职能、话 │
│ 语表达功能和知情权，面向全社会广泛而深入地揭批和督促职业联赛和 │
│ 中国足协的整改。                                       │
└─────────────────────────────────────────┘
                    ↓
┌─────────────────────────────────────────┐
│ 中超时期：继续强化舆论监督职能、话语表达功能和知情权，向全社会 │
│ 公众塑造和传播中国足球行业从业人员群体的形象标签。          │
└─────────────────────────────────────────┘
                    ↓
┌─────────────────────────────────────────┐
│ 后奥运时期：继续通过议程设置转换强化舆论监督职能、话语表达功能 │
│ 和知情权，向社会公众描述整个中国足球实践场域的情况。         │
└─────────────────────────────────────────┘
                    ↓
┌─────────────────────────────────────────┐
│ 新时期：基于足球而又超越足球的改革与发展的"足球梦，中国梦"宣 │
│ 传功能，塑造强国形象的功能。                             │
└─────────────────────────────────────────┘
```

图 9-2 中国足球媒介话语传播功能的发展与嬗变流程图

足球相关议题进行入木三分的持续性深度报道，从而针对中国足球相关实践行动来履行舆论监督的宣传功能。此外，人类都是有表达和倾诉欲望的，公众还要求在满足知情权的基础上，了解传媒界、足球界涉事行动主体甚至其他相关行业主体对于中国足球实践信息的观点、态度、理念和未来预测，这就使得媒介话语在舆论监督基础上进行社会舆论的引导和疏导，然后公众会与自己的观点、态度和理念进行选择、融合或者碰撞，进而使得公众获得作为话语主体的实际表达能力，实现并强化了话语表达的传播功能。

2. 从现代大众传播媒介基于固有的商业运作逻辑来看，强化媒介话语的舆论监督和话语表达的传播功能，就必然要将呈现媒介话语的有限的媒介版面和空间尽可能多地划拨给持续性的深度报道、评论，并开辟专栏、专版来组织社会各界公众的公开集体大讨论，如此一来留给单一信息传播的版面和空间自然就减少了，而且许多报纸、电视、网络媒介平台进行"信息简讯+过程细节描述报道+观点表达"的复合型足球媒介话语生产和传播，中国足球媒介话语的单纯信息传播功能似乎遁于无形，同时又不可否认和不可或缺地存在于传媒的深度报道和评论话语中。

（二）职业化改革前后对中国足球行业群体形象塑造的反差

中国足球的竞技水平低下、实践表现不佳由来已久，从新中国成立初期第一次冲击世界杯预选赛至今，一直都是屡战屡败，并非只进行足球职业化改革之后才开始无法"冲出亚洲，走向世界"，相反，中国足球仅有的一次参加世界杯决赛阶段比赛正是职业化改革后的2002年，但是，中国足球媒介话语对于中国足球运动员、教练员、足协干部的形象塑造和宣传，却在职业联赛前后呈现出鲜明的反差和强烈的对比。

职业化改革前，中国足球媒介话语曾经塑造出中国足球运动员形象代表典范——"志行风格"，甚至前任国家队主教练苏永舜也并没有在兵败后被媒介话语所完全丑化塑造，国家队教练曾雪麟在"5·19"事件后还通过媒介话语的生产和传播得到了社会舆论的理解，塑造为服从组织安排、认真敬业、一心扑在中国足球事业上的中国足球教练员形象。其实不光容志行、苏永舜、曾雪麟这些中国足球界人士，从"文革"结束后针对中国足球运动员、教练员的纪实报告文学作品中就可以看出：媒介话语几乎将当时整个中国足球行业都塑造为勤奋、敬业、努力拼搏、屡败屡战的正面形象。甚至在1994年、1995年职业联赛初期，以职业足球运动员和教练员为代表的中国足球行业从业人员群体被媒介话语正面塑造为所在城市的"城市英雄"和"城市名片"，受到当时广大男女青年球迷如同追捧当红港台歌星一样的崇拜和"追星"。

那么为什么在职业化改革后尤其是进入改革"深水区"后，当时在亚洲都是顶级球员的范志毅、郝海东却无法得到媒介话语的正面形象塑造呢，至多是正面形象和负面形象兼有的毁誉参半，就连带领中国足球迄今唯一一次获得世界杯决赛圈资格的功勋教练米卢都得不到媒介话语的正面形象塑造和传播，将其塑造为一个只会拍DV、没有训练计划、喜欢抛开球队周游世界、训练没有内容只会"网式足球"游戏、只会强调"态度决定一切"的一个"江湖骗子"？直至中超时期和"反赌扫黑"时期，包括运动员、教练员、裁判员、足协干部、俱乐部干部在内的整个中国足球行业群体被集体塑造为负面的"球霸""黑社会""黑哨""贪官""赌王"等刻板形象标签。

本书丝毫没有质疑和否定媒介话语所塑造的"志行风格"和中国足球界

元老前辈正面形象的意图，只是对于职业化改革前后中国足球整体水平和实践表现并没有发生根本性改变的背景下，媒介话语却对中国足球行业群体形象塑造反差如此巨大产生疑问：

1. 首先，不得不承认，在职业化改革后，收入得到大幅度提升的中国足球运动员、教练员群体却与仍旧无法得到质的飞跃的竞技水平形成引人注目的鲜明反差，这一鲜明反差现象经过媒介话语的报道和传播，使社会公众注意到这一反差，最终引导社会舆论形成中国足球"高薪低能"的导向，加之作为发展中国家的人民经济收入总体水平与职业足球运动员高额收入相去甚远这一客观存在的事实，就为中国足球行业的负面群体形象塑造营造了一个氛围。其实从职业足球的本质上来看，中国足球运动员、教练员收入增加是职业足球市场化成功运作的结果与必然体现，与国字号球队的竞技水平成绩之间没有必然的联系，媒介话语塑造的"足球暴发户"形象只会引发社会公众对于中国足球行业从业人员的仇富心理。

2. 其次，经过中国足坛"反赌扫黑"风暴的涤荡，将中国足球职业联赛暗藏着的所有丑恶现象公之于众，媒介话语所报道的部分中国足球运动员参与假球、卖球的行为，部分裁判员确实操控了许多场次比赛的结果，部分足协干部也确实参与了和俱乐部之间的权钱勾结，传媒针对这些丑恶现象的话语生产与传播可以围绕涉事个体进行相应的负面形象塑造，但是不能将整个职业足球运动员群体、教练员群体、中国足协集体塑造成固化的、刻板的群体负面形象标签，使得全社会公众只要一提起足球运动员这个行业群体就会想到"卖球""吸毒""嫖娼""球霸"，一提起裁判员就想到"黑哨"，一提到中国足协就想到"贪官"。中国足球行业中毕竟还是有刻苦训练提高运动技能、为本队获得比赛胜利奋力拼杀的具有职业道德素养的运动员，还有抵制"卖球"诱惑誓死不打假球的教练员，更有两袖清风、为人正直的足协干部，那么足球媒介话语将整个中国足球行业都塑造成如上述这般刻板的群体负面形象标签，会使社会各界公众都很自然地"戴上"媒介话语塑造并传播到社会中的负面形象标签这副"有色眼镜"，来以偏概全、盲人摸象般看待中国足球行业所有从业人员，使得全体中国足球行业从业人员在社会生活中如同过街老鼠一般，甚至沦落到"狗都懒得搭理"①。

3. 可是这样的行业群体形象塑造对于那些刻苦训练和抵制假球诱惑的足

---

① 2001年春晚黄宏小品抖包袱，对中国足球都麻木了[EB/OL]. 懂球帝网站，2020-01-24.

球运动员、对于严格公正执法的裁判员、对于忘我敬业工作、两袖清风的足协干部是不公平的，因为他们的工作不但得不到社会的认同和理解，反而因为固有刻板的负面形象标签而"躺枪"，给整个行业群体带来巨大的舆论压力和挥之不去的阴影。更重要的是，中国足球媒介话语所塑造的这一系列中国足球行业从业人员负面形象标签还会为中国足球运动未来的改革与发展带来深远的负面影响——"中国足球口碑不好"①，试想未来谁会自愿到一个社会舆论口碑不好的"大染缸"行业中从业呢？媒介话语可以针对足球行业中出现问题的某个人或者出现问题的某个群体进行负面形象塑造，甚至可以否定这个人或者这个群体，但是，媒介话语没有权利也没有资格更没有理由去否定这项运动本身！出问题的只是一个人或一些人，而这项运动本身的阳光、魅力和乐趣是不容置疑和否定的，更何况这是一项风靡全球亿万球迷甚至连中国国家领导人都公开表示"我是一个足球迷，年轻时喜欢足球和排球"②的世界第一运动！

（三）"足球梦，中国梦"的爱国主义宣传

其实新中国足球运动在启动初始阶段就被赋予了向全世界宣传社会主义新中国的功能，不光足球运动，新中国的竞技体育运动都被赋予了这种在世界大型赛场上升国旗、奏国歌、彰显国家和民族地位与精神象征的一种宣传使命。这种爱国主义宣传功能在"文革"结束后更是随着中国跳水"冲出亚洲，走向世界"、中国女排"团结起来、振兴中华"的媒介话语生产和传播得到了进一步的强化，从此成为中国足球界致力于奋斗终身的目标，尤其是"冲出亚洲，走向世界"甚至成为几代中国足球人的座右铭。中国足球媒介话语的爱国主义宣传功能在这些口号性话语的生产与传播上体现得淋漓尽致，这说明中国足球媒介话语不仅有报道宣传足球行业发展动态的功能，更有借助中国足球议题来宣传和弘扬爱国主义的宣传功能。

中国足球媒介话语的爱国主义宣传功能在 2015 年《中国足球改革发展总体方案》审议通过并颁布后达到了最顶峰，"竞赛水平达到亚洲一流、要使中国成功申办世界杯足球赛，男足打进世界杯、进入奥运会"③ 的足球话语，是在新时期对于"冲出亚洲，走向世界"的诠释；此外，审议通过了《中国足球

---

① 五问中国足球之中国足球调研报告［EB/OL］.中央电视台网站，2014-12-09.
② 习近平.促进共同发展共创美好未来：在墨西哥参议院的演讲［N］.人民日报，2013-06-07（2）.
③ 国务院办公厅.国务院办公厅关于印发《中国足球改革发展总体方案》的通知（国办发〔2015〕11 号）［Z］.2015-03-16.

改革发展总体方案》的原中央全面深化改革领导小组第十次会议强调:"实现中华民族伟大复兴的中国梦与中国体育强国梦息息相关,而发展振兴足球是建设体育强国的必然要求,也是全国人民的热切期盼。"① 上述这些话语有力印证了中国足球媒介话语在生产和传播过程中所发挥出的爱国主义宣传功能,甚至前所未有地直接将中国足球提升至国家战略高度来进行宣传,通过这种爱国主义宣传让全中国人民都了解并认识到,中国足球运动未来的改革与发展并不是单纯的体育行业议题,而是基于体育又超越体育范畴的关乎中华民族伟大复兴的国家战略,淋漓尽致地展现出足球媒介话语的这种爱国主义宣传功能。

五、媒介话语沟通与对话功能的发展与嬗变

```
┌─────────────────────────────────┐
│ 启动时期:单向信息传输。         │
└─────────────────────────────────┘
              ⇓
┌─────────────────────────────────────────────┐
│ 改革筹备期:多元主体参与的双向互动沟通与对话,│
│ 在足球界与社会公众之间起到了双向互动与沟通   │
│ 的桥梁中介作用。                             │
└─────────────────────────────────────────────┘
              ⇓
┌─────────────────────────────────────────────┐
│ 职业联赛初期:传媒界与足球界之间相生相伴、   │
│ 一荣俱荣的良性互动与合作。                   │
└─────────────────────────────────────────────┘
              ⇓
┌─────────────────────────────────────────────┐
│ 职业化改革步入"深水区":传媒界与足球界之间 │
│ 一损俱损的相互对立、冲突、封杀甚至对簿公堂。 │
└─────────────────────────────────────────────┘
              ⇓
┌─────────────────────────────────────────────┐
│ 中超时期:传媒与不起眼的"小人物"之间的双向 │
│ 互动与交流;传媒界与足球界之间一损俱损的对   │
│ 立、冲突、封杀。                             │
└─────────────────────────────────────────────┘
              ⇓
┌─────────────────────────────────────────────┐
│ 后奥运时期:传媒界、社会公众与足球界之间的   │
│ 相互对立、封杀与屏蔽。                       │
└─────────────────────────────────────────────┘
              ⇓
┌─────────────────────────────────────────────┐
│ 新时期:传媒在党和国家政府与公众之间、在党   │
│ 和国家政府与足球界之间的双向沟通与互动;传   │
│ 媒在足球界和社会公众之间双向的观点和信息传   │
│ 递。                                         │
└─────────────────────────────────────────────┘
```

图9-3 中国足球媒介话语沟通与对话功能的发展、嬗变流程图

图9-3显示出新中国足球媒介话语生产与传播过程中,不同类型与行业

---

① 习近平主持召开中央全面深化改革领导小组第十次会议,李克强等出席[EB/OL]. 新华网,2015-02-27.

的主体之间相互的沟通与对话功能的发展与嬗变情况。

1. 新中国足球启动初始时期，国家政府借助媒介话语平台向社会公众单向度地进行足球信息传输，足球媒介话语在当时只是连接新中国政府与社会公众之间单向度的信息传输桥梁与喉舌，中国足球媒介话语在生产和传播过程中不存在话语主体之间或话语主体与作为信息受众的社会公众之间双向度的互动、沟通。

2. "文革"结束后，开始逐渐在中国足球媒介话语生产与传播的过程中出现多元主体之间你来我往的双向沟通与互动，足球界与社会公众之间、传媒界与社会公众之间、足球界与传媒界之间都在进行双向互动或对话，只不过这种互动或对话有可能是良性的，"一荣俱荣"相互促进性的；也有可能是对抗性的，"一损俱损"相互阻碍性的。

（一）相互促进的良性沟通与互动

1. 足球界与传媒界之间相互促进的良性互动与合作

在中国足球媒介话语生产与传播过程中，不同类型和行业主体之间相互促进的良性沟通与互动，非常典型地体现在职业联赛初期足球界与传媒界之间紧密而又融洽的合作关系上：传媒坚定而又不计成本地投入对中国足球职业联赛的转播、宣传和报道中，足球界对于传媒界进入赛场内进行电视转播、拍摄、采访、报道"大开绿灯"，甚至球队的训练与足协的相关会议都对所有媒体进行开放，传媒的高强度宣传与报道在职业联赛初期迅速地将"甲A"这个品牌"炒热"，为中国足球职业化改革、中国足球职业联赛的快速发展提供了强有力的宣传与支撑。与此同时，以报纸和电视为代表的传播媒介在对职业联赛进行宣传与推广的过程中，自身也获得了快速的壮大与发展，职业联赛和职业化改革为足球传媒、体育传媒的发展壮大提供了新的生长点，而且以1994年、1995年、1996年为代表的职业联赛初期也在传媒的大力宣传下"踢开了头三脚"，造就了短暂的"职业联赛黄金期"。传媒界与足球界之间通过相互促进的良性互动与合作创造了两个行业"一荣俱荣"的局面，由此开创了足球界与传媒界之间相生相伴的"蜜月期"。

2. 传媒界与公众之间的互动与对话

"文革"结束后至职业联赛开幕前，传媒界出于对当时球迷一致观点的认同与尊重，将社会公众反响最大的"志行风格"话语提炼出来，并在全社会进行宣传，这在当时相当于社会公众向传媒界反映了对于中国足球的期望与寄托，传媒也认可并尊重这种来自公众的呼声，进行相应的媒介话语生产和传播。

此外，这种互动与对话还体现在 20 世纪 80 年代社会公众向传媒界倾诉心中对于中国足球屡战屡败的苦闷心理以及爱恨交加的情感发泄，传媒根据公众的这种情感来生产和传播相应的足球媒介话语，也是出于对社会公众这份浓厚的足球情怀的认可与尊重。

3. 足球界、传媒界、社会公众之间的沟通与对话交流

职业化改革筹备时期，中国足球媒介话语生产与传播过程中，传媒界、足球界、社会公众之间的双向沟通与对话交流很频繁，主要围绕"足球职业化改革"这个议题，主要依托报纸媒介形成了一个开放性的大讨论，哪怕是截然不同的观点相互之间的大碰撞。其中《足球》报"京华新村""春来茶馆"专栏的开设，为多元话语主体之间进行无障碍的沟通与对话交流提供了空间上的可能，使得包括传媒界、足球界在内的全国社会各界和亿万球迷针对特定议题各抒己见、人声鼎沸。

4. 传媒界与被忽略的弱势群体之间的互动与交流

大众传媒在针对该议题的话语生产与传播过程中，主动联系在中国足协和投资人博弈过程中被忽略掉的弱势群体——职业球员，通过发放匿名问卷的形式针对职业球员群体展开对于这场"G7 革命"的观点与态度，并将这些匿名问卷的结果进行统计分类后刊登在报纸上，为这些最有资格发出声音的职业球员群体提供媒介平台和渠道，面向传媒界与社会公众交流自己的行业生存现状和未来，匿名发出求生的另类声音，并通过报纸媒介将他们的观点意见发表出来与社会公众进行交流。

（二）相互对抗的"一损俱损"

1. 传媒界与足球界之间的相互对抗

在 1997 年"十强赛"新闻发布会后，传媒界与足球界之间逐渐暴露观点分歧，良性的互动与合作关系不再，开始相互之间的掣肘、冲突对抗甚至相互"封杀"、对簿公堂。传媒界利用舆论工具向中国足协的权威发起全面挑战，中国足协利用行政权力企图剥夺传媒的舆论监督权、知情权，封杀传媒的采访权、报道权，传媒界和足球界相互之间进入一个"一损俱损"的对抗性关系，给传媒界尤其是以《球报》《中国足球报》为代表的足球专业报刊带来了停刊的巨大损失，就连《足球》报、《体坛周报》也出现了一定程度上的萎缩，甚至央视体育频道曾经的金牌节目《足球之夜》也受到了缩减时间、改变播出时段的影响，而传媒对中超联赛的屏蔽也给中国足球职业化改革造成了巨大的损失。上述这种相互对抗的关系一直保持到现在都未发生根本性改变。

2. 传媒界、社会公众与足球界之间的相互对抗

北京奥运会结束后，社会公众与中国足球界之间的对立对抗状态达到顶峰，可以很明显地感觉到社会公众与中国足球界之间由于不满和鄙视情绪而引发的隔阂与对立。此外，以中央电视台为代表的传媒界和以中国足协为代表的中国足球界，更是处于一种极端对立对抗甚至相互"封杀"的态势：中国足协封杀央视记者采访国家队训练比赛的权利，央视对中超联赛"禁播"，将中国足球屏蔽在主流媒体之外。

第三节 未来中国足球媒介话语的发展策略

一、传媒界与足球界之间坦诚互信的沟通与互动

中国传媒界和足球界都需要明确相互之间是密不可分、相互依存的"一家人"：传媒界作为中国足球媒介话语的生产与传播主体，负责操控和维护大众传播媒介平台的运营，但是必须对中国足球改革与发展进程中的一切实践行动态势和理论政策信息洞若观火、了如指掌，这样才能为及时、准确、深度、健康地报道评论中国足球相关议题提供充足的素材；而足球界作为中国足球相关政策制度的制定参与者、信息发布者和执行维护相关政策制度的实践主体，拥有对中国足球相关事务的管理权和信息"门禁卡"，但是，中国足球运动需要大众传播媒介的宣传报道才能实现在全社会的广泛推广与普及。

本书通过对中国足球媒介话语的历时性调研，发现无论是职业联赛初期传媒界和足球界双方一荣俱荣的"黄金时期"，还是之后双方一损俱损的"落魄时期"，确实印证了中国足球界和传媒界这种密不可分、相互依存的关系。因此，在未来中国足球媒介话语的生产与传播过程中，传媒界与足球界之间保持双向坦诚互信的沟通和互动，无论是对于足球传媒乃至体育传媒的发展壮大，还是为中国足球改革与发展营造健康的舆论环境乃至为整个社会舆论大环境提供正能量，都有着积极的正向推动作用。

多元主体间的开诚布公是相互之间信任的基础，互相信任是建立在相互之间没有信息梗塞的开诚布公的坦诚基础之上，无论是传媒界还是足球界，分别来自不同行业体系的双方在中国足球媒介话语的生产与传播过程中是平等合作的关系，而非一方隶属于或听从于、服从于另一方的关系地位，这是双方坦诚和开诚布公的基础。

传媒界应该享有的知情权和舆论监督权应该得到法律的保障，足球界不能凭借手中对于中国足球运动的管理权和对职业联赛的运营权，来对中国足球运动相关行动和事务信息一手遮天、讳莫如深，从而对传媒界制造人为的事务信息"门禁"，阻碍甚至隔绝传媒界对于中国足球相关事务信息的获取，迫使传媒界服从于足球界主观期望的足球舆论宣传导向，或者讳疾忌医地对违背了足球界期望的舆论宣传导向的足球传媒和媒介话语进行封杀。鉴于足球运动作为当前中国已然最为公开透明的体育运动项目，而且已然上升到与中华民族伟大复兴息息相关的国家战略高度，足球界应该以积极主动的态度对传媒界敞开大门，让中国足球所有的实践行动态势和相关事务信息一览无余地暴露在传媒界舆论监督的聚光灯下，给传媒界发送热情洋溢的邀请函而非冷冰冰的"门锁"，开放性地接纳和欢迎来自传媒界的善意的、建设性的舆论监督与批评，而不能只听得进媒体和舆论的夸赞，却听不得来自媒体和舆论逆耳的忠言，只有这样才能消除传媒界对于中国足球运动的误会与对立。比如中国足协在 2011 年 5 月邀请几十家媒体代表，在京共同启动"足记之家"活动[①]，就是这种典型发送"邀请函"的举措，以此加强与媒体之间的沟通，向传媒界传递坦诚互动和平等沟通的信号。

此外，传媒界要积极主动地把足球界当作在生产和传播中国足球媒介话语过程中平等互利的战略合作伙伴，而并非自己市场化发展和商业化运营过程中的一颗棋子和素材，因而不能只是凭借手中拥有的大众传播媒介平台优势按照商业盈利的逻辑对中国足球想怎么演绎就怎么演绎。传媒界要在中国足球媒介话语生产与传播过程中履行并承担起促进足球运动发展和新闻事业发展的社会责任。

传媒界要将提供媒介话语素材与议题的足球界视为互惠互利的战略合作伙伴，从关心、爱护其未来健康发展的角度，对上升为社会公共事务议题的中国足球运动履行监督和批评的权利与义务，严格而善意地进行舆论监督和建设性的批评，而不能报复性地诋毁甚至屏蔽中国足球实践行动和相关事务信息。而作为传媒界，也不能手握大众传播媒介平台这把"尚方宝剑"清高地摆出一副高高在上的姿态，也要积极主动地寻求与足球界坦诚互动和平等沟通的机会，比如 1996 年《足球》报为了加强与中国足协的沟通，趁全国足球工作会议在广州召开之际，《足球》报总编辑严俊君在广州花园酒店组织策划召开了一个"笔者与中国足协见面会"，就是传媒主动寻求与足球界坦诚互

[①] 汪大昭. 中国足协启动"足记之家"[N]. 人民日报, 2011-05-28 (6).

信与平等合作的一个明智的举措。抛开这次"笔谈会"真正的实际效果和在此后所起到的作用不谈，最起码《足球》报在当时所付诸的这一举动向足球界表明了坦诚沟通与平等合作的诚意信号。

传媒界与足球界之间建立在相互尊重、开诚布公、平等互信基础之上的沟通与互动情况，直接决定了未来中国足球媒介话语的生产与传播态势，双方只有在开诚布公基础上建立起互相信任、平等沟通，才会在足球媒介话语的生产与传播过程中使传媒界和足球界相互之间放下戒备心理和对立的态度，而不是向外界作秀一般的形式与面子工程。足球界主动敞开大门不惜暴露问题地欢迎传媒界进入场域内行使舆论监督权利，传媒界也乐意从促进中国足球健康发展的出发点来善意地提出建设性的批评意见，最终不但能够促进足球传媒的进一步发展壮大与盈利创收，为中国足球未来的改革与发展营造健康的舆论环境，更为重要的是，在足球运动已然成为党和国家政府、全社会高度关注的运动项目的背景下，还能够为社会生活舆论环境提供正能量。

二、正确引导和发挥传媒的议程设置功能

传媒界基于商业化和市场化的运作逻辑，围绕特定时期内中国足球实践行动和相关事务信息进行有选择性、针对性的议程设置，在某个时期内集中将特定的中国足球事务议题聚焦，集中持续地将该议题呈现于社会公众的关注视野之内，作为舆论导向引导全社会公众聚焦于该特定议题进行讨论，形成特定舆论氛围，但同时会引导社会公众忽略其他未被列入"议程"之内的事务信息。因此，传媒围绕"中国足球"议题进行的议程设置就必须有一个公正、不偏不倚的引导。传媒界不能只是本着"狗咬人不是新闻，人咬狗才是新闻"的商业运作逻辑，对中国足球实践行动场域内的足球界丑闻和荒唐奇闻进行刻意的大书特写，使得全社会公众对于中国足球的注意力全部都被吸引到这些事情上，在社会中造成整个中国足球界只有这些丑闻和荒唐奇闻的舆论氛围，亦即"我们所知道的中国足球就是传媒让我们看到的中国足球"，而忽视了足球界刻苦敬业的运动员、教练员和廉洁奉公的足协工作人员。也就是说，传媒在宣传报道中国足球的过程中无论是极端负面报道议程设置或是极端正面颂扬议程设置，其实都是失之偏颇的，一段时期阶段内中国足球所有的焦点事务信息都应该被列入议程设置，中国足球既不能妄自尊大也不可妄自菲薄，传媒的议程设置功能需要公正、完整、准确地呈现中国足球的主要特点和发展趋势，让社会公众通过中国足球媒介话语完整、准确地了解中国足球，这对于营造中国足球未来改革与发展所需要的健康舆论环境具有积极的推动作用,更能为整个社会生活提供舆论宣传正能量。

此外,传媒围绕中国足球议题的议程设置最值得提倡和发扬的一点是,在一开始聚焦于行动和事务表象的基础之上,并不止步于对现象本身的报道,进一步深入地聚焦于导致产生这些现象和结果的根源与机制,无形中赋予中国足球媒介话语对社会生活进行舆论监督的功能,实现对足球议题"基于足球而又超越足球"的议程设置功能,更好地发挥传媒舆论监督功能,这一点是需要在未来中国足球媒介话语生产与传播过程中继续发扬并提倡的。

三、媒介话语平台的多元化发展

(一) 推动传统媒介和网络新媒介的多元融合发展

网络新媒介的发展趋势是不可逆的,尤其是现代社会生活中笔记本电脑、平板电脑这类便携式电脑以及无线网络的普及更是让互联网随时随地变得触手可及,社会公众当下更倾向于通过互联网随时随地获取相关资讯,而基于手机移动网络的微博、微信、抖音等自媒体社交平台更使得"人人都有麦克风""人人都是演员、人人都是导演"成为现实。网络新媒介的迅猛发展趋势给报纸、电视等传统媒介的生存与发展造成了巨大的压力,因而传统媒介必须顺着时代的潮流和科技进步的方向,积极主动与网络新媒介寻求深度的融合发展,以先进和流行的网络技术为支撑,以内容建设为根本,构建"内容+平台+终端"多元媒介融合发展。《足球》报、《体坛周报》等足球专业报刊都开通了微信公众号和微博账号,以及开通了互联网网站,将传统纸质媒介上的足球话语内容呈现在网络新媒介平台和手机自媒体平台上,包括CCTV各个频道也开通了"央视影音"网络应用程序和手机应用程序,通过网络新媒介平台随时随地同步收看电视台节目。在未来随着科技的技术和公众对于资讯的渴求度,传统媒介与网络新媒介深度融合打造的"内容+平台+终端"媒介平台必将成为生产与传播中国足球媒介话语的主要阵地。

(二) 媒介融合发展趋势下开放性空间的构建

大众传媒除了对中国足球有舆论监督的职责和权利之外,还有满足关心中国足球的社会公众的话语表达权的义务,因此,如《足球》报的几个经典的栏目版块"京华新村""春来茶馆",就是专门为了满足关心热爱中国足球的普通公众的表达欲望而开设,尤其是"春来茶馆"栏目版块在更名之前直接命名为"球迷之友"。在未来传统媒介与网络新媒介融合发展的趋势下,这种对于社会公众开放性的空间构建更应该继承与发扬,为社会公众构建针对中国足球进行话语倾诉和表达的空间与平台，而且发挥媒介平台融合的优势，利用专业报刊的微信公众号、微博账号、网站平台，加大与社会公众的参与互动力度，为满足公众话语表达权构建更为宽阔的开放性媒介互动平台。同时作为专业媒体，愿意接地气地倾听公众的心声与愿景，并将呼声反映给中国足球界，这也是值得提倡的发展方向。

（三）继续加强主流报刊媒体的建设

虽然随着时代和科技的进步，网络新媒介迅猛发展，并逐渐呈现出媒介融合的趋势，但是，未来中国足球媒介话语的生产与传播过程中，以《人民日报》为代表的主流媒体的舆论导向地位依然不可撼动，历来处于中国传媒业核心地位的《人民日报》在未来中国足球媒介话语的生产与传播中也不可能被边缘化！以《人民日报》为代表的中共党委机关报是党和政府的喉舌，指引舆论宣传导向，在未来中国足球媒介话语生产与传播过程中，在媒介融合的基础之上加强主流媒体建设，提高舆论引导水平，增强中国足球媒介话语的传播力、公信力、影响力①。

从世界各国的传媒发展趋势看，主流媒体是社会、政治的一种稳定器，是主流价值观的主要支撑，是主旋律的主要弘扬者。而主流媒体一般都以硬新闻为主，以时政报道和评论取胜，以社会精英阶层为主要受众，保障与稳固主流媒体应有的核心地位，打造中国的主流媒体。

四、传媒界应坚持健康的舆论监督与宣传导向

传媒界对中国足球的舆论监督乃至宣传与批评都应该是出于爱护、关心、帮助中国足球运动更好改革与发展的导向，而并非要将中国足球彻底推入万劫不复的深渊。传媒界在对中国足球相关实践行动和事务信息进行舆论监督的过程中，发现显现存在的一些问题和一些隐患，可以向足球界和全社会公众抛出这些问题，引发社会舆论持续关注，理所当然也可以行使批评的话语表达权，但是出发点是为了让未来中国足球不再重蹈覆辙，在话语生产和传播的过程中建设性地提出观点和意见，这一点正如我党的批评原则"惩前毖后，治病救人"一样，也正如老师批评教育学生和家长管教子女一样，是要严厉批评，但是关键还是要指出存在问题和今后完善的措施，这都是在"教育"的导向之下来完成的，而非"毁灭"的导向。

---

① 国民经济和社会发展第十三个五年规划纲要（2016—2020年）[EB/OL]. 共产党员网站，2016-03-16.

此外，传媒生产和传播的足球媒介话语在社会生活中具有引导社会舆论的功能。因此，无论是中国足球处于顺境之中，还是遇到了极大的艰难险阻，都要不以物喜不以己悲，坚持传媒的职业道德，坚持积极健康的舆论宣传导向，不要在"捧杀"和"棒杀"两个极端之间跳跃。比如当初职业联赛初期是传媒界通过话语生产和传播营造出一派欣欣向荣的"盛世甲A"舆论宣传导向，与此同时还有部分媒介话语保持了对这种盛世之下的冷静与警惕，只不过当时没有形成这种舆论宣传导向，但是，当职业联赛问题集中爆发的时候，传媒又是对职业化改革和职业联赛形成毁灭性的舆论宣传导向，使全社会公众对职业联赛看不到一丝光明和未来。

五、传媒界秉持积极向上的话语风格和基调

对于传媒行业从业人员来讲：①生产对中国足球相关事务议题进行揭批的媒介话语，可以就事论事地进行批判，但是不要对足球行业从业人员进行尖酸刻薄的人身攻击，因为这些媒介话语经过媒介平台的广为传播，会扩散到社会各个角落为社会各界公众所熟知，会对社会风气造成不良的影响；②传媒从业人员在生产足球媒介话语的时候，不能借对某个人、某项事务的批评来彻底否定整个中国足球行业甚至足球运动本身，刻板的行业群体标签化形象预设对于整个中国足球界是不公平的，而且一旦在公众心目中形成"口碑"也很难消除，无法形成中国足球未来改革发展所需要的舆论环境；③传媒从业人员要以礼敬自豪的态度对待中华民族优秀传统文化，以文化人、以文育人，为社会主义道德建设提供不竭源泉，而不能随意借喻、套用、篡改中国古成语、俗语来生产如"犹抱琵琶半遮腚"这类的话语，这是对于中华民族传统文化的不尊重，也容易让公众对中国的这些古成语、俗语造成曲解，污染社会空气；④传媒从业人员要具备较高的职业道德素养，要出于替社会公众观察中国足球、监督中国足球的改革与发展的目的来生产足球媒介话语，不能只是出于"夺眼球""博名气"的目的来针对足球议题生产话语，将足球媒介话语空间当成炒作新闻记者的名利场，最终让中国足球臭了大街，自己却如同当红明星一样在行业内外扬名立万；⑤传媒界不要在话语生产和传播过程中刻意地炒作中国足球，不要刻意地"炒热"或者"冷却"足球议题，要让中国足球议题在社会生活中保持自然的温度，谨防在新时期足球媒介话语再度出现过热的现象；⑥未来的中国足球媒介话语的生产与传播要走向以受众为中心的雅俗共赏和雅俗分赏，不同媒介考虑所面对的受众群体的不同来确定所生产和传播的话语风格与基调。

六、社会公众的公共意识培养

社会公众对于中国足球运动是享有知情权的，甚至也应该享有法律保障的政策信息知情权以及接近和使用媒介的权利，这也能在很大程度上起到对中国足球运动的社会舆论监督的作用。于是随着时代和科技的进步，网络新媒介成为社会公众使用媒介对中国足球享有知情权和行使舆论监督权的便利平台，尤其是基于手机移动网络技术的微信、微博等自媒体平台。但是"水能载舟，亦能覆舟"，网络新媒介最初就是因为没有严格的审查制度才让全国球迷记住了《大连金州不相信眼泪》这篇网络博文，也正是因为网络新媒介平台没有严格的审查制度，才让网络媒介话语主体鱼龙混杂、话语质量良莠不齐，甚至一段时期内充斥着对于中国足球运动的网络话语暴力甚至"污名化"现象。因此，社会公众不能只是图自己一时痛快或是个人的情感发泄在网络媒介平台上进行足球媒介话语生产和传播，而是要在这个过程中树立一种社会公共意识，不能滥用自身被赋予的使用媒介的权利、监督权、表达权，在生产和传播足球媒介话语的过程中要考虑到会给中国足球运动乃至整个社会空气带来怎样的不良影响。

除了普通的社会公众，各类大众传媒还可以邀请不属于足球界专业人士的学术理论专家学者针对中国足球议题建言献策，不同于普通的老百姓，他们会从理论的深度对中国足球进行剖析，比如北京大学社会学系的郑也夫教授、清华大学社会学系的孙立平教授、北京社会科学院的金汕教授就曾是《足球》报和其他报刊的座上客，他们能够清醒认识到中国足球对于中国和中华民族的意义所在，无论是传媒界、足球界还是社会公众，都要站在全局的高度来生产和传播话语，而不能仅凭一时之快和局限性思想，不能只站在自己的立场和角度，要从中国体育强国建设乃至实现中华民族伟大复兴的战略高度来尽自己一份义务和职责。

参考文献

著作

[1] 鲍明晓．中国职业体育评述［M］．北京：人民体育出版社，2010．

[2] 陈培德．该我说了：谁搞乱了中国足球［M］．北京：新华出版社，2006．

[3] 仇立平．社会研究方法［M］．重庆：重庆大学出版社，2008．

[4] 罗．体育、文化与媒介：不羁的三位一体［M］．吕鹏，译．北京：清华大学出版社，2013．

[5] 戴大洪．与风车的搏斗：中国足球改革纵横谈［M］．开封：河南大学出版社，1999．

[6] 麦奎尔，温德尔．大众传播模式论［M］．祝建华，译．上海：上海译文出版社，2008．

[7] 邓星华．现代体育传播研究［M］．北京：人民体育出版社，2006．

[8] 邓瑜．媒介融合与表达自由［M］．北京：中国传媒大学出版社，2011．

[9] 风笑天．社会研究方法［M］．北京：中国人民大学出版社，2013．

[10] 弗尔．足球解读世界［M］．都邦森，译．北京：当代中国出版社，2006．

[11] 高宣扬．当代法国思想50年［M］．北京：中国人民大学出版社，2005．

[12] 龚波．文明视野：中国足球的困境与出路［M］北京：北京体育大学出版社，2014．

[13] 郭庆光．传播学教程［M］．北京：中国人民大学出版社，2017．

[14] 郝洪军．球事儿：中国足坛反赌打黑第一现场［M］．北京：中国三峡出版社，2009．

[15] 郝勤．体育传播论［M］．成都：四川科学技术出版社，2008．

[16] 郝勤．体育新闻学［M］．北京：高等教育出版社，2015．

[17] 金汕. 大审判：中国足坛扫黑风云纪实 [M] 北京：北京出版社, 2012.

[18] 李良荣. 新闻学概论 [M]. 上海：复旦大学出版社, 2017.

[19] 李响. 零距离：李响与米卢的心灵对话 [M]. 北京：知识出版社, 2001.

[20] 刘国江. 履败前后 [M]. 北京：人民体育出版社, 1993.

[21] 路云亭. 文明的冲突：足球在中国的传播 [M] 上海：上海人民出版社, 2016.

[22] 马德兴. 球殇：阿里汉的悲情中国行 [M]. 重庆：重庆出版社, 2005.

[23] 马克坚. 我离中国足球最近 [M]. 济南：山东友谊出版社, 2004.

[24] 年维泗. 欣慰与悲怆：我的足球生涯 [M]. 北京：北京体育大学出版社, 1995.

[25] 水一方. 迷球时代：中国体育媒介发展史：足球篇 [M]. 北京：中央编译出版社, 2004.

[26] 万晓红. 体育新闻评论 [M]. 北京：北京体育大学出版社, 2007.

[27] 王大中，杜志红，陈鹏. 体育传播：运动、媒介与社会 [M]. 北京：中国传媒大学出版社, 2006.

[28] 王俊生. 我知道的中国足球 [M]. 北京：北京出版社, 2002.

[29] 伍绍祖. 中华人民共和国体育史：综合卷：1949—1998 [M]. 北京：中国古籍出版社, 1999.

[30] 肖焕禹. 体育传播学 [M]. 北京：人民体育出版社, 2011.

[31] 徐根宝. 风雨六载 [M]. 上海：上海文艺出版社, 2000.

[32] 阎世铎. 忠诚无悔：我与中国足球 [M]. 北京：新华出版社, 2006.

[33] 喻国明. 中国大众媒介的传播效果与公信力研究 [M]. 北京：经济科学出版社, 2009.

[34] 袁伟民，等. 中国足球大典 [M]. 上海：华东师范大学出版社, 2002.

[35] 翟越，金汕. 女足：中国的骄傲 [M] 北京：中国妇女出版社, 1999.

[36] 张德发. 我在申花这七年 [M]. 上海：华东师范大学出版社, 2003.

[37] 张德胜. 媒体体育与体育媒体 [M] 武汉：华中科技大学出版社, 2015.

[38] 中国体育科学学会. 体育科学学科发展研究报告：2016—2019 [M]. 北京：人民体育出版社, 2019.

[39] 中央电视台《足球之夜》节目组. 十年疑似: 1994—2003 中国足球职业联赛全纪录 [M]. 武汉: 武汉出版社, 2004.

[40] 朱晓军. 高官的良心: 中国足球打黑第一斗士 [M]. 北京: 人民文学出版社, 2011.

期刊

[42] 艾克拜尔·玉素甫. 大众媒介、足球与神话: 传播学视野下的批判性解读 [J]. 体育学刊, 2008, 15 (5).

[43] 毕雪梅. 体育新闻传播提供娱乐的另一种解读 [J]. 体育文化导刊, 2004 (10).

[44] 蔡曾. 中英足球新闻报道对比分析: 以英国《独立报》为例 [J]. 新闻研究导刊, 2016, 7 (7).

[45] 陈涵潇. 足球新闻报道中的特色词汇探析 [J]. 电视指南, 2017 (11).

[46] 陈力丹. 复杂信息传播中的公众心理与传媒的职责: 以"马航失联事件"为例 [J]. 新闻爱好者, 2014 (5).

[47] 陈堂发. 新闻媒介话语权辨析: 由"《通知》事件"引发的思考 [J]. 当代传播, 2004 (3).

[48] 杜艳伟, 郭晴. 当代体育媒体的大众文化特征审视 [J]. 广州体育学院学报, 2007, 27 (3).

[49] 法笛. 浅论中国足球报道的缺失 [J]. 传媒, 2004 (5).

[50] 冯帆. 体育新闻传播中语言暴力探因 [J]. 传播力研究, 2019 (32).

[51] 付晓静. 体育赛事传播中的危机公关 [J]. 武汉体育学院学报, 2006 (6).

[52] 傅岳强. 体育重大事件新闻采写技巧: 以足球反赌扫黑案件为例 [J]. 新闻前哨, 2012 (9).

[53] 郭晴, 郝勤. 媒介体育: 现代社会体育的拟态图景 [J]. 体育科学, 2006, 26 (5).

[54] 郭晴, 李平平. 新时代我国体育传播研究的主要议题 [J]. 成都体育学院学报, 2019, 45 (1).

[55] 郭晴, 潘虹燕. 现状与未来: 对我国体育新闻与传播研究的思考: 基于 2012—2015 年发表的学术论文 [J]. 上海体育学院学报, 2016, 40 (5).

[56] 郭晴, 唐雨晴. 改革开放 40 年我国体育新闻传播学回顾与展望

[J]. 上海体育学院学报, 2018, 42（5）.

[57] 郭晴, 王宏江, 苏林森, 等. 北京奥运媒介舆论引导效果研究[J]. 体育科学, 2008, 28（5）.

[58] 郭晴, 王宏江. 北京奥运背景下的中国国家形象研究[J]. 体育科学, 2009, 29（8）.

[59] 郭晴. 体育传播研究范式转换：基于话语分析的策略[J]. 上海体育学院学报, 2017, 41（6）.

[60] 郝勤. 从体育媒介到媒介体育：对体育新闻传播发展的思考[J]. 体育科学, 2018, 38（7）.

[61] 郝勤. 中国体育新闻传播学发展现状及趋势：2004—2007[J]. 北京体育大学学报, 2008, 31（3）.

[62] 洪兵. 优化中的中国足球的话语空间[J]. 新闻大学, 1999（2）.

[63] 姜方炳. 污名化："网络暴力"的风险效应及其现实隐喻[J]. 中共浙江省委党校学报, 2012（5）.

[64] 鞠峰. 足球新闻报道中的"犬儒主义"倾向[J]. 新闻战线, 2016（8）.

[65] 李冰. 足球报道不应忽视的社会责任[J]. 新闻前哨, 2003（7）.

[66] 李丁, 肖焕禹. 媒介融合背景下体育传播模式之嬗变[J]. 上海体育学院学报, 2013, 37（5）.

[67] 李敬. 传播学领域的话语研究：批判性话语分析的内在分野[J]. 国际新闻界, 2014（7）.

[68] 李水金. 论公共话语场[J]. 理论导刊, 2011（9）.

[69] 李文彬. 足球新闻报道中的隐喻现象探究[J]. 文学教育, 2016（6）.

[70] 李幼蒸. 略论当前中西哲学关系和中国哲学发展方向问题[J]. 史学理论研究, 1993（12）.

[71] 林煜圻, 刘媛媛. 言语行为理论下我国网络媒体足球解说话语分析：以优酷2018年俄罗斯世界杯决赛解说为例[J]. 传媒观察, 2019, 7（8）.

[72] 陆高峰. 报业改革绕不过的三道"坎"[J]. 青年记者, 2007（11）.

[73] 陆小聪, 刘洪森. 职业足球与媒体逻辑[J]. 体育科研, 2006, 27（1）.

[74] 潘文君. 足球新闻中的特色词语[J]. 新闻前哨, 2006（1）.

[75] 沈秦.公民意识的崛起与公共话语空间的建构[J].当代电视,2008（8）.

[76] 孙友深.足球宣传要坚持正确的舆论导向[J].新闻战线,1998（3）.

[77] 汪兴和.电视媒体中弱势群体"失语"现象探析[J].新闻传播,2015（12）.

[78] 王宏江,郝勤.21世纪我国体育报纸的发展趋势[J].上海体育学院学报,2003,20（1）.

[79] 王康,李爱群.新时代我国体育文化的历史传承与国际传播：第十四届全国体育新闻传播学术研讨会会议综述[J].体育成人教育学刊,2019（3）.

[80] 吴冬艳,魏倩.建国以来我国体育报道中的人物形象及话语变迁[J].沈阳体育学院学报,2017,36（2）.

[81] 吴林隐,王斌.中国足球互联网污名化现象研究：对三个典型案例的分析[J].华中科技大学学报,2013,27（5）.

[82] 肖焕禹,刘静.我国体育新闻传播百年回顾与展望[J].上海体育学院学报,2004,28（6）.

[83] 肖焕禹.我国体育新闻传媒30年回眸与前瞻[J].上海体育学院学报,2008,32（4）.

[84] 喻国明,张洪忠.中国大众媒介公信力调查评测报告[J].国际新闻界,2007（5）.

[85] 张彦.互联网时代体育新闻传播特点与规律研究[J].广州体育学院学报,2018,38（4）.

[86] 郑珍淑.我国体育新闻传播研究热点分析：以新闻传播学核心期刊论文（2015—2017）为例[J].新闻世界,2018（6）.

论文

[87] 曹祖耀.职业足球场域的行动逻辑[D].上海：上海大学,2011.

[88] 李寒清.建国以来中国足球媒介形象变迁研究：以《人民日报》相关报道为例[D].合肥：安徽大学,2019.

[89] 李吴言.《体坛周报》关于2010—2018中国男子国足世界杯预选赛报道的框架分析[D].成都：成都体育学院,2019.

[90] 李宇明.《东方体育日报》足球世界杯新闻标题研究（2002年—2018年）[D].上海：上海体育学院,2018.

[91] 刘昊禹.2018年俄罗斯世界杯期间的直播吧足球新闻报道的叙事研究［D］.北京：首都体育学院，2019.

［92］罗宏涛.中国运动员传媒形象研究［D］.北京：北京体育大学，2013.

［93］田玉彬.《纽约时报》中"2010足球世界杯"报道的批评性话语分析［D］.石家庄：河北师范大学，2011.

［94］王中亮.中国报纸足球新闻的后现代嬗变［D］.武汉：华中师范大学，2006.

［95］杨有文.门户网站足球新闻图片报道的符号学解读［D］.沈阳：沈阳体育学院，2016.

［96］尹超.我国职业联赛开展以来足球新闻报道主题及类型变化研究：以《体坛周报》为例［D］.西安：西安体育学院，2012.

［97］张子璇.2016—2018赛季中超联赛赛前海报视觉符号分析［D］.上海：上海体育学院，2019.

［98］赵嵘.《足球》报中国女足报道框架研究：1982—2016［D］.北京：北京体育大学，2017.